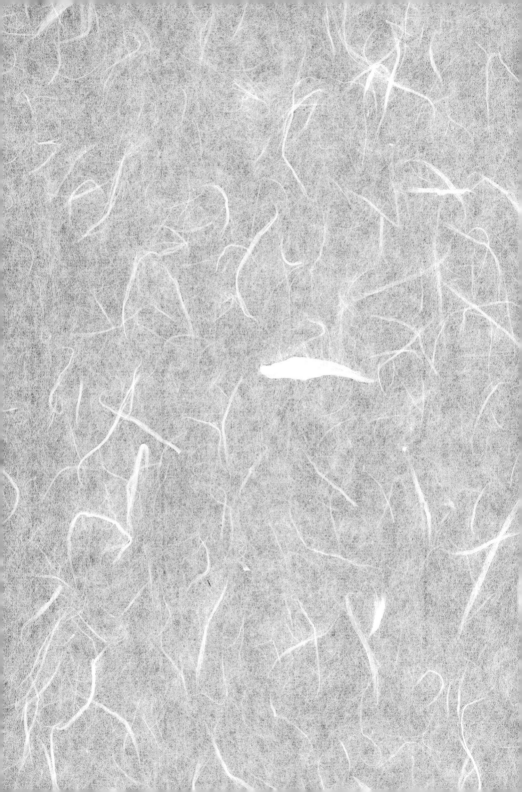

# 有木物語

次重寛禧

吉備人出版

猪鼻山八幡神社境内に立つ樹齢300年以上の檜《ひのき》
（神石高原町天然記念物に指定）
「あれ、あそこに木俣神《きまたのかみ》がおわします！」

# 有木物語

次重寛禧

# はじめに

私が幼い頃、母親に「ぼくはどこから生まれたの？」と訊いたことがあります。母親は、「あなたは氏神様の神社の裏にある大きな木の股から生まれたのよ。木の股にいるところを拾って帰り、大事に育てたんですよ」と言ったのを今でも覚えています。私は、「そうなのか。ぼくは木の股から生まれたのか！」と、母親の返答にひどく納得したことを思い出します。

人が大木の股から生まれるという一種の伝説は、日本のあちこちにあることを後に知りました。そして、日本最古の歴史書である『古事記』にも、生まれた多くの神々の中に木の神様、木俣神《きまたのかみ》という神様のことが書いてあります。八上比売《やがみひめ》と結婚した大国主神は比売《ひめ》を因幡から出雲へ連れてきましたが、比売は嫉妬深い正妻の須世理毘売《すせりびめ》を恐れて、正妻の養子にするため自分が生んだ子を木の股に差し挟んで因幡へ帰ってしまいました。その子を名付けて木俣神《きまたのかみ》といったのです。狩野（二〇〇七）は、この八上比売の行為について、つぎのような解釈をしています。

○木の幹の二股の部分が空洞になっていて、そこに水をたたえていることが多く、天然の井戸をなしていて、この水を羊水とみることができ、木俣神は木と水の融合を象徴する神であること。
○樹木は地下世界と地上世界の境にあたり、木の股が地下世界、根の国の入り口とされ、それは地母神の胎内の入口でもあったと思われること。
○木の股に子を差し挟むのは、地母神の胎内へ子を返す意味があること。
○子を置き去りにするのは、いったん地母神の胎内に返してあらためて養子として再生させるためで、それにより正妻の須世理毘売の子として誕生させること。

昔から、木の股には人を生む呪力があると信じられていました。この故事から、人はみな神の子として木の股に生まれ、それを拾って帰ってわが子として育てるのだという話が一般に語り伝えられるようになったのでしょう。

人は、自分が生まれたその木を育てた土地、母なる大地はどんなところか、自分の出自・ルーツについて知りたい欲求を持っているに違いありません。

私が今ご奉仕している広島県神石郡神石高原町有木に鎮座の西宮猪鼻山八幡神社は、およそ五百二十数年前に、私の郷土（西）有木にあった山城の尾首《おくび》城主の有木《ありき》中務《なかつかさ》大輔《だいすけ》久親《ひさちか》と玉泉寺《ぎょくせんじ》城主の高尾《たかお》越前守《えちぜんのかみ》親信《ちかのぶ》が大願主で、次重《じじゅう》出羽正《でわのかみ》高正《たかまさ》が社人となり、この三者がスクラムを組んで創建されました。また、隣の（東）有木の日野郷に鎮座する東宮亀甲山八幡神社は、日野山の麓の山城中山《なかやま》城主の有木《ありき》弥《や》次郎《じろう》貴親《たかちか》と尾首城主の有木中務大輔久親が大願主で、次重出羽正高正が社人という三者スクラムで創祀されました。両社とも有木氏と深い関係があります。私の生誕地「有木」は、中山・尾首両城主有木氏を称えてそれまでの呼称、中山から有木と呼ばれるようになったのです。

本書は、神職の立場から、有木氏を始め有木に生きた人々やそのルーツなどを、文献や説話・諸資料、実際に見たり聞いたりしたこともつけ加えながら、語り伝えておきたいとの思いから書かれたものです。

以下、一つの「有木物語」を語ってみたいと思います。

平成三十年一月十七日

# 目次

はじめに　3

## 第一章　わが郷土、わがふるさと

・大八島　17
・吉備の国　18
・神石郡　19
・豊松　23
・有木　27

## 第二章　古代天皇と吉備の国

・神武天皇と吉備の国　29
・孝霊天皇、崇神天皇、景行天皇と吉備の国　37
・仲哀天皇、神功皇后、応神天皇と吉備の国　38
・仁徳天皇、雄略天皇、欽明天皇と吉備の国　41
・敏達天皇、舒明天皇、皇極天皇、天武天皇と吉備の国　44
・大嘗祭と吉備の国　45

## 第三章　吉備津彦命の温羅征伐伝

・温羅飛来　51
・吉備津彦命、吉備の国へ　53
・温羅との戦い、要害を構えて　54
・吉備冠者と有木冠者　57
・二本の矢　57
・温羅の最後　59
・吉備津彦命　61

## 第四章　日本武尊伝

・熊襲梟師征伐　63
・熊襲征討へ、日本童男から日本武尊へ　64
・日本武尊、東方征討へ　66
・白鳥になった日本武尊　68
・白鳥神社ほか　71

## 第五章　吉備の中山

・神社・山・川・寺　76

吉備津神社／吉備の中山／細谷川
・有木別所と藤原成親　82
有木山／有木山高麗寺・青蓮寺
・有木神社　86
・鬼城山・中山の古墳・龍王山　89
鬼ノ城遺跡／古墳／龍王山

## 第六章　備中・備前の一宮

・吉備津神社（備中一宮）　93
吉備津造りの本殿／鳴釜の神事と温羅／桃太郎説話／矢立の神事／御煤払の神事／七十五膳据の神事／吉備津神社の神職／九州への紀行文の中で／軍神吉備津宮
・有木神社のこと　101
・吉備津彦神社（備前一宮）　102
流鏑馬神事／御田植祭／御幡神事／鶴島と亀島／参道と条里／有木の別所／磐座／当社の神主
・一遍上人絵図　106
神主の子息の妻女一遍により出家を遂げる／神主の館の絵／

一遍を追う神主の子息

第七章　美作・備後の一宮
・中山神社（美作一宮）　109
　中山神と有木氏／祭神／祭祀（御田植祭・秋祭・荷前祭）
・一遍上人絵図　114
・吉備津神社（備後一宮）　115
・一遍上人絵図　117
・備後吉備津神社を造営した有木氏　118
　神官有木の祖神／有木小次郎俊信／鳶尾山城／宮氏について／
　桜山城／松山城
・無言の神事　122
・備後祇園三社　122
・広島県内の御祭神　123

第八章　吉備の物語（一）
・吉備津の釜　127
・桃太郎の話　130

『桃太郎』（千葉幹夫）
『ももたろう』（松井直）あらすじ
『ももたろう』（竹崎有斐）あらすじ
岩手県紫波郡地方で語られる「桃太郎」あらすじ
・牛頭天王　141
・蘇民将来と祇園神社　143
・小童の話　143

## 第九章　楠木正成と桜山慈俊と有木氏

・楠木正成　147
正成・正行父子の桜井の別れ
・桜山慈俊の自害　153
桜山慈俊と楠木正成
・桜山軍の神石地方の攻略と有木氏　156
・有木春来女史の旧姓「楠瀬」について　159

## 第十章　鬼無町と鬼無里村の話

・鬼無町　161

・鬼無の桃太郎　163
鬼無の桃太郎の特徴／桃太郎に関する主な遺跡
・女木島が「鬼ヶ島」とされる由縁　168
・鬼無里村　169
・鬼女紅葉　170
・一夜山の鬼　171

## 第十一章　吉備の物語（二）

・古里と桃太郎　175
・美作の国の神猟師の謀によりて生贄を止めること
「猿神退治」について　179
・有木別所と藤原成親　184

## 第十二章　備後の中山

・備後の中山と国境線　188
・有木氏と細谷川、磐座、有木神社、内攻姫　193
・有木別所、古墳、高丸山、龍王山　200
九龍／九龍谷の仏さま

・備後の中山　207
・有木の四つの山城　210
中山城／尾首城／玉泉寺城／龍王山城

## 第十三章　備後有木地域の二つの神社ほかと有木氏

・東宮亀甲山八幡神社　217
・古文書より　221
・西宮猪鼻山八幡神社　223
・文化発祥の啓蒙学舎　230
・仁吾学校　231
・内藤語一伝　233
・竹迫八幡神社と有木氏　238
・天田山稲干神社と有木氏　238

## 第十四章　八ヶ社と八ヶ社神楽

・八ヶ社について　241
・八ヶ社神楽の由来　246
・八ヶ社神楽の特色　247

舞の種類／神殿の構造／神殿遷りの式／神殿祭
・神能の大要　251
猿田彦命悪魔祓い／吉備津の能
・翌日の神事　257
綱入り（蛇遊び）／灰神楽
・荒神神楽　259
幡分け／剣舞／布舞／託宣

## 第十五章　有木の昔話と有木の方言

・強力の富田吉兵衛　269
・三度栗とうなぎ　272
・刀匠驍邦と邦光　274
・有木方言の音声　275
・助詞と音韻変化　276
・機能別文末句・文頭句　278
・有木方言と語彙　282
・有木方言について　284

## 第十六章　有木と有木氏の人々


・「有木」の地名の由来　287
・「有木」の読み方と発音　289
・有木氏の家系、有木氏の人々　291
備後一宮吉備津宮と有木氏／神石郡有木日野郷の有木氏
・吉備真備と和気清麻呂　295
・忠親、吉兼、貴親、久親　299
・近世・現代の有木氏・平郡氏　303


## 第十七章　有木トラ女史と有木春来女史


・有木トラ女史　307
甲屋と甲西／孝子節婦
・嫁ぎ行く娘に宛てた手紙　311
・有木トラ女史「霞松」の歌数首　314
・有木春来女史　316
夫君有木基／川面凡児との出会いと信念／学校建設の啓示／
学校建設と校舎の落成

・報本祭の意義、禊と人間形成、農こそ国の大本　322
・春来語録　324
・春来の人生道しるべ　325
・楠木と有木の二本の木　326
おわりにかえて　329
参考文献　338

# 第一章　わが故郷、わがふるさと

私の生まれ故郷は、日本の中国地方、吉備の国の備後、広島県神石《じんせき》郡神石高原町（平成十六年に旧神石町、三和町、油木町それに豊松村が合併して一つの町となる）の有木《あるぎ》という里です。

日本の最古の二つの歴史書、『古事記』と『日本書紀』から、先ずは、神話時代の日本の誕生を見てみましょう。

**大八島**　太安万侶《おおのやすまろ》が元明天皇に命じられ選録し和銅五年（七一二）に献上した『古事記』によると、神代《かみよ》七代の最後の二神、伊邪那岐《いざなぎ》・伊邪那美《いざなみ》の二柱の神によって、大八嶋、日本国は生まれました。大八嶋とは、淡路島、四国、隠岐、九州、壱岐、対馬、佐渡、本州のことです。そして、次に、吉備の児嶋、小豆嶋、大嶋、女嶋《めのしま》（大分県国東半島東北沖の姫島）、知訶《ちか》の嶋（長崎県五島列島）、両児《ふたご》の嶋（五島列島の南、男女群島の男島・女島）の六つの島が生まれました。

神代から持統天皇までの朝廷に伝わる神話・伝説・記録などを記述した舎人親王《とねりしんのう》らが養老四年（七二〇）に撰した日本の正史とされる『日本書紀』では、伊奘諾《いざなぎ》・伊奘冉《いざなみ》二柱によって生まれた大八洲国《おおやしまくに》・日本は、本州、四国、九州、隠岐、佐渡、越州《えつしゅう》（北海道）、大州《おおしま》（周防国大島）、吉備子州《きびのこしま》の八つからなっています。対馬・壱岐やあちこちの小島は、みな潮の泡が固まりできたものとされています。

両書を比較してみると、大八島の生まれた順番が違うことがあります。『古事記』では、本州が大八島の最後に生まれていますが、『日本書紀』では最初に生まれています。そして、吉備の児島は、前者では、六つの島の最初に生まれ、後者では大八島の中に含まれています。このことは、当時、吉備の児島が、朝廷にとって重要な無視できない地域でありつつあったことを示しているのではないでしょうか。

**吉備の国**　中国地方には、古代、山陰の出雲と山陽の吉備の二つの大きな文化が花開いていたと思われます。そして、これら二つの文化は朝廷と、そしてお互いに、時に衝突したり、時に和合して支え合ったりしながら、交流をして歴史を刻んで来たのでしょう。

『備後叢書三』が紹介している『大成旧事本紀』の記載文を見てみましょう。

神武天皇時居高島宮、庭中一夜生八蕨、其長一丈二尺、其太二尺五寸、其色濃黄也。国有人神云黄炎命、即朝奏曰、此草霊草也、当治大八洲祥、是天為瑞、軍卒競之、故通以国号黄蕨《キワラビ》国、作音作吉備之字。（神武天皇が高島宮に居ました時、庭の中に一夜にして大きな蕨《わらび》が生えました。其の長さが一丈二尺、太さ二尺五寸、色は濃い黄色でした。国に黄炎命という人神が有って、其の命は翌朝天皇に奏上して申しました。この草は普通ではない霊草です、日本国を治められるに当たり祥《しょう》《さいわい》の兆しであり、これは天が瑞《ずい》《めでたいしるし》として為《な》されたものです。軍兵がこ

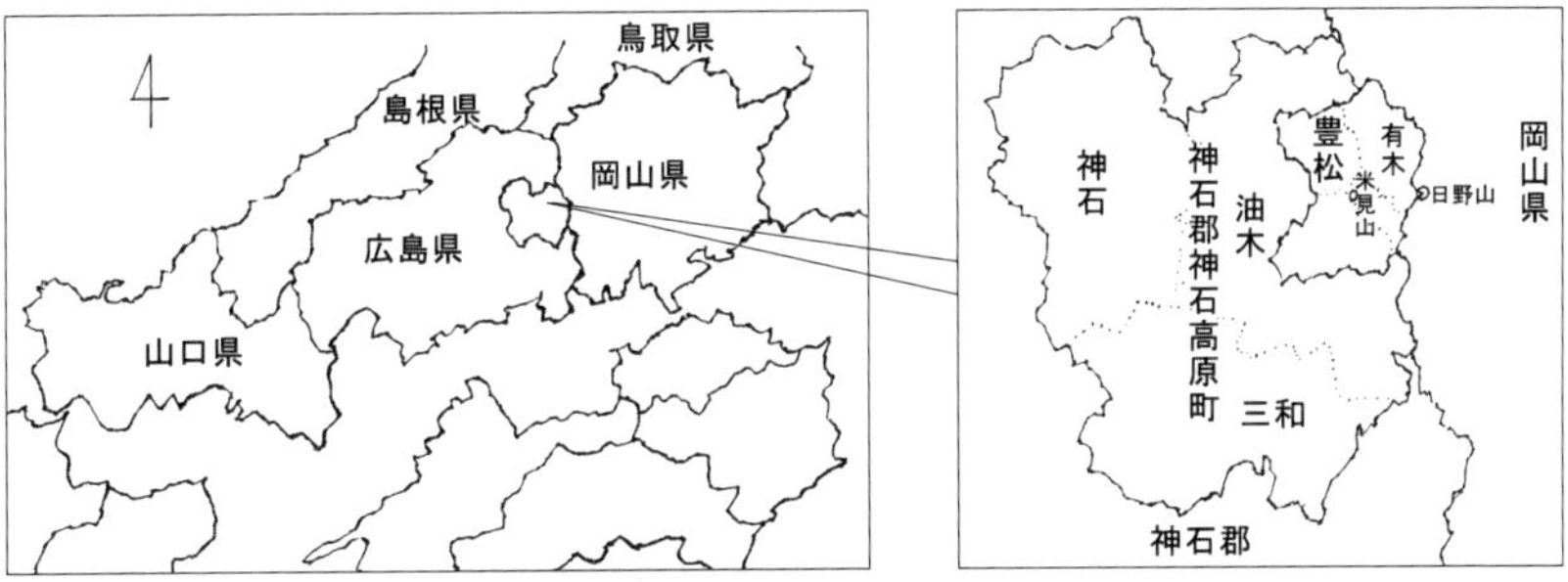


広島県神石郡神石高原町　有木の里

れを競うので此の国を黄蕨国《きびのくに》と称し通しました。その音から吉備の字を作ったのです。）

広島県は、吉備の一部である備後の国と安芸の国からなっています。備後は吉備文化の西端です。神石高原町は、その備後地方の一番東部の中程に岡山県と接して、リンゴかナシの断面のような形でぶら下がっています。

**神石郡**　神石郡の神石は、もと可女志《かめし》と言っていたのを亀石《かめいし》と言い、それが転訛して神石《かみいし》となり、それを音読みに神石《じんせき》と称するようになりました。『日本書紀』の、天武天皇の朱鳥二年（六八七）三月十七日の本文に「備後国司獲白雉於亀石郡而貢。乃当郡課役悉免、仍大赦天下」（備後の国司が亀石郡で白い雉を捕らえて献上したので、その瑞祥により郡の課役が悉く免除され天下に大赦が行われた）とあります。これが日本の文献上、初めて、備後、亀石の国名・郡名を見るものです。

現在、神石高原町亀石に鎮座する明見神社の麓の鳥居すぐ奥左に地《じ》神石《じんせき》、丸石がコンクリートで固め据えてあり、鳥居の外につぎの内容の石碑が建っています。

祭神は、天御中主神《あめのみなかぬしのかみ》、高皇産霊神《たかみむすびのかみ》、神皇産霊神《かみむすびのかみ》。奈良時代の神亀五年（七二八）十一月初午の日、大和国の石上神宮の御分霊を勧請し、亀石明神と号す。その後、宝永二年（一七〇五）、社殿を再建する。西備名区の中、和名類聚抄に、四郷の一、神石を加女志と訓す。亀石、其先、郡に名とす。今は神石を郡に名とす。神石郡四郷の一、今は此村の名とするのみ。

とあり、神石郡の名の発祥地がこの亀石であるといいます。

また、新免の伏虎山の石《いし》神社は、その由緒を次のように伝えています。

仁寿元年（八五一）大和国山辺郡石上に鎮座の布留御魂《ふるのみたま》神社（石上《いそのかみ》神宮）の御分霊を遷座し祀っている神社。御霊代は頗る高大な石体で殿内に充満する。古老の口伝によれば、往古は石亀大明神と称し、後に神石大明神とも称し、郡内最古の神社である故に郡名を神石と称するという。祭神は伊斯許理度売命《いしこりどめのみこと》・誉田和気命《ほんだわけのみこと》ほか、相殿に八十瀬理比古命《やそせりひこのみこと》、櫛稲田比売命《くしなだひめのみこと》、武速須佐之《たけはやすさの》男命《おのみこと》ほかを祀る（『広島県神社誌』）。

とあり、神石郡の名はこの神社であるとしています。

このように、郡名の起源は旧亀石村の亀石神社に亀型の霊石を祀ったことによるとも、新免の石神社のご神体の大石より起こるとも、あるいは、旧豊松村和部山鶴岡八幡神社に祀られている亀甲石によるものだとも言われます。亀石村の地名が最も古いことから、これより郡名が起こったのは疑いないと、『神石郡誌全』は述べています。

昔から、白い綺麗な石には神が宿り住むと信じられてきました。『日本書紀』巻第六「垂仁天皇」の一節につぎのような話が出てきます。

垂仁天皇の御世に、額に角の生えた人が、船で越国《こしのくに》の笥飯浦《けひのうら》に碇泊しました。その人は名をアラシトといいました。彼が本国の任那《みまな》にいた時、黄牛に農具を負わせて田の中にある小屋に連れて行きました。ところが黄牛が急にいなくなったのです。その足跡を辿り求めたところ、足跡はある郡役所の中で止まっていました。その時、一人の老夫が現れて、「あなたがお捜しの牛はこの郡役所の中に入ったよ。役人たちは、もし所有者が捜しに来たら、代わりのものをやって弁償すればよいからと言って、その牛を殺して食べてしまったんだよ。牛の代わりに何が欲しいかと訊かれたら、財物を望まずに郡内に祭ってある神が得たいと言いなさい」と言いました。間もなく役人たちがやって来て「牛の代わりに何が欲しいか」と訊いたので、アラシトは老夫の教えのように答えました。その祭ってある神というのは、白い石でした。そこで役人たちはその白い石を牛の代償として、アラシトにやりました。アラシトはそれを持ち帰って寝室の中に置いておくと、その神石《くすしきいし》はきれいな乙女となりました。アラシトは、大いに悦んで交合しようとしました。ところが、アラシトが外出している間に、乙女はたちまちいなくなってしまったのです。アラシトは、驚いて自分の妻に「乙女は何処へ行ったか」と尋ねると、妻は「東のほうへ行ったよ」と答えました。そこでアラシトは乙女を捜し求め、ついに遠く海を越えて日本国にやって来たというのです。乙女は、難波《なにわ》に渡って来て、比売語曽《ひめごそ》社《のやしろ》の神となったということです。

白い石は、神石（くすしきいし・かみいし）だったんですね。

長寿・豊饒・情愛を象徴とする白石を、オシロイ石・米石《こめいし》などと名づけて忌む風習があります。白石を屋根石に用いると子が夜泣きするとの伝えもあり、赤石を拾って戻ると火事・雷・赤鬼・天狗などの災いにあい、母親の乳が腫れる（高知県）と言っていさめる地方もあります。こうした石は、通例、神の石であり、それが清浄であるがゆえに忌まれるという習俗もあります（『日本大百科全書』）。

『神石郡誌全』により、「神石五郷」について見ましょう。

郡は郷より成ります。元明天皇の御代、和銅六年（七一三）、国・郡・郷の名に二字を用いて表すこととなりました。神石郡の郷数は神石・志麻・高市・三坂の四郷で、後に日野が加わり、五郷となりました。

神石《かめし》は、神石郡家の所在地で、当時の亀石村でした。志麻《しま》は、後世、旧小畠村付近数村を志摩里の庄と言いました。高市《たけち》は、高光《たかみつ》村の訛りであるという説と、もっと広く油木地方豊松の一部でもあるのではないか（『神石郡誌続編』）との説があります。

三坂《みさか》は、旧新坂村大字三坂の遺名です。日野《ひの》は、旧豊松村の東側県境に日野山がありますが、その山麓の今の有木地域を中心に豊松地方（油木の一部も含め）を指していたと伝えられています。日野郷は、現在のそれよりも広域の地からなり、古文書にも「日野郷有木邑《むら》」（有木邑は日野郷の中の一つの邑）という表現が出てきます。

古代の人々は、二千年前から鉄器を使っていました。弥生時代に農耕生活が定着、人々は木や石器にかわって鉄器を生活に取り入れました。奈良時代には砂鉄から鉄を作り農具や漁具を作っていました。

大和の支配階級の人々は、刀や鏃《やじり》を作る原料の鉄が欲しかったのです。彼らは山陰山陽の鉄に目をつけ、貢ぎ物として土地の鉄を無償で供出するよう命じたのです。

延暦十五年（七九六）、政府が備前の国から鍬や鉄を取り立てるので農民は困って、鉄のかわりに絹布か絹糸にしてほしいと頼んでいます。

また、延暦二十四年（八〇五）には、神石は山間の辺鄙なところなので鉄をとることは出来るが、蚕を養うのは大変だから、絹をやめて鉄にしてほしいと頼んでいます。

郡内で鉄の生産量の多い地方は、油木・神石地方でした。鉄を作るには、先ず木炭が必要、木炭の生産量によって鉄の生産量が決まりますから、製炭業者、製鉄師が力を持ちこの地方の豪族に成長しました。

**豊松**　豊松の地名の由来について、『豊松の昔話』は、崇神《すじん》天皇の御代、皇女豊鋤入《とよすきいり》姫命が「諸国を回られた時のこと、吉備の名方浜宮に行かれる途中、この地を通られ、老松に神鏡を掛けて一夜をお過ごしになりました。その時、姫命の気高いお姿と、輝く神鏡に村人は深く感動し、拝礼しました。姫命も大変喜ばれ、村人たちにご挨拶をされ、神鏡を掛けた松に、ご自分の名前の豊の一字を下さったので、それからこの地を豊松というようになりました」と述べています。更に、姫命が備中高山《こうやま》の穴門山《あなとやま》の宮に長く留まれ、神鏡を祀られたことにも触れています。

また、なぜこの山間の地まで足を延ばされたのかについて、同書は、第九代開化《かいか》天皇の五世の孫の息長日子王《おきながひこおう》がこの地にお住まいになり、後、代々この地を治めておられたことから、ここを訪ねられたと言われていると述べています（『歴史と伝説　豊松の昔話』、「豊松の起源」）。

元伊勢の一つである備中高山の穴門山神社は、今日も、天照大神《あまてらすおおみかみ》、倉稲魂神《うかのみたまのかみ》、豊受大神《とようけのおおかみ》、足《たらし》仲彦命《なかつひこのみこと》（日本武尊《やまとたけるのみこと》の第二王子）、穴門武姫命《あなとたけひめのみこと》（吉備武彦命の娘で日本武尊の妃《きさき》）を祀り、通称は名方浜宮です。社殿の背後に石灰岩の絶壁がそびえ、崖下左手には奥行き一五㍍ほどの小さな鐘乳洞があって、常に清水が流れ出しています。石筍《せきじゅん》や鐘乳石《しょうにゅうせき》の美しい洞内の暗黒の世界は、まさに神の坐す場にふさわしいものがあります。『倭姫命世記』に、崇神天皇の御世、倭国笠縫邑《やまとのくにかさぬいのむら》に皇女豊鍬入姫命が天照大神を祀り、祀るにより良きところを求めて各地を巡幸され、崇神天皇五十四年、吉備の名方浜宮で四年間奉斎されたことが記されており、「吉備の名方浜宮」が当社に当たるとされています。

穴門山神社の創立は、崇神天皇五十四年と伝わり、備中国式内社十八社の一つです。社殿は寛永九年（一六三二）秋焼失したため、備中松山城主池田出雲守長常が寛永十四年（一六三七）に再建寄進しました。権現造りの本殿妻側は、懸魚《げんぎょ》、虹梁《こうりょう》、支輪《しりん》、斗栱組《ときょうぐ》みで装飾性の高いものです。

穴門山神社本殿　岩壁を背にして建つ

穴のような水門があり、もともと穴門《あなと》と言っていましたがその形が長いので長門《ながと》とも言いました。穴門が長門となり、名方と訓じたものでしょうか。穴門山神社の鎮座する長田山を浜の宮というのは、当時、備後国神辺《かんなべ》より北へ水門の穴のように長く潮がさし入っていたからでしょう。備後国では吉備穴の海と言い、その辺りを穴の郡、後に安那郡と唱えました（谷川健一、一九八四）。

『日本書紀』では、豊鋤入姫命の御巡幸については触れていませんし、倭姫命の巡幸先にも吉備の国は入っていません。しかし、『倭姫命世記』に豊鋤入姫命の御巡幸のことが出てきます。同書は、豊鍬入姫命は、吉備の名方浜宮に四年間、天照大神を祀られたとしています。

『日本書紀』には、つぎのように記述があります。

崇神天皇五年に国内で疫病が流行りました。六年に、百姓たちが流亡離散し、背く者もありました。天皇は、早朝から深夜まで天神地祇に謝罪を請い願いました。これまでは、天照大神と倭大国魂《やまとおおくにたま》二神を天皇の御殿の中に祀っていたのですが、天皇はその二神の神威を恐れ、二神と共に住むことに不安を感じて、天照大神を豊鋤入姫命に託して、倭《やまと》の笠縫邑に祭りました。堅固な神籬《ひもろぎ》・神域を立てて、倭大国魂神を渟名城入姫命《ぬなきのいりひめのみこと》に託して祭らせましたが、姫命は髪が抜け落ち身体が痩せ細って、祭ることができませんでした。

垂仁天皇二十五年、天皇は、天照大神を豊鋤入姫命から離して、倭姫命《やまとひめのみこと》に託しました。そこで、倭姫命は大神を鎮座するに相応しい所を求めて、宇菟《うだ》の筱幡《さきはた》（奈良県宇陀郡）に赴き、改めて引き返し近江国に入り、東方の美濃を巡って伊勢国に至りました。その時、天照大神は、倭姫命に「この神風の伊勢国は、常世の波がしきりに打ち寄せる国である。大和から片寄った遠い国で美しい良

穴門山神社裏にある洞窟

い国である。この国に居たいと思う」と告げました。そこで、大神の教えのままに、その祠《やしろ》を伊勢国に建て、そのために斎王宮《さいおうきゅう》を五十鈴川のほとりに建てました。これを磯宮《いそのみや》と言います。こうして伊勢国は、天照大神が初めて降臨した所であるのです。

一方、『倭姫命世記』によると、崇神天皇の御代、国内で疫病が流行《はや》り、人民の多くが亡くなったり、作物の不作が続いて世の中が乱れたりしたために、天皇は昼夜、国の平安を祈りました。すると暗闇の中が急に明るくなり、天照大神の神霊が現れて「吾が魂と大国魂の霊を分けて、宮殿の外に祀ってほしい」と厳かな声で言いました。

崇神天皇六年、天皇が倭の国の笠縫邑に来て、「これより後は天照大神をこの地にお祀りせよ」と仰せになり、皇女の豊鋤入姫命に御神鏡（八咫鏡《やたのかがみ》）と御神剣（天叢雲剣《あまのむらくものつるぎ》、後の草薙剣《くさなぎのつるぎ》）を授けました。

こうしてお祀りするお宮に神籬《ひもろぎ》を立てて、豊鋤入姫命は巫女としての潔斎の日が始まりました。お祀りされた日の夜には、宮人たちが大勢集まって、一晩中宴を開き、歌ったり踊ったりしました。その後、豊鋤入姫命は、天照大神のお言葉に従って諸国を巡り、天照大神をお祀りするのに相応しい所を探すことになりました。

崇神天皇三十九年、豊鋤入姫命は丹波の国の吉佐宮《よさのみや》に遷り、その地で四年間、天照大神を祀りしました。この年には、豊受大神が天上より降りて、天照大神の食事の世話をしました。

崇神天皇四十三年、大和国の伊豆加志本宮で八年間、五十一年木乃国の奈久佐浜宮で三年間、そして崇神天皇五十四年、吉備国の名方浜宮で四年間、お祀りしました。木乃国に来た時、紀伊の国造が、身辺の世話をする紀麻呂良《きまろら》と御田を献上しました。吉備国に来た時、吉備の国造が身辺の世話をする吉備都比売《きびつひめ》と御田を献上しました。

崇神天皇五十八年、豊鋤入姫命は、倭の弥和（三輪）の御室嶺上宮《みむろのみねのかみのみや》で、天照大神を二年間お祀りしました。この時、豊鋤入姫命は「私は、もう随分と長い間お祀りする日を重ねてきました。これから先のことは年齢的にできないと思います」と言いました。そして、姪にあたる倭姫命を天照大神の御杖代《みつえしろ》（天照大神の御杖となって、御神慮を全身全霊で仕えられるお方）と定めて、その後を託しました。

**有木**　有木は、神石高原町の中でも東端の旧豊松村にあり、岡山県と接しています。子供の頃、県境に立って、右の足を広島県に、左の足を岡山県に置いて、両県にまたがっている大男になった気分で自慢したものです。有木地域の生活・慣習、祭りや神楽にしても方言にしても、吉備文化が強く滲んでいます。有木地域は吉備文化のただ中にあると言っても過言ではないでしょう。

県境にすぐ近いところに住む小学校の同級生たちは、私たちとは別れて岡山県旧川上郡平川の中学校へ通学しました。私の住む地域では、婚姻も岡山県の人々と良縁を持つ人が多いのです。散髪を始め日々の生活の必需品を岡山県に渡って求めることが多いです。私たちも、岡山県旧川上郡平川で行われる小学校の運動会や秋のお祭りによく出かけて行ったものです。

竹内利三編（一九八七）は、明治十四年の戸籍によると、有木地域への入籍者のうち三分の一が旧平川村などの岡山県出身者であったと述べています。往古からこの備後のこの地域の人々は、備中の地域の人々と深い関わりを持って生活してきたのです。

この有木地方に、はるか昔から住んで勢力を持っていた豪族の有木氏の名前が、この地方の名前になったといいます。この地方のことを知るためには、有木氏のことを知らなくてはなりません。有木氏のことを知るためには、吉備のことを知らなくてはなりません。有木氏の根元は吉備の中山にあるからです。

本書では、関連する昔の吉備のことを少しずつ知ることから始め、吉備の有木氏、郷土有木に移り住んだ有木氏とその地域について、つまり私たちの郷土のルーツ、人々と土壌・土地柄について、知り得たことを書き進めていきたいと思います。

**ポイント**

豊鋤入姫命が巡幸された国の中で倭から遠い国は、丹波国とそれよりも更に遠い吉備国である点に注目したいです。吉備国は、天照大神を祀るのに遠くて相応しい国の一つに挙げられていたのです。

# 第二章　古代天皇と吉備の国

古代天皇の多くは、吉備の国と深い関わりを持ってきました。大和朝廷は吉備の国が重要な国であると認識し、深い絆を築いてきたことが見て取れます。『古事記』、『日本書紀』を中心に、関係の深さを物語る事柄のある古代天皇を見ておきましょう。

## 神武天皇と吉備の国

日本の初代天皇は、生誕地宮崎県日向から十六年もかけて、東方の大和《やまと》を目指して「神武東征《じんむとうせい》」につき、途上幾多の困難・賊との戦いの後、大和の橿原《かしはら》で即位、日本国を打ち建てました。

神倭伊波礼毘古命《かむやまといわれびこのみこと》、後の初代天皇の神武天皇は、筑紫の日向《ひゅうが》（宮崎県高原町《たかはる》）の「皇子原《おうじばる》」で誕生したと伝えられています。伊波礼毘古は、生まれながらに聡明で意志の固い資質の持ち主で、狭野《さの》一帯の山野を駆けめぐって遊んだ幼少期を過ごしました。やがて十五歳で皇太子《ひつぎのみこ》になり、どの地を拠り所とすれば天下の政治を無事に行えるか兄五瀬《いつせ》に相談し、「なほ東に行かむと思ふ」と決

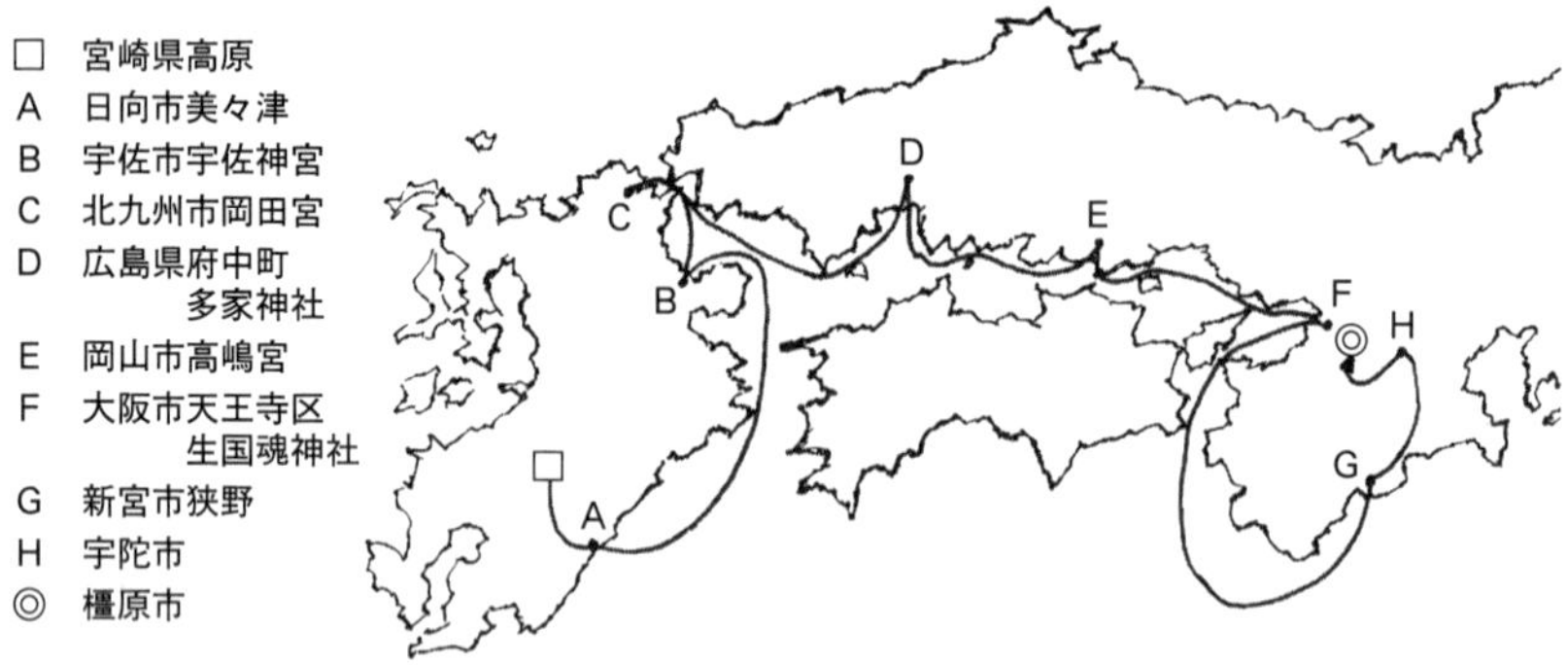


神武東征において一行が立ち寄った主な場所（□を出発し◎に至る）

意しました。伊波礼毘古は、宮崎神宮元宮の皇宮《こうぐう》神社（宮崎市下北町）に住んでいましたが、四十五歳の時、将来の国造りの構想を携え、高原を出発し東征を始めました。

宮崎県日向市の美々津《みみつ》港から船で出港。大分市の佐賀関の早《はや》吸日女《すひめ》神社、宇佐市の宇佐神宮を経由して、筑紫（福岡県北九州市）の岡田宮へ到りそこで一年間を過ごしました。周防灘で高波に遭い、竹島（山口県周南市）に停泊したとの伝承もあります。

安芸国の多家《たけ》神社（広島県府中町）に七年間（『古事記』）の長期にわたって滞在しました。広島湾から太田川、根の谷川を北上し高田郡可愛村《えのむら》（安芸高田市吉田町）に到着。安芸周辺の国々まで出向き、東征や国造りの支援を要請したのだと思われます。安芸津彦が道案内や仲介役を果たしたことでしょう。出雲と関係の深い可愛村へ出向き出雲勢力の帰順を求めて、海道を離れて遠征しました。

（注）多家神社＝通称、埃宮《えのみや》。主祭神は、神武天皇。現在の社地は「たれその森」と呼ばれます。神武天皇がこの地に上がり、土地の者に「そなたは誰ぞ」と尋ねた伝承がその名の由来です。

神島神社本殿（岡山県笠岡市）

伊波礼毘古は、多家（多祁理宮《たけりのみや》）から上蒲刈島《かみかまがりしま》（広島県呉市）、大崎下島（同市）生口島《いくちじま》（広島県尾道市）、因島《いんのしま》（同市）と芸予諸島をつたって船団を進め、吉備国の高嶋宮に到着しました。伊波礼毘古一行は、そこへ八年間（『古事記』）もの最長期間滞在しました。高嶋宮がどこであるかは、未だ一定していません。その候補地は沼隈の田島（広島県福山市内海町田島、皇森《こうもり》神社）とか笠岡の神島《こうのしま》（岡山県笠岡市、神島《こうのしま》神社）、岡山県の児島湾に浮かぶ無人島の高島（岡山市南区）など複数あります。

皇森神社は、神武天皇を祭神とし「吉備高島」の跡と伝えられています。田島に隣接するように浮かぶ矢ノ島は、一行が弓矢を作ったとされる島です。

また、笠岡市の南端に鎮座する神島《こうのしま》神社は、縁起によると、対岸に浮かぶ高島にあった社を現在の地に移転したと伝わり、創建は奈良時代神亀三年（七二六）で延喜式神名帳に記載された式内社です。昔より興世《おきよ》明神と呼ばれ、祭神は神武天皇と后の興世《おきよ》姫命《ひめのみこと》です。東征の際、伊波礼毘古命は、神島《こうのしま》沖の高島の王泊《おうどまり》の御座所に駐留し、興世姫は神島外浦の行宮《かりみや》に部下を率いて滞在しました。命は度々狩りなどをするために行宮を訪れ姫と過ごしました。長期滞在の後に、命たち一行が東征の途につきましたが、姫命は足手まといにならぬように思ってか神島に残り、島民の尊敬を集め、この地で薨じました。

神島神社境内に建つ神武天皇像

　中でも児島湾の高島が、昭和十五年の文部省の「神武天皇聖蹟調査」により吉備国の高嶋宮の候補地として最有力とされました。同島にある吉備高島宮址碑には「吉備に於いて拓殖最も早く開けたる地方にして、土地肥沃、穀物豊穣なり」とあります。「肥沃な備前平野を北に負ひ、児島湾一帯を物資供給の区域とし、且つ児島湾西方に往時水島灘に連絡した可航水路があった」（聖蹟調査）とあります。昭和四十三年、岡山市北区の津島遺跡で、弥生時代前期の水田と集落の跡が、一緒の形では日本で初めて、発見されました。旭川を隔てて東側の百間川遺跡群でも同時期の水田跡が見つかりました。いずれも吉備高島宮址から一望できる数キロ圏内で、吉備で最も早く稲作地帯が広がっていたことを明らかにしました。旭川下流域は、稲作には格好の土地。この地の人々は微高地に集落を作り、低地に水田を営んでいました。八年を経る間に、船をそろえ兵食を蓄えました。ここで伊波礼毘古は、一気に天下を平定しようと考えました。

　宮城山の中腹に鎮座する安仁神社（岡山市東区）（古名は兄神社）の主祭神は伊波礼毘古の兄の五瀬命。五瀬は段取り上手で、東征を切り盛りし、実務にたけ弟の大業を裏方で支えました。兄に対する伊波礼毘古の信頼は、厚かったことでしょう（産経新聞取材班、二〇一六）。

「吉備にして、また八年、高嶋の宮、大和は遠しとよ、高千穂よ遙けしと」（「交声曲海道東征」

より)。

嵐に見舞われ、難を逃れるために家島諸島(兵庫県姫路市)へ立ち寄りました。港内が風波穏やかで、あたかもわが家のように静かであったので「いえしま」と名づけられました。伊波礼毘古が武運長久と航海の安全を祈願し、天神を祭った神社が、この家島神社です。

伊波礼毘古は、浪速国に生島大神《いくしまの》と足島大神《たるしまの》を祭りました。「生玉《いくたま》さん」として有名な生国魂《いくにたま》神社(大阪市天王寺区)の起源です。生駒山《いこまやま》を越えれば大和の国。ところが先住民の長髄彦《ながすねひこ》が待ちかまえ、戦を仕掛けてきました。敵の放った矢が五瀬の肘に当たり、進撃不能になりました。五瀬は言いました。「自分は天照大御神の子孫であるのに、太陽が昇る東に向かって戦ったため、痛手を負ってしまったのだ」と。ひとまず退いて弱そうに見せかけ、神々を祭り、日の神の威を背に敵を倒そうと思い直しました。伊波礼毘古は、重傷の五瀬を連れて海に逃れることができました。伝承では、五瀬は村人たちの介抱で船出ができるまでに恢復しましたが、とうとう五瀬は落命します。自負と闘志に溢れ、頼りがいのある長兄を失って、伊波礼毘古は失意の中で、生駒越えを変更し更に南下します。

伊波礼毘古は、現在の和歌山市内の名草山付近に勢力を持っていた名草戸畔《なくさとべ》という首長の軍勢と死闘を繰り広げた末に討伐しました。更に南下、狭野(現和歌山県新宮市)を越え、熊野の神邑《みわのむら》から東に向かった時、東征の最大の海の難事、荒れる海で更に二人の兄が溺れ死にました。土着の者が船を漕いで伊波礼毘古を助けたと伝えられています。熊野灘で二人の兄を失った伊波礼毘古は、熊野の荒坂津《あらさかのつ》で丹敷戸畔《にしきとべ》を討伐。熊に化けた神の毒気に伊波礼毘古も兵士も気を失うほどの最大の危機を救ったのは、熊野の住民である高倉下《たかくらじ》でした。高倉下は、天照大御神の命で建御雷神《たけみかずちのかみ》が高天原から下した一振りの横刀《たち》を持って駆けつけ、伊波礼毘古を眠りから覚まします。伊波礼毘古はその横刀の霊威で熊野の荒ぶる神をことごとく倒しました。

夢から覚めた伊波礼毘古の頭上に巨大な烏、八咫烏《やた》が舞っていました。伊波礼毘古は天照大御神の意思を感じ取り、八咫烏の先導で熊野の山を越えて行きます。「八咫烏」の「八」は巨大さを表します。それは三本の足を持っている鳥です。三本の足は、朝日、昼間の日、夕日の三つの太陽を表すと言われます。地元では熊野の神の使いと信じられています。八咫烏の導きで、「吉野河の河尻」に至った伊波礼毘古は、自ら進んで従ってくれた三人の国津神に出会います。伊波礼毘古が道に迷い、難渋していた折、国津神が道案内をしてくれました。伊波礼毘古は八咫烏《やたがらす》を使者として土豪兄弟宇迦斯《うかし》に帰順をすすめましたが、兄宇迦斯《えうかし》は使者を矢で射て追い返しました。兄が押機《ばね》を仕掛けてだまし討ちしようとしていると弟宇迦斯《おとうかし》に暴露されます。結局は、兄宇迦斯は大久米命《おおくめ》に追いこまれ、自分の仕掛けた押機に打たれて死にます。

恭順した弟宇迦斯が献上したご馳走を賜った部下の兵たちが、戦勝祝いにみんなで歌った歌があります。

宇陀《うだ》の　高城《たかき》に　鴫罠《しぎわな》張る
わが待つや　鴫《しぎ》はさやらず
いすくはし　鯨《くぢら》さやる
こなみが　な乞《こ》はさば

立ちそばの　実の無けくを　こきしひゑね
うはなりが　な乞《こ》はさば
いちさかき　実の多けくを　こきだひゑね
ええ　しやご　しや。こはいのごふそ。
ああ　しやご　しや。こは嘲咲《あざわら》ふぞ。

（宇陀の／高く構えた砦《とりで》に／鴫《しぎ》を捕る罠《わな》を仕掛けて／私が待っている／鴫はかからず、なんと勇ましくでっかい／鯨がかかったではないか。古妻が／総菜を欲しがったら、実の少ないところを／たくさん取ってやれ。可愛い妾《めかけ》が／おかずを欲しがったら、肉の多いところを／たくさん取ってやれ。ええ、あいつめ　こらこら。これはざまあみろの意だ。ああ、こいつめ　それそれ。これはあざ笑う意だ。）

　これは、東征の最終盤に、兄宇迦斯《えうかし》・八十建《やそたける》・長髄彦《ながすねひこ》どもを討伐した時に軍士を慰撫・鼓舞するために歌われた久米歌《くめうた》の一つです。『古事記』には、このような久米歌が十三首も記されています。賊兄宇迦斯《ぞくえうかし》を討伐した宇陀《うだ》から橿原まで、一行はなんとか辿り着きました。伊波礼毘古は、八十建《やそたける》が封鎖した峠を変装して越えました。

　最後に長髄彦との決戦が待っていましたが、苦戦を強いられました。その時、一天にわかに曇り雹《ひょう》が降り出しました。その中一羽の金色《くがね》の霊《あや》しき鵄《とび》（金鵄《きんし》）が飛来し、伊波礼毘古の弓の弭《はず》（弓の端の弦《つる》をかける所）に止まりました。その鵄《とび》は光り輝き、まさに稲妻のようでした。この光に打たれ、長髄彦の軍勢はみな、目がくらみ先もわからず混乱して、二度と戦う気力を失ってしまいました。

伊波礼毘古はついに、荒々しい神どもを平定し、服従しない人どもを追い払って、畝傍《うねび》の橿原宮《かしはらのみや》で天下を統治したのです。『古事記』はその部分を、「荒ぶる神たちを言向《ことむ》け平和《やは》し、伏《したが》はぬ人等を退け撥《はら》ひて、畝火《うねび》の白梼原宮《かしはらのみや》に坐《いま》して、天《あめ》の下治《したおさ》めたまひき」と書いています。伊波礼毘古は初代天皇に即位した後、有力氏族の連合体である大和政権の運営に心を砕くのです（産経新聞取材班、二〇一六）。

**ポイント**

『古事記』によると、伊波礼毘古が筑紫の日向を船立ちしてより、十六年の長旅の末に、大和畝傍の橿原で即位し初志貫徹しました。この十六年の年月の間、筑紫の岡田宮に一年、阿岐の多祁理宮に七年、吉備の高嶋宮に八年の長い逗留をしていることに注目したいです。特に、阿岐と吉備に合わせて十五年もの長い間、滞在しました。伊波礼毘古は、ここで何をしていたのでしょうか。それは戦い・争いではなく、この地方の国々の人々と話し合いをし、将来大和の国造りが滑らかに進むようその道筋をつけていたのではないでしょうか。阿岐滞在中は、阿岐や出雲の勢力に言向《ことむ》け平和《やわ》しその地方の文物が、また吉備ではその国の産業と人々の力などの文物が、国家建設に必要不可欠であると考えたのではなかったかと思われます。神武東征の十六年間の半分の八年間もの長い間吉備の国に滞在したことは、伊波礼毘古がいかにこの国を重視し安心して暮らせる大事な地域であると思っていたかが分かります。

## 孝霊天皇、崇神天皇、景行天皇と吉備の国

第七代孝霊天皇は、妃の倭国《やまとくに》香媛《かひめ》との間に、彦五十狭芹彦命《ひこいさせりひこのみこと》（またの名は吉備津彦命）を、また妃の絙某弟《はえいろど》の間に稚武彦命《わかたけひこのみこと》を生みました。この兄弟が吉備の国へ派遣されることになるのです（『日本書紀』）。吉備氏は、稚武彦命に始まります。彦五十狭芹彦命（吉備津彦命）と稚武彦命については、第三章ほか別の章で触れます。

第十代崇神天皇の五年に、国内に疫病が流行し、死亡する者が人口の過半数に及ぶほどでした。六年には、百姓が流亡離散し、中には背くものがありました。その威勢は、皇徳をもってしても治め難かったのです。天皇は、前述したように、御殿の内にお祭りしていた天照大神《あまてらすおおみかみ》・倭大国魂《やまとのおおくにたま》の二神の神威を恐れて、天照大神を豊鍬入姫命《とよすきいりひめのみこと》に託して、倭の笠縫邑《かさぬいのむら》に祭らせました。

十年七月、天皇は群卿たちへ詔しました。「民を導く根本は、教化することにある。今すでに天神地祇を崇敬して、災害は消え失せた。しかし辺境の人どもはなお臣従していない。これはまだ王化の徳に浴していないからなのだ。そこで群卿たちを選んで四方に派遣し、我が教えを知らしめよ」という教化の必要性を説いたものでした。

十年九月に、天皇は、「四道将軍の派遣」を行い、その詔には「もし教えを受け入れない者があれば、討伐せよ」とありました。

そのころ、孝元天皇の皇子、武埴安《たけはにやす》彦は、妻の吾田《あた》媛と謀って反逆し、兵を起こし攻めてきまし

た。夫は山背《やましろ》から、妻は大坂から攻め入って都を襲撃しようとしました。天皇は、五十狭芹彦命、すなわち吉備津彦命を派遣して吾田媛の軍を攻撃させ壊滅させました。

六十年秋、天皇は出雲大神の宮に収蔵してある神宝を献上させました。神宝の管理者の出雲振根《ふるね》の留守に弟が献上したことを振根は「なんでそんなにたやすく神宝を差し出したのだ」と責めました。このことで恨みがつのり弟を殺そうと思い、兄は弟を謀って殺してしまいました。それを聞いて天皇は、吉備津彦命と武渟川別《たけぬなかわわけ》命を派遣し出雲振根を誅伐しました。

その後、吉備津彦命は、軍を率いて吉備の国に入り吉備冠者を征伐しますが、これについては後述します。（四道将軍の派遣）

第十二代**景行天皇**は、二年春、吉備臣等の祖である若建吉備津日子の娘の播磨稲日大郎姫《はりまのいなびのおおいらつめ》を皇后にされ、二人の男子を生みました。第一子は大碓皇子《おおうすのみこ》、第二子は小碓尊《おうすのみこと》です。小碓尊は、後の日本武尊《やまとたけるのみこと》です。日本武尊については、第四章でお話しします。（婚姻）

## 仲哀天皇、神功皇后、応神天皇と吉備の国

第十四代**仲哀天皇**は、吉備武彦を副将として東征された日本武尊の第二子です。父の日本武尊が亡くなって、御霊は白鳥となって天に昇りました。天皇は、父を慕う気持ちから、「望むことは、陵《みささぎ》の周囲の池で白鳥を飼うことである。その鳥を見ながらお慕いする心を慰めようと思う」と、諸国に白鳥を献上させました。越国《こしのくに》が白鳥四羽を献上しました。二年には気長足姫尊《おきながたらしひめのみこと》（神功皇后）

を皇后にされました。筑紫の伊覩県主《いとのあがたぬし》祖の五十迹手《いとて》が天皇の行幸の際に、五百枝《いおえ》の賢木《さかき》を根から抜き取って船の艫《とも》と舳《へさき》に立てて、上枝には八尺瓊《やさかに》を掛け、中枝には白銅鏡《ますみのかがみ》を掛け、下枝には十握《とつかの》剣《つるぎ》を掛けて献上し言いました。「天皇が、八尺瓊の美しく勾《まが》っているように天下をお治め下さるよう、白銅鏡のように明らかに山川や海原をご覧下さるよう、また十握剣を引きさげて天下を平定して下さるようとの願いです」と。天皇は五十迹手を褒めて「伊蘇志《いそし》（努め励もう）」と言われました。

**神功皇后**は、幼少のころより聡明で叡智を持ち、容貌も壮麗でした。仲哀天皇が崩御されたので、天皇に替わって天下を治めました。吉備の臣の祖である鴨別《かもわけ》を派遣して、熊蘇国《くまそのくに》を討伐しました。幾日も経たないうちに、熊蘇は自分から服従しました。皇后は、天神地祇《てんしんちぎ》を祭り、神田を定めて耕作しました。皇后が海水で髪をすすぐと髪が二つに分かれたので髪をそのまま結い分けて髻《みずら》にし、群臣に言いました。「しばらく男子の姿になって、天神地祇の霊力を蒙り、群臣の助けによって、兵士を奮い立たせ船を整え西方を討伐しようと思う。事が成就すれば群臣に功績があったからであり、事が成就しなかったなら私一人に罪がある」と。ちょうど皇后は臨月に当たっていました。そこで皇后は石を取って腰に挟み「事をなし終えて帰ったら生まれて下さい」と祈請しました。三韓征伐の後、帰還し筑紫で誉田天皇《ほむたのすめらみこと》（応神天皇）を生みました。神功皇后、百歳で崩御。

第十五代**応神天皇**は、誕生した時すでに腕の上に肉ができていて、その形は鞆《とも》（弓を射る時左手首内側につけ弦が釧《くしろ》に触れるのを防ぐまるい皮製の具）のようでした。それは母神功皇后が雄々しく武装して鞆をつけた格好と同じでした。天皇は、幼少の頃より聡明、物事を見通す心は奥深く起居動作に聖帝の兆しがありました。仲姫《なかつひめ》を皇后とし、七人の妃がいて皇子・皇女は合わせて二十人です。

二十二年、妃の兄媛《えひめ》（吉備の臣の祖御友別《みともわけ》の妹）が西に向かって大いに嘆いたのを応神天皇は「何ぞ爾《なむじ》が嘆くこと甚だしき（何故そんなに嘆くのか）」と訊くと、兄媛は「父母を慕う気持ちで一杯で悲しいのです。暫く帰って親の面倒を見ることを許していただけないでしょうか」と言いました。天皇は即座にお許しになり、淡路の御原《みはら》の海人《あま》八十人を呼び寄せ水夫として吉備に送り遣わされました。天皇は高殿から兄媛の船を遠くから眺め、歌を詠みました。「淡路島　いや二並《ふたなら》び　小豆島《あづきしま》　いや二並《ふたなら》び　宜《よろ》しき島々　誰《た》かたされあらちし　吉備なる妹《いも》を　相見《あいみ》つるもの（淡路島は小豆島と本当に二つ並んでいてお似合いの島々だ。それにひきかえて私は一人にされてしまった。誰が遠くへ引き離してしまったのか。吉備の兄媛を強く愛していたのに）」と。後に、天皇が淡路島で狩猟をされた時、吉備に立ち寄り滞在しました。その時、御友別《みともわけ》が参内し、兄弟子孫が膳夫《かしわで》として天皇の食事に奉仕しました。天皇は、御友別が謹んで仕えるのを喜びました。それで吉備国を割いて、その子らに与えました。川島県《かわしまのこおり》を分けて長男（下道臣《しもつみちのおみ》の始祖）に、上道県《かみつみちのこおり》を二男仲《なかつ》彦（上道臣《かみつみちのおみ》・香屋臣《かやのおみ》の始祖）に、三野県《みののこおり》を弟《おと》彦（三野臣《みののおみ》の始祖）に、波区芸県《はくぎのこおり》を御友別の弟鴨別《かもわけ》（笠《かさの》臣《おみ》の始祖）にそれぞれ与えました。こういうわけで、それらの子孫が今も吉備国にいるのです。

（分国贈与）

## 仁徳天皇、雄略天皇、欽明天皇と吉備の国

第十六代仁徳天皇は、吉備の海部直《あまべのあたい》の女《むすめ》で名を黒日売《くろひめ》という容姿端正《かたちうるわ》しと聞いて、召し呼びました。皇后が妬まれたので、黒日売は恐れて故郷の吉備の国に逃げ帰ってきました。天皇は黒日売を恋しく思われ、吉備の国へ行幸しました。

応神天皇と仁徳天皇は、二代にわたって、吉備国に行幸しました。妃の兄媛、黒姫は両者とも吉備国の人で、二代続いて妃になり、天皇は、それぞれ妃を慕って吉備国に行幸しています。

四十年、天皇は雌鳥皇女《めとりのひめみこ》を召し入れて妃にしようと隼別皇子《はやぶさわけのみこ》を仲立ちにしました。隼別皇子は、密かに自分が皇女を娶《めと》って長い間隠していました。そうとは知らず天皇は、皇女の寝室に行き、事情を知ることとなりました。天皇の恨み心は大きくなり、皇子を殺そうとしました。隼別皇子と雌鳥皇女の二人が逃走したので、天皇は吉備品遅部雄鯽《ほむちべのおふな》・播磨佐伯直阿俄能胡《あたいあがのこ》を遣わし追いかけ殺させました。

六十七年、備中の川島川の川俣《かわまた》で人を苦しめる大きな水虬《みつち》（想像上の動物、角のない竜）がいて多くの道行く人がその毒を受けて死亡しました。笠臣の祖県守《あがたもり》は、川の淵から瓠《ひさご》を川に投げ込み「お前はしばしば毒を吐いて人を苦しめている。お前を殺してやる。お前がこの瓠を沈めたら、私は退こう。沈められなければ、お前の身を斬ってしまう」と言いました。すると水虬《みつち》は鹿に化けて、瓠を引き入れようとしましたが、瓠は沈みませんでした。そこで県守は剣を振り上げて水に入り、水虬を斬りました。さらに水虬の仲間を捜したところ、多くの水虬の族《やから》が淵底の洞窟に集まってい

ましたので、残らず斬り殺しました。川の水が血に変わりました。それで、その川を名付けて県守の淵（一説に、岡山県倉敷市付近）といいます。この時、一人二人の反逆者が初めて現れました。そのため天皇は賦役を軽くし租税を減らして人民を富まし、徳を行い恵みを施して、困窮を救い、死を弔い病人を慰め、身よりのない孤児や寡婦を養いました。こうして制令は広く行われ、天下は太平で、二十年余りも事が起こりませんでした。（賦役の軽減）

第二十一代**雄略天皇**の三人の妃の一人は、吉備上道臣《きびのかみつみちのおみ》の娘の稚媛《わかひめ》（一本に、吉備窪屋臣《きびのくぼやのおみ》の娘という）でした。七年、舎人《とねり》の吉備弓削部虚空《きびゆげべのおおそら》は休暇を取って帰郷しました。吉備下道臣前津屋《しもつみちのおみさきつや》は虚空を引き留めて使役し、幾月経っても都に上がらせませんでした。天皇のお召しにより、虚空は参上して言いました。「前津屋は、少女《おとめ》を天皇の人とし、大女《おおめ》を自分の人として闘わせました。少女《おとめ》が勝ったのを見て、前津屋は刀で少女を殺しました。また、小さな雄鶏を天皇の御鶏と呼び、毛を抜き翼を切りました。一方、大きな雄鶏を自分の鶏と呼んで、鈴と金の蹴爪《けづめ》を着け、この二羽を闘わせ、禿げた鶏が勝ったのを見て、また刀で殺しました」と。天皇はこの話を虚空から聞いて、兵士三十人を遣わし、前津屋とその一族七十人を誅殺しました。（吉備の反乱一）

この年、吉備上道臣田狭《たさ》は、しきりに友達に自分の妻の稚媛《わかひめ》の自慢をしました。「天下の麗人もわが妻には及ばない。美しくしなやかであらゆる美点が備わっている。華やかで潤いがあり、表情が豊かで、広い世にも類を見ない際だった美人だ」と言いました。天皇はそれを遠くで聞き、稚媛を自分の妃にしたいと思い、田狭を任那《みまな》国司に任命しました。しばらくして、天皇は稚媛をお召しになりました。田狭は天皇が自分の妻を召したことを恨み、新羅に援助を求めました。天皇は、田狭臣の子弟君《おときみ》と吉備海部直赤尾《あまのあたいのあかお》に新羅を討つよう命じました。（吉備の反乱二）

二十三年、雄略天皇崩御の後、妃の吉備稚媛《わかひめ》は幼子《おさなご》の星川皇子に天下を奪う作戦を授けます。星川皇子は、母の意に従って、ついに大蔵の官位を取り権勢を意のままにし官物を浪費しました。大伴大連《おおとものおおむらじ》は、軍兵を起こして大蔵を囲み封じ込めて、火を放って星川皇子らを焼き殺しました。吉備上道臣らは星川皇子を救出しようと、軍艦四十艘を仕立て海上に浮かばせました。しかし皇子が焼き殺されたと聞いて海路を引き返しました。皇太子は使者を遣り、上道臣らを詰責《きっせき》し（問いつめて責め）、その所領の山部を奪いました。（吉備の反乱三）

第二十九代**欽明天皇**二年のくだりに、「任那の日本府吉備臣《やまとのみこともち》」が出てきます。早急に任那の国を再興せよとの天皇の詔を実現するために、吉備氏はいわば日本大使としての役割を自覚し努力しています。吉備の反乱二において、任那国司に任ぜられた田狭が援助を求めようとした新羅、その新羅の征討に派遣された田狭の子の弟君（雄略紀七年条）に見るように、吉備氏と朝鮮半島との間には深い関係があったことは明らかです。

十六年、吉備五郡に白猪屯倉《しらいのみやけ》が置かれました。屯倉は、大和朝廷の直轄領から収穫した稲米を蓄積する倉のことですが、のち土地や耕作農民をも含む語となりました。十七年には、備前の児島《こじまの》郡《こおり》に屯倉が置かれました。（婚姻と屯倉設置）

## 敏達天皇、舒明天皇、皇極天皇、天武天皇と吉備の国

第三十代**敏達天皇**二年、高麗《こま》の使者が越《こし》の海岸に着いた時、船は壊れ溺死者が多く出ました。朝廷は、高麗が頻繁に海路に迷うことを疑い、饗応せずに送還することとし、吉備海部直難波《きびのあまのあたいなにわ》をその任に当たらせています。三年には、蘇我馬子大臣《そがのうまこのおおおみ》を吉備国に遣わし白猪屯倉《しらいのみやけ》と田部《たべ》を増やしています。（高麗使者への対応と屯倉の増設）

第三十四代**舒明天皇**は、吉備国の蚊屋采女《かやのうねめ》を娶って、蚊屋皇子《かやのみこ》を生みました。蚊屋は、吉備国賀夜郡（加陽郡）の地。（婚姻）

第三十五代**皇極天皇**の母は、吉備姫王《きびひめのおおきみ》（吉備島皇祖母命《きびのしまのすめみおやのみこと》とも）です。天皇は、母の皇祖母命が病気になってから喪葬が始まるまで、床の傍らを離れず看病しました。（吉備出身の母）

第四十代**天武天皇**二年、備後国司が白雉《しろきぎし》を亀石郡《かめしのこおり》（神石郡）で捕らえて献上しました。そこで郡の課役を悉く免除し天下に大赦を行いました。『日本書紀』に、備後国の亀石郡（神石郡）のことが書かれているのです。白い雉は縁起のいいこと、瑞祥を表すと考えられていました。天武八年、吉備大宰《おおみこともち》の石川王《いしかわのおおきみ》が病気になり吉備で薨じました。天皇は大層悲しみ大恩を下しました。大宰は国政上特に重要な地域、吉備や筑紫などに置かれました。（白雉の献上、吉備大宰）

## 大嘗祭と吉備の国

大嘗祭《だいじょうさい》は、天皇の皇位継承に伴って行われる諸儀式の中でも古くから重視されてきた一世一度の国家的祭儀です。特別に建造された悠紀殿《ゆうきでん》（東方）と主基殿《すきでん》（西方）から成る大嘗宮の神殿に天神地祇を祀り、あらかじめ占って決められた悠紀国と主基国の斎田でとれた新穀を天皇自ら大嘗宮の悠紀殿・主基殿に神饌として献じ、自身も食する祭儀です。主基の国は、京都以西の国（悠紀国は、京都以東の国）があてられ、延喜年間（九〇一―九二二）以後は主基国として丹波・吉備を交替に当てることになっていて、吉備国は度々主基国になりました。戦国時代には中断しましたが、江戸時代に再興されました（『神道事典』）。悠紀・主基に当たった国は、新穀を献ずるとともに、地元からの祝意を込めた和歌（風俗神歌）が奉じられました。

手元にある資料の中から任意に取り上げて見ても、光仁天皇、宝亀二年（七七一）、悠紀美川・主基因幡／桓武天皇、天応元年（七八一）、悠紀越前・主基**備前**／平城天皇、大同三年（八〇八）、悠紀伊勢・主基**備前**／嵯峨天皇、弘仁元年（八一〇）、悠紀美河・主基**美作**／淳和天皇、弘仁十四年（八二四）、悠紀近江・主基**備中**／仁明天皇、天長十年（八三三）、悠紀美濃・主基**備中**／文徳天皇、仁寿元年（八五一）、悠紀伊勢・主基播磨／清和天皇、貞観元年（八五九）、悠紀美川・主基**美作**／陽成天皇、元慶元年（八七七）、悠紀美乃・主基**備中**／光孝天皇、元慶八年（八八四）、悠紀伊勢・主基**備前**……といった具合です。この連続十代の天皇の大嘗祭のうち八代は吉備国が主基国に選ばれています。（ただし、備後国は見当たりません。）

『古今和歌集』二〇巻「大歌所御歌《おおうたがどころのおおむうた》」に載っている歌

〇真金ふく　吉備の中山　おびにせる　ほそたに河の　をとのさやけさ

その意味は「黄金を産出するわたくしども吉備国の中山が帯のように巡らせている細い谷川、その「細谷川」の水音の明るく澄みわたって清らかなことよ」です。これは承和元年（八三四）仁明天皇の大嘗祭の時の歌で、悠紀方は美濃国、主基方が備中国でした。

同書、同所に、いくつかの和歌が載せられています。

〇美作や　久米の佐良山　さらさらに　わが名はたてじ　よろづ世までに

（わたしどもの美作国の久米の地の「佐良山」。その名前の「さら」にあるように「更々」にわたしどもの名を立てはいたしますまい。末長き後の世まで。名の名たるべきは神たる大君（帝）の名のみです）。清和天皇、貞観元年（八五九）、悠紀方が三河国、主基方が吉備国の美作でした。

この歌は、当時、催馬楽《さいばら》（賓客を迎えての興宴《きょうえん》歌謡）として歌われていた恋歌を大嘗会《だいじょうえ》の風俗歌として奉ったものです。『催馬楽』では、つぎのように歌われました。

美作や　久米の　久米の佐良山　さらさらに　なよや
さらさらに　なよや　さらさらに　我が名　我が名は立てじ
万代までにや　万代までにや

（美作よ、その久米郡《くめのこおり》の、その久米の佐良山《さらやま》ではないが、さらさらに、ナヨヤ、さらさらに、ナヨヤ、さらさらに、私の評判を、私は二人の評判を世間に立てまい、万年ののちまでもよ、万年ののちまでもよ）（臼田・新間訳、一九七六）。

臼田・新間（一九七六）は、「男女の関係は浅くも濃くも公表すべき段階が来るまでは世間に漏れないほうがいい。そこで、男は女に向かって決して評判を立てさせないよと誓う。この誓いの気持が大君（天皇）への誓いへと移されていって、恋歌が賀歌になるのである」と述べています（第五章の「吉備の中山」の項を参照）。

村上天皇、天慶九年（九四六）、主基国、備中の風俗神歌

○常磐なる　吉備の中山　おしなべて　千とせを松の　深き色かな

（常に盤石《ばんじゃく》な吉備の中山はすべて一様に千年の松の木々の色の深いことよ）

朱雀天皇、天慶元年（九三八）の大嘗《おおにえ》、悠紀方が美濃国、主基方が備中国。美濃国の歌

○美濃の国　関の藤河　たえずして　君につかへむ　よろづ世まで

（わたくしども美濃国の不破の関「藤」という美しい名の「藤川」は水が涸れません。そのようにいつまでも絶えることなくあなた様にお仕え致します。末長き後の世まで）

光孝天皇、仁和元年（八八五）の大嘗《おおにえ》、悠紀国が伊勢国、主基国が備前国。伊勢国の歌

○君が世は　限りもあらじ　長浜の　真砂の数は　よみつくすとも

（あなた様の御時世は長く続いて限りもないでしょう。たとえ、わたしどもの伊勢国の「長い浜」のある「長浜」の砂の数は数え尽くすと致しましても）（小島・新井、一九八九、大嘗会和歌）。

備中国の大嘗の歌をもう一つ付け加えましょう。

後一条天皇、長和五年（一〇一六）、悠紀国が近江国、主基国、備中国。備中国の歌

○動きなき　君の御代かな　真金吹く　吉備の中山　常磐堅磐に

（動くことはございません、大君の御代は、真金が吹く備中の中山も永久不変にありますように）

大嘗祭の悠紀国・主基国に選ばれることは、大変な光栄であり誇りであったことでしょう。その主基国に吉備国が度々選ばれているということは、吉備国が朝廷にとっていかに重要であると認識されていたかを示すものと言っていいでしょう。

大嘗祭の歌ではありませんがつぎのような歌もあります。これは、白河天皇の勅により藤原通俊《みちとし》が応徳三年（一〇八六）に撰進成立した『後拾遺和歌集』第十七に載っている清原元輔の歌です。

○たれかまた　年へぬる身を　ふりすてて　吉備の中山　越えむとす覧

（いったい誰がまた年老いた私を振り捨てて、吉備の中山を越えよう、備中の守《かみ》に任官しようとしているのでしょうか）

年功序列からいっても、欠員となっている備中守《びっちゅうのかみ》には、自分が最も適任であると自薦しているの

です。多くの人が備中守になることを誇りに思い、そうなりたいと望んでいたのでしょう（久保田・平田、一九九四）。

## ポイント

これまで見てきたように、「神武東征」にあっては後に神武天皇になる伊波礼毘古命が建国実現のために吉備国に長期間滞在し、諸準備を整え英気を養いました。崇神天皇は「四道将軍の派遣」を行い、吉備津彦命が軍を率いて吉備に来国し、吉備冠者温羅（後述）を退治して、民の生活に安定をもたらし尊敬されました。

古代には、吉備の朝廷に対する反乱も何度かありましたが、吉備の女性と恋愛をしたり婚姻した天皇もあり、吉備国をその長《おさ》一族に分け与えたり、吉備国の賦役を軽減したり、屯倉《みやけ》を吉備国に設置したり、吉備の大宰《おおみこともち》など朝廷の役人として取り立てた天皇もありました。

また、吉備国は多くの天皇の大嘗祭に主基国として選ばれ、その栄誉に浴してきました。古代天皇と吉備国は、深い関係を持ち、太い絆で結ばれていたのですね。

# 第三章　吉備津彦命の温羅征伐伝

第十代崇神天皇の御代、四方の賊を平定するために、北陸へ大彦命《おおひこのみこと》、東海へ武渟川別命《たけぬなかわわけのみこと》、西道(山陽)へ吉備津彦命、丹波(山陰)へ丹波道主命《たにはのみちぬしのみこと》が四道将軍として派遣されました。

西道へ派遣された吉備津彦命は、吉備地方で威力を持って人々を悩ましていた温羅《うら》という鬼を征伐することになります。つぎに、『備後叢書四』「吉備津彦大明神温羅征伐略記」をもとに、それを分かり易く書き換えした「温羅征伐伝」を見ましょう。

## 温羅飛来

備中の国、加陽郡の中山に鎮座する吉備津神社の祭神「吉備津大明神」は、第七代孝霊天皇の第三の王子で、名前を五十《い》狭芹彦命《させりひこのみこと》または吉備津彦命といいます。

孝霊天皇五年(前二八六)、近江の国の土地が沈んで下がり、一夜で湖となりました。その夜、駿河の国に、富士山が地中から湧き上がりました。富士山の姿は朝日が差すように、中国の西域の地にまで映り、インド周辺の山々の峰はその光を消して暗い夜に灯火を失ったようになりました。インドの首領婆羅門《ばらもん》は大変怒り憤慨して、ビヤリ城の東北に妖術を使う者たちを集めました。そしてその中にいた剛伽夜叉《ごうきゃやしゃ》に、日本を荒らしてあの山を手に入れよと叫び命じました。夜叉は富士山を蹴り崩そうと考え、山中に隠れ日本に飛来しました。富士山に並んで高い愛鷹山《あしたかやま》（富士山の南東に聳える火山、一五〇四㍍）に隠れ富士山をうかがったところ、富士山権現、愛鷹大明神が霊異を現し、夜叉が隠れていた山を夜叉ともども蹴り崩してしまいました。夜叉は、自分の通力もかなわず神威に負け、しかたなく西の方へ飛び去りました。夜叉は、インドに帰り、この有様をみんなに語り策略を巡らしました。日本は容易には謀りがたいから、遠回しに日本に入って国王になり、神威を消して徐々に日本を手に入れようと、東北に渡り三韓（朝鮮）の白頭山《ベクトサン》に隠れ住み、百済《くだら》国の王城に入り、百済王の后《きさき》の腹に宿って出生しました。これこそ百済の王子の温羅《うら》です。

温羅《うら》（神代神楽八ヶ社）

第十一代垂仁天皇の御代になって、その温羅王は日本に渡って来て、諸国を忍び回り吉備の国に来て、厳が峯の岩窟に住み、時をうかがっていました。温羅は、魔神に通じ、妖術修練のやからを呼び寄せて大岩を打ち壊す奇術を持っており、即座に石城を構え、立て籠もりました。温羅の身長は、一丈三尺（約三㍍九〇）、両眼は大きく爛々と輝き豹の目のよう、髭や髪は赤熊のそれのよう、頬は骨々しくまるで夜叉のようでした。額の上には拳《こぶし》のような堅い肉があり、歯牙《きば》は上下に生え互い、持てる力は百人力。幼少より大志を抱き、勇敢な性質で、怒ると炎を吐いて近郷の山を焼き、眠る時は岩を枕にし、岩を穿《うが》っては薪《たきぎ》として炊き、また水を貯めて油としました。昼は、終日、備中の国中を駆け回り、婦女を捕らえ、石城に引き込み引き裂いては喰い、美女を自分の居所に入れて思うままに姦淫《かんいん》し、また牛馬など六畜《りくちく》の生肉を糧《かて》としました。

## 吉備津彦命、吉備の国へ

このために民は大いに嘆き泣き悲しみ、老若男女ともに裸足で四方に走り、男女は手を取り合って王城を頼みに駈け上がりました。天皇はこれを聞いて大いに驚き、すぐに五十狭芹彦命、のちの吉備津彦命を征夷使《せいいし》と定め、数千の兵をつけて吉備の国へ下しました。

将軍は吉備へ下り、中山の東に陣を構え、敵城の様子をうかがうと、その石城の白峰岩窟が雲間に聳え、中腹に廻る雲は銀河のよう、周りには幾重にも樹木が繁り、蒼白の苔が石を包み、道と見える所もなく、この山の下一里（約四キロメートル）ばかりの境に、岩石を積み上げて四方に石門を構え、その間に矢倉を備えています。その城の高さはおよそ百二十丈（約三六〇メートル）もあろうかと思われ、四方はみな巌石《がんせき》でした。四方に深い堀を構え、その内に楼閣《ろうかく》を建て列ねて城郭《じょうかく》としていました。頂上に坐石という所があり、二丈四尺（約七メートル二〇）四方で、一方は延び葛《かずら》のように直立していました。坐って後ろに当たる所に高さ二丈（約六メートル）の石があり、温羅が常に寄りかかる所であるといいます。これを坐屏石《ざびょうせき》といいます。上には肩が当たる所に跡があります。脇には、人掛け松という木があり、これに獲物の人を取り掛けて置くのだといいます。他には木は生えていません。みな全てが岩石です。また、北二十町（約二・一八キロメートル）余り隔てて、直径九尺六寸（約二メートル八〇）の飯を炊く釜があります。鋼で造られた平口です。また、五間（約九メートル）隔てて人畜を煮る釜があります。わたり一丈一尺（約三メートル三〇）、飯を炊く釜は、まるで仏像のようです。鬼の形の取り付けがあります。ここにも坐石というものがあります。温羅は、ここに美女を置いて寵愛し婬事を働くのです。鬼神温羅が初めてこの里に忍び来た所ですから、ここを新山《にいやま》といいます。美女というのは今の阿曽《あそ》の里の女で、安良女《あらめ》といいます。また、南に十五町（約一・六キロメートル）隔て、鬼神が戦う時、板の旗を建てた所ですから、ここを板旗といいます。今の板倉がそれです。また、この山の北西に大山があります。岩屋を造りそこを平生遊観の所とし、射場を造って弓矢や楯・鉾で遊び、あちらをぶらぶら歩き、こちらに駆け回ります。その上、この巌上に登り扉を開いて沖を行く船を引き寄せて財物を奪い、また貢物を積んだ船を招き寄せ荷物を奪い取り、また隣国へ往来して民を悩まします。ある時は石上に坐り雲霧を吐いて往来の人を道に迷わし、雷火を降らして人を焼き、峰には五色の雲をたなびかせ、谷には生臭く温い風を起こし人に害を及ぼします。ために、民は妻子家族を失い、涙の止まる時がありません。だから人々は、この城を鬼が城と呼びました。

### 温羅との戦い、要害を構えて

征夷使は城の近く押し寄せ、日夜戦い、寄せたり寄せられたり、戦は一時も止む時はありません。温羅は、ますます威を振るい、従者や家来どもは、妖術で人を悩ましたので、官軍は戦いに利なく軍を引いて都に帰りました。そのことを上告すると、天皇は大変憤り、心安からずでした。重ねて吉備津彦命を征討将軍とし、斧《おの》・鉞《まさかり》を与え、再び吉備国へ下しました。

さて、吉備津彦命は再び吉備国に到着し、鬼が城の動静をうかがいましたが、この賊は一度には滅ぼし難いと判断、吉備の中山（今の宮内）に陣取り、鬼が城に向かって戦いを挑みつつ、少しずつ陣城を築き要害を建てて進みました。その構えは、西は都宇郡片岡山築石楯（今、楯築《たてつき》明神鎮座の地）、南は昇龍山へかけ、官城東西二十四町（約二・六キロメートル）、堀を三重に構え、外堀は十丈（約三〇メートル）の深さ、入り海より潮を引き入れたたえ、白波がいつも岸を洗います。出入りに橋はなく、船を掛け並べて通行し、北は出崎のように一山の巌石が立っており、種々の諸木が生い茂っています。この山の尾に石を畳み、高楼を建て石苔を削って通路を造り、鬼が城の通路を塞ぎ、一隊の将である耶理霊の臣がここを守りました。耶理霊の臣は腰に剣を着け、手には鼓を持って招き寄せました。後にここを鼓山というのは、この耶理霊の臣の戦った跡だからです。南には昇龍山が横たわっています。要害の屋形の構えは真に貧弱で、巌の上に茅葺きの宮殿を建て階段は土でした。ここに吉備津彦並びに随将官軍が並び居ました。昇龍山と呼ぶのは、神武天皇御即位の年、数多くの白龍がこの山から昇天したからです。山の東北には大海が廻り、測りがたいほど深い。海の藍色の水に青い山の影が映って遥かに広大です。海人たちはここより南海に出て、魚を漁り将軍のお城に献上しました。また北に広野があり、土は芳しくて水がめでたい。また三十町（約三・三キロメートル）隔てて夜目山《やもくさん》という所があります。（勇剛な臣下、夜目《やめ》麿の名は、夜目山に因むとか。）ここは要害に相応しい所であると砦《とりで》を構え、夜目麿に鬼神が民から物を奪い取るのを防がせました。ここをその頃より、夜禦《やご》といいました。今の矢部です。

さて、命の軍奉行である楽々森舎人《ささもりとねり》は、一日に百里（約四〇〇キロメートル）を飛び駈ける早業をなし、殊に空中を飛行する神術を持っていて、常に民をよく守り、巌石を穿っては水を呼びました。葦森山の頂辺りは、用水に乏しい所ですが、楽々森はこの巌を掘って水を出したので、国人はこの水を汲んで渇きを潤せました。その水は今に絶えず湧き出る泉です。優鉢羅《ゆうはちら》龍神が飛来してここに権跡をたれ、国土を守りました。ここを龍王山と呼んでいます。

さて、吉備津彦命は中山の陣で従将たちと謀り、所々に砦を構え鬼が城の通路を塞ぎ、食糧を絶やそうとしました。しかし、城に籠もる温羅や従者のやからは皆々妖術を心得て飛行自在なので、なかなか弱る気配もありません。官軍の砦に猛火を吹きかけ、大風を起こし、また鬼が城より本陣・砦の別なく、遠矢を射て官軍を悩まします。やからの鬼神はいつも夜行し人を捕まえ、足手を抜き、血を吸い取り、肉を分けあい、または岩の石山や松の枝にかけ並べなどします。吉備津彦命は大いにこれを憐れみ嘆き、少しも心を安められません。

命は、楽々森に、どうにかしてあの夜行の悪魔を討てと命じました。楽々森は承知し、夜な夜な忍んで様子をうかがいましたけれど、その姿・形は分からず、前にいるかと思えば忽ち消えて後ろに立ち、後ろにいるかと振り返ると、遙か遠くに立ってあざ笑っており、まことに稲光《いなびかり》に似ていました。楽々森は、ある夜、あの鬼が城の麓で、何者かに飛びかかられ襲われました。剛勇な楽々森は少しも騒がず、その者と組み合い、双方互いに掴み殺そうと雷火を飛ばし争って、夜明け方になって、その曲者《くせもの》が少し弱ってきたと見えました。楽々森はその透きを見て剣を抜いてはたと斬りかかります。七刀刺しして首を取り、命に差し出すと、命は大いに悦び、楽々森の功を褒め称え、鬼神の首を獄門に掛けました。その首は髪は長く、口は耳のあたりまで切れ通り、足一本で手は三本、この手をつらねて曝《さら》されました。その所は今の三手の里です。

## 吉備冠者と有木冠者

一説によれば、百済国の王子であった温羅は、日本に渡り吉備国に来て、凶悪な賊を集めてその首領となり、嶮山に城を築き、幻術をもって民を悩ましました。その城を鬼が城といいました。幻術をもって自在に変幻し、天を駈けり地の中に入るという奇術を使い、婦女をさらい取ってはこの城に引き入れるため、その首領を鬼と称しました。吉備冠者《かじゃ》と自称し威力を振るいました。有木《ありき》冠者《かじゃ》は元より吉備人であって、下道郡有木山に住み、有木冠者と称しました。有木冠者は暴悪剛強の賊であり、吉備冠者に加勢して、幻術を習い妖術を行うので、これをも鬼と称しました。吉備津彦命の副将巨智麻呂《こちまろ》が勇敢にも有鬼冠者を討ちました。この誉れ高い功績への褒美に、巨智麻呂は有鬼《ありき》の姓を賜り、有木冠者が持っていた領地・居地が与えられました。その後、子孫は吉備津宮の神官の棟梁となりました。一足三手の鬼と言うのは、この有木冠者のことであるといいます。

## 二本の矢

楽々森が一鬼神を討ったため、夜な夜な出没した妖怪は少しは減りましたが、この後も戦いは止むことはなく、命の御弓の精力は天に響き、鬼神が怒る声は石を飛ばし火を降らしました。中山の御陣城と鬼が城との距離は百余町（およそ一一キロメートル）で、互いに射た矢が空中で喰い合って落ちました。その所に、後に、社を建てましたが、これを矢喰《やぐい》の宮といいます。夜暗くなってから射た矢は喰い合わず、鬼神の矢は宮内より三十町（三キロメートル余り）ばかりを越えて備前の国に落ちました。そこを矢坂といいます。命の矢は鬼が城の麓の蛇が峰の岩に当たり、はっしと飛んで、はるか五里（約一九・五キロメートル）余りを越えて、備中矢翔《やがけ》の里に止まります。今の矢掛がこれです。その矢が当たった岩は今もあります。

ある説によれば、この時吉備中山城から、吉備津彦命が鬼が城へ向かって放つ矢と鬼が城から吉備冠者が射る矢が、空中で喰い合うため、楽々森が神術によって鬼の矢を蹴落としたので、命の矢は鬼神に当たってついに亡びたといいます。また、吉備中山城と鬼が城の間で遠矢を射た時、命の臣下の楽々森には不思議な神通力があり、鬼神の射る矢を空中に駆け上がり握り取り、または蹴返し蹴落としなど度々したため、命の軍勢は損なわれませんでした。それほどに大きな手柄のあった神です。

長い年月の戦いは、矢のみによる戦いで、命の弓の力が少しゆるく見えかけた時、海童神（後に住吉大明神と祭る神）が牧児に化けて命に会って言いました。「今、城に引き籠もって、矢軍のみで戦えば、敵は変幻自在に国中を荒らし奪い去る。そのままだとついにあなたの軍勢も力尽きて鬼神に討たれ滅びてしまうぞ。」命はこれを聞いて、「あなたにはどんな計略があるのか」と問いました。それに対して牧児は言いました。「当城の西の片岡山に出向かい、軍兵を相従えて戦わせ、命は重い強い大弓に二本の矢をつがえて射れば、一本の矢は前のように空中で喰い合い、別の一本の矢は鬼が城に飛んで鬼神を射るはずだ（この事を告げる神は、今、岩山権現と祭る神）」と告げます。命はうなずき、強い大弓を整え軍兵を出して戦いを挑まれると、温羅もやからを出して戦いを挑んできます。その時、命は強い大弓に二本の矢をつがえて射ると、温羅も遠矢を射懸け、あの牧童の言ったように、一本は喰い合い、一本は温羅の胸（あるいは左の眼に当たったともいう）に当たり、坐石より転倒して落ちました。その時、踏んだ足の跡が坐石の面に残りました。温羅王はその矢をかなぐり抜き捨てました。その痕《あと》より流れ出る血が大流となり川となりました。今、血水川といいます。命はこれを見るや剣を抜いて疾風のように飛び駈けり、鬼が城に攻め入りました。鬼神も叶わずと思ったのでしょうか、五歳ばかりの童子に身を変えて、千人力でも動かし難い大岩を押し開き、身を隠そうとします。その手の形が今もその石の面にあります。命が雷のように追い駈ければ、鬼神はついに石の中へ飛び入ることが出来ません。激しい雷鳴が鳴り響き、黒い雲に炎を巻いて山川萬木を震動させて降る雨は、鉾《ほこ》か矢のようでたちまち洪水となり、山を穿ち逆流して砂石を流しました。鬼神がその流れの中に飛び入ると、濁水は忽ち血水となり、生臭い風が雷の光に三筋にきらめき渡り、大海に逆巻く浪のようでした。楽々森がこの血水を吸い乾かすと、鬼神の神通力は衰え、山鳥となって山中に隠れ入ります。命は鷹と化けて追いかければ、鯉となって血水川に入ります。命は鵜となって喰い上げれば、温羅はついに虜《とりこ》となります。

## 温羅の最後

さて、命は、温羅が化けた魚身を喰いあげようと首を押さえて引き裂こうとした時、温羅王は声を出して「しばらく待たれよ、申し上げることがある。今私は力尽きて命の虜《とりこ》となった。私は威力をもって日本を手に入れようと、二百余年前天竺《てんじく》（インド）から日本の愛鷹山に来て、富士山を蹴崩して荒野とし、魔の国にしようと思ったが、はからずもその山の神に蹴り落されてしまったので、三韓に潜んで国王の子として生まれ変わり、今ここに居る。あの天竺の剛伽夜叉の変身が私である。そうは思っていたが、どんなに威力を出しても、日本の神威には叶《かな》い難い。今より心を改め神威に服し、命の末社となって民を守ろう。さあ首を討って晒《さら》されよ。今後この誓いを違えず、後世三韓も私の因縁により神国の属国となるだろう」と、言ひ終わってついにこの山に倒れました。（別の伝説では、温羅は、「私は今まであなたほどの剛勇なお方に会ったことがない。私の名前を献じたいので、是非にお受け取りいただきたい」と言って息絶えたと伝えます。）かくて命は温羅の首を串で刺し貫いて晒しました。その所を須村といいます。この首は年月を経ても生きているかのように、眼は明らかで吠ること夥《おびただ》しく、山川に響き渡りました。このために犬飼の武士に仰せつけて此首を犬に喰わせましたが、肉が無くなっても動き吠《ほえ》ることを止めません。命は、お供えを煮る釜、竈の下を八尺（約二・四メートル）掘って鬼の首を埋めさせ、あの温羅が寵愛した安良女を召し寄せ朝夕の火を焚かせました。これにより徐々に鳴き声は緩やかになりましたが、この後十二カ年は吠る声は十里（約三九キロメートル）まで響いて止まりませんでした。命は、温

備前一宮吉備津彦神社境内に祀られる温羅《うら》神社

羅の誓い詞を思い出し、彼が死んだ処に宮を建て、八徳《はっとく》の宮として祭りました。それからは供御《くご》（お供え飯）を炊く時のみ鳴る声が出るようになりました。供御の女を愛染女《あそめ》といいます。今日まで、阿曾の火を炊くことは続けられています。

## 吉備津彦命

　吉備津彦命は、齢壽永久にして、神威は四海に及び、徳は万世に顕れます。政道正直で吉備総領となり、吉備津彦命と称します。既に（年号不知）三月十九日薨去《こうきょ》、二百八十余歳。吉備中山の茶臼山に葬り祭ります。命の妃は、命が吉備に下向した時、お供をしましたが、軍中では心晴れやかでなく、心悩みがおこり、命が鬼が城で鬼神を追い廻っていた間、度々心地は悪くて煩いました。楽々森は戦いが終わった後、そのことを命に告げると、命はすぐに飛び帰りましたが、妃は先立って息絶えていました。体（骸）は宮内に残り、御霊は都に帰っていました。命は、悲嘆に耐えられず、御霊に逢わんと追いかけ、程なく追い着き、後より妃を呼びました。そこを呼坂といいます。体（骸）をなくして御霊の声は答えにならず、うつつの姿が頷《うなず》きます。その坂を低首坂《うなずきさか》といいます。

　この後、日本を六十六国に分け、吉備を四つに分けて、美作、備前、備中、備後となります。美作は別に一宮を建てます。この三カ国の黎民《れいみん》は塗炭《とたん》の苦しみ（泥にまみれ火に焼かれるような極めてひどく強い苦しみ）を免れました。これはこの命の勲功であって、人々は命を吉備津一宮大明神として仰ぎ、崇敬を怠りません。またその後五十一代平城天皇の御代、供御《くご》の鳴動勅使一見の時、愛染女が月水《げっすい》（月経）の不浄を改めずに火を炊いたので、この釜は鳴動しませんでした。これより神楽を奏し、不浄を祓い供御を調《ととの》えよとの神託がありました。以来、強いて阿曾の女に限らず、月のもの（月経）のない女にこの役を務めさせることとなりました。

**ポイント**

- 温羅は、もともとインドの夜叉で百済の王子となって飛来し、吉備冠者の長《おさ》になりました。
- 有木氏の祖、巨智麿は将軍の五十狭芹彦命の副将軍です。
- 温羅に加勢した有木山の一族は、賊と考えられ有木冠者《ありきかじゃ》と言われました。そして有木冠者は、巨智麿に討たれました。
- 大弓に二本の矢をつがえて射ることを命に知らせたのは、住吉の神（航海の神）です。
- 吉備津彦の御名はもともと温羅が自らを名乗っていた名前で、温羅が自らの称号吉備津彦を勝者の五十狭芹彦命に与えたものです。
- 温羅は、八徳寺《はっとくじ》に祀られ茶臼山に葬られました。
- 備前一宮吉備津彦神社境内に、温羅神社が祀られています。
- 巨智麿は、その勇敢な功績を称えられ、鬼と言われた有木冠者の有鬼《ありき》の称を命から賜り、有木《ありき》が持っていた領地・居地も与えられました。
- 巨智麿の子孫は備後国吉備津神社の神官の棟梁になりました。
- 阿曾女は、温羅の寵愛した阿曾に住んでいた女です。鳴釜《なるかま》の火を炊く女が、清い阿曾女なら温羅も気持ちが穏やかになるのです。

# 第四章　日本武尊伝

第十二代景行天皇の皇子の小碓尊《おうすのみこと》(後の日本武尊《やまとたけるのみこと》)は、母が播磨稲日大郎姫《はりまのいなびのおおいらつめ》で、吉備の祖の若建吉備津日子の娘です。長じて天皇の命により東征に派遣されますが、その時の副将軍が吉備武彦です。吉備武彦は若建吉備津日子の孫で、日本武尊とは従兄弟関係になります。また、日本武尊は妃に吉備武彦の娘、吉備穴戸武媛がなります。即ち、日本武尊は親にも、連れにも、妃にも吉備の国に深い縁のある人たちに囲まれているのです。日本武尊は、吉備の国の祖と血縁的に密接に繋がっています。

『日本書紀』をもとにして、日本武尊の話の大筋を追ってみましょう。

**熊襲《くまそ》梟帥《たける》征伐**

景行天皇は、二年春、吉備臣らの祖である若建吉備津日子の娘の播磨稲日大郎姫を皇后にしました。そして二人の男子が生まれました。第一子は大碓皇子《おおうすのみこ》、第二子は小碓尊《おうすのみこと》です。小碓尊は、後の日本武尊です。幼児の時から雄々しい気性で、成年に長じて身体も大きく立派で、身の丈は一丈もあり、力強い方でした。

天皇は、美濃国造《みののくにのみやつこ》で名を神骨《かむほね》という者の娘に兄遠子《えとおこ》、弟遠子《おととおこ》という姉妹がいて両人とも美女であると聞いて、大碓命を遣わして、その姉妹の容姿を下見させました。ところが大碓命はその姉妹と密通して、天皇に報告しませんでした。そのため、天皇は大碓命を恨みました。

また、天皇は、「熊襲国の徒党、八十梟師《やそたける》という輩《やから》は少々の軍勢では討滅できない、さりとて多くの兵士を動かせば百姓たちを損なう、何とかその国を平定できないものか」と群卿に尋ねました。一人の臣が進言して、「熊襲梟師《くまそたける》には、二人の端麗で雄々しい姉妹がいます。高価な贈り物を見せて行宮《かりみや》にお召しになり、熊襲梟師の消息を聞き得て不意を討てば、敵は必ず敗れるでしょう」と言いました。そこで天皇は姉のほうを招き、偽って寵愛しました。姉は、「私に良い策があります。一人か二人の兵士を私につけてください」と奏上しました。姉は濃い酒を沢山用意して、自分の父に飲ませました。すると父はたちまち酔って寝てしまいました。姉は密かに父の弓の弦を切っておきました。ここで連れて来た兵士の一人が突き進んで、熊襲梟師を殺しました。天皇は、姉のこの親不孝な振る舞いを憎んで誅殺《ちゅうさつ》し、妹を火国造《ひのくにのみやつこ》にしました。ここまでの話が、つぎの話への布石となっています。つぎに中心である日本武尊の熊襲征討の話を見てみましょう。

**熊襲征討へ、日本童男から日本武尊へ**

二十七年十月、天皇は、日本武尊を派遣して、熊襲《くまそ》（九州南部に居住し従わなかった一族）を征討させました。尊が十六歳の時でした。熊襲に取石鹿文《とろしかや》または川上梟帥《かわかみたける》という首長がいました。首長は、親族を集めて酒宴を開こうとしていました。日本武尊は髪を解いて童女《おとめ》の姿に変装して、衣の中に剣をひそめて密かに酒宴の部屋に入り、女たちの中に紛《まぎ》れ込みました。首長は、童女の容姿を誉めそやし同席させて酒杯を上げて戯れ遊びました。やがて夜が更け人もまばらになり首長の酔いもまわってきた頃、武尊は衣の中の剣を取り出し、首長梟帥の胸を刺しました。まだ息が絶えないうちに、梟帥は「しばし待たれよ。あなたはどういうお方ですか」と謹んで尋ねました。「我こそは景行天皇の皇子であるぞ。名は日本童男《やまとおぐな》という」と尊が答えます。首長の梟帥は「私は国中で最も強い者でございます。私は多くの武勇の者に会いましたが、いまだかって皇子のようなお方はございませんでした。それで、卑しい奴の口から尊号を奉りたいと存じます。お聞き入れ下さるでしょうか」と言いました。尊は、「許そう」と言いましたので、梟帥は謹んで、「今より後皇子を名付けて日本武皇子《やまとたけるのみこ》と称《たた》え申しましょう」と言上しました。その言葉が終わるや、尊は梟帥の胸を突き通して殺しました。これが小碓皇子を今に至るまで日本武尊と称する由縁です。倭への帰路、吉備に着いて穴海《あなのうみ》（広島県旧深安郡、福山市で瀬戸内海の要衝）を渡る時、悪神がいたので殺害しました。また難波では、柏済《かしわのわたり》の悪神を殺しました。

　翌年の二十八年二月、日本武尊は熊襲征討について、天皇につぎのような内容を奏上しました。「私は天皇の神霊の加護を受け、熊襲の首領を誅殺しその国を服従させました。西方の国は沈静して、人民は平穏に暮らしています。ただ吉備の穴済《あなのわたり》の神と難波の柏済だけは、毒気を放ち人を苦しめ災禍の元になっていたので、その悪神を誅殺し水陸の路を開きました」と。

天皇は、日本武尊の功績を褒め称え、ことのほか愛されました。

## 日本武尊、東方征討へ

天皇は、西方征討して間もない日本武尊に、東方の国の凶暴で略奪を働く邪神を威光と徳によって懐柔し服従させせよと命じ、斧と鉞《まさかり》を授けました。

武尊が、西方の討征に力を尽くしたのだから、今度の戦役は兄の大碓皇子の務めだと言うと、兄は草むらに逃げ隠れてしまいました。天皇は、武尊に言いました。「東方に凶暴で略奪し民を苦しめる悪い鬼（姦鬼《かだましきもの》）がいる。民の収穫をかすめ取り、討てば草に隠れ、追えば山に逃げる。お前の人となりを見るに、身体は長大で容姿端正、力は強く勇猛で、向かうところ敵なく、攻めれば必ず勝つ。お前は形こそわが子であるが実は神人《かみ》である。威光を示し徳によって懐柔し、自然に服従させよ。悪神を鎮め、討ち払うがよい」と。そこで武尊は、吉備武彦《きびのたけひこ》と大伴武日連《おおとものたけひのむらじ》を引き連れ出発しました。途上、尊は伊勢の神宮に参り、叔母の倭姫命《やまとひめのみこと》に暇乞いしました。倭姫命は武尊に「慎重にして油断なきよう（慎みて怠ることなかれ）」と草薙剣《くさなぎのつるぎ》を授けました。

尊が駿河中部（静岡県焼津《やいづ》市）で狩りをしようと野の中に入ったところ、賊が火を放ってその野を焼いてきたので、尊は火打ち石で火を起こし迎え火をつけて難を免れました。相模《さがみ》、上総《かみふさ》に向かう時、暴風が起こり大荒れになって船が進めませんでした。付き添ってきた后《きさき》の弟橘媛《おとたちばなひめ》が、「卑しい私の身をもって尊のお命に代えて海に入りましょう。尊は、遣わされた政《まつりごと》を遂げ天皇に報告なさいませ」と言って、海の波を押し分けて身を投じると、暴風はたちまち止んで船は岸に着くことができました。

その時、弟橘媛が詠んだ歌（『古事記』）

○さねさし　相模の小野に　燃ゆる火《ひ》の　火中《ほなか》に立ちて　問ひし君はも

（山がそば立つ相模の小野で燃えさかる炎の中に立って私の名を呼んで下さった君よ）

武尊は、蝦夷《えみし》の凶悪な首領どもを帰順させ、武蔵《むさし》・上野《かみつけの》を廻り、碓日坂《うすひのさか》（群馬県と長野県の境界にある峠の坂）の碓日嶺《うすひのみね》に登り東南の方を望んで、三度溜め息をつき、「吾嬬《あづま》はや」（「わが妻はもうこの世にいないのか、悲しいことよ……」）と言って、弟橘媛を偲びました。

尊は吉備武彦を越国《こしのくに》に遣わし人民が帰順するかどうか視察させ、尊は信濃に進入しました。山は高く谷は深く、巌は嶮しく、尊は霞をかき分け霧を押し分け大山を渡って美濃に出て、越より帰った吉備武彦と合流しました。尊は尾張に帰り宮簀媛《みやずひめ》を娶《めと》り長らく留まりました。その間に、近江の胆吹山《いぶきやま》に荒ぶる神を退治に出かけました。胆吹山には山の神が大蛇になって路に横たわっていました。尊は、山の神が蛇になっていることに気づかないで、「この大蛇はきっと荒ぶる神の使いであろう」と言って蛇を跨いで通りました。この時、山の神は雲を起こし雹《ひょう》を降らせ、峰には霧が立ちこめてなかなか進めませんでした。酔った気分になった尊は、体力が萎《な》え衰えてしまいました。尊はどうにか立ち上がり、尾張に帰り着いた時、痛みが極度にひどくなり、「あが足は、三重《みへ》の勾《まがり》のごとくしていと疲れたり（私の足はねじり曲がって三つ重ねにした餅のようでたいへん疲れてしまった）」と言いました。そこでその地を三重といいます。尊は、三重から伊勢の能褒野《のぼの》（三重県鈴鹿市）に進み着いた時、国を思って歌いました。

○倭《やまと》は　国のまほろば　たたなづく　青垣　山隠《やまごも》れる　倭し　うるはし
（大和は／高く秀でた国だ。重なり合った／青々と樹木茂る／山々に隠《こも》って／大和こそ／ほんとうに美しい国だ）（『古事記』）

尊は、吉備武彦を派遣して東方征討の情況について天皇に奏上させました。内容は、遠く東方の鄙《ひな》の国を征討したこと、反逆者は罪に伏し荒ぶる神も馴れ親しむようになったので戦いを止めて帰ってきたこと、余命幾ばくもなく御前にお仕えできなくなったことなどでした。

## 白鳥になった日本武尊

その後、日本武尊は御年三十歳で亡くなり、伊勢国の能褒野《のぼのの》陵《みささぎ》に葬り祀られました。その時、尊は、白鳥となって、陵から出て倭国《やまとのくに》を指して飛んで行きました。柩の中には、清らかな布の衣服のみが空しく残っていましたが、屍《かばね》はなくなっていました。「八尋白《やひろしろ》ち鳥に化《な》りて天《あめ》に翔《かけ》り浜に向きて飛び行《いでま》しき。しかしてその后また御子等、その小竹《しの》の苅《か》り杙《くひ》に足跳《き》り破れども、その痛きを忘れて哭《な》きて追はしき。（尊は、大きな白い千鳥となって天高く飛び、浜に向かって飛んで行きました。そこで后や御子たちは、小竹の刈り杙《くい》で素足に切り傷をつけながらも痛さを忘れ、泣きながら追って行きました。）」

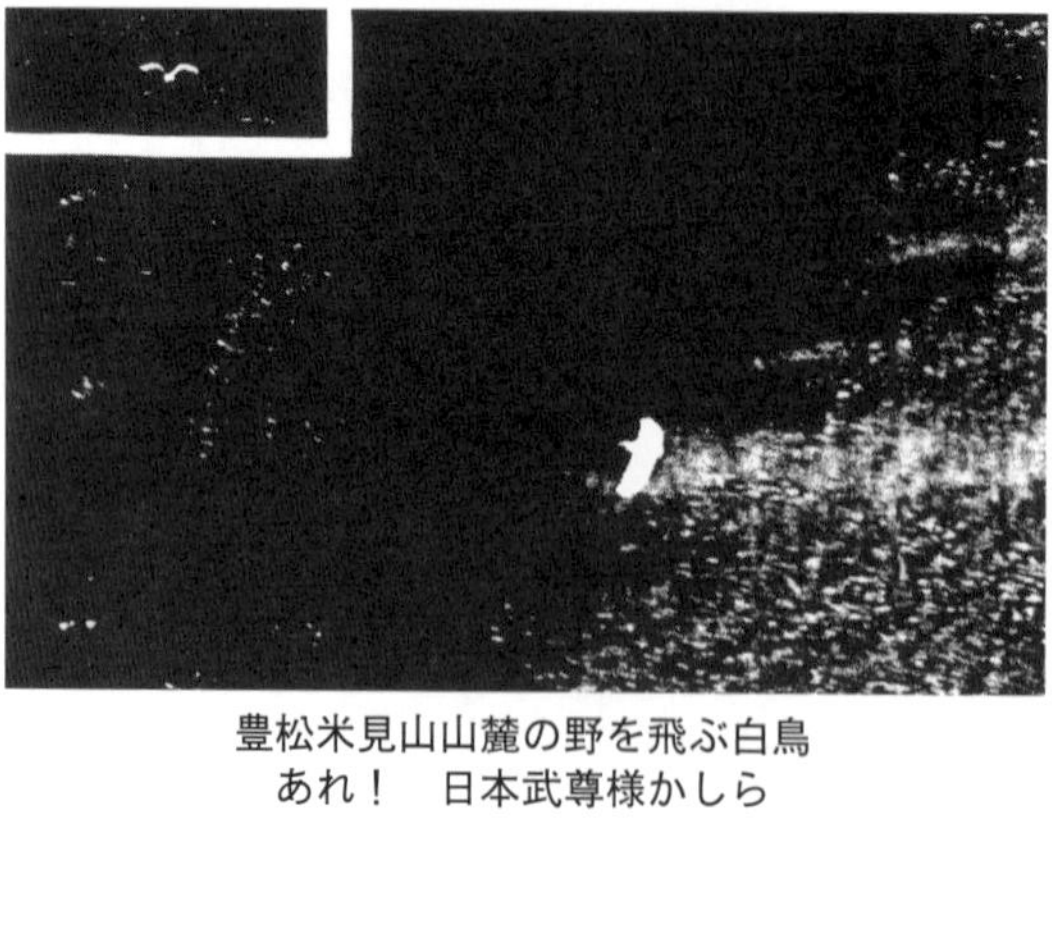

豊松米見山山麓の野を飛ぶ白鳥
あれ！　日本武尊様かしら

后や御子たちの歌
○浅小竹原《あさじのはら》　腰なづむ　空は行かず　足よ行くな
（丈《たけ》の低い小竹原《しの》／足腰も行き悩む　空を飛べもせず／歩いて行くもどかしさ）（『古事記』）

そこで使者を遣わし、白鳥を追い求めさせたところ、倭の琴弾原《ことひきはら》に留まりました。そこに陵を造りました。白鳥はまた飛び去り、河内に行き古市邑《ふるいちのむら》に留まりました。またそこに陵を造りました。この三つの陵を白鳥 陵《しろとりのみささぎ》と名づけました。白鳥はついに高く飛んで天に上って行ったので、ただ衣冠だけを葬りました。

天皇は、胸を打って泣き悲しみました。

## ポイント

前述したように、日本武尊の母親は、吉備津彦命と共に吉備冠者を平定した若建吉備津日子の娘の播磨稲日大郎姫《はりまのいなびのおおいらつめ》です。また、武尊の妃の一人は征討を共にした従兄弟、吉備武彦の娘の吉備穴戸武媛《きびのあなとのたけひめ》です。尊は吉備武彦に、東方征討の情況について、そしてご自分の余命幾ばくもないことを天皇へ奏上させています。尊は、吉備武彦を信頼していたのです。このように見ると、日本武尊は、吉備と太い糸で結ばれているのです。

川上梟帥《たける》は、勝者の小碓尊に自分の名前の梟帥《たける》を差しあげ日本 武 尊《やまとたけるのみこと》と称してくださいと言います。これは、吉備の国の鬼、温羅《うら》が自分の名前「吉備津彦」を勝者の五十狭芹彦命に捧げたのと同じ形です。当時は、敗者は自分の名前を勝者に捧げ、帰順することの証とする風習があったのでしょう。

『小学館大百科』によると、重複する部分もありますが、日本武尊についてつぎのように説明しています。

日本武尊は、景行天皇の皇子で、仲哀天皇の父です。幼名は小碓命《おうすのみこと》。兄に食事に出席するように頼めとの天皇の命令を取り違えて、兄を惨殺します。この豪勇を恐れた天皇は、熊襲建《くまそたける》の討伐に皇子を派遣、十六歳の皇子は叔母の倭比売《やまとひめ》の衣装で女装し熊襲建に近づき、これを殺します。この時、倭男具那《やまとおぐな》（日本童男）と名乗っていた皇子は、熊襲建から日本武尊の名を奉献されます。そしてその帰途、出雲建《いずもたける》を偽刀《ぎとう》の計略で倒し、山、川、海峡の神を服属させて帰還します。しかし帰京後間もなく、今度は東征を命ぜられ「天皇は私に早く死ねと思っておられるのか」と嘆きつつ、伊勢神宮に奉仕する倭比売を訪ね、剣と袋をもらって出発します。

東征では多くの困難が起こりました。まず相模の国造にだまされて野火の難に遭い、また浦賀水道の神に航行を阻まれます。皇子は野火の難を倭比売から賜った剣で草を薙《な》ぎ、袋の中の火打石でこれに火をつけて逃れ、浦賀水道では愛する弟橘媛《おとたちばなひめ》の入水《じゅすい》により死を免れます。だが東征の帰途、熱田の宮簀姫《みやずひめ》のもとに伊勢の真剣を預け、素手で伊吹山の神に立ち向かった皇子は、神の正体を誤認したため大氷雨《おおひさめ》に打たれて深手を負い、伊勢の能煩野《のぼの》にたどり着いて死にます。死後白鳥となって、駈け行く皇子を后や御子たちが追います。

倭姫命《やまとひめのみこと》は、垂仁天皇の皇女。垂仁天皇二十五年、それまで倭の笠縫邑で天照大神《あまてらすおおみかみ》を奉斎していた崇神天皇の皇女豊鍬入姫命《とよすきいりひめのみこと》にかわって奉仕、さらによい鎮座地を求めて伊賀、近江、美濃、尾張を経て伊勢国五十鈴川上に遷座したと伝承されています。また、景行天皇の時代に、日本武尊が東征の途中伊勢に寄った時、倭姫命は神意を受け草薙剣《くさなぎのつるぎ》を授け、「慎みて な怠《おこた》りそ（慎みて怠ることなかれ）」といさめて尊の危急を救ったと伝承されています。

『日本書紀』によると、日本武尊の第二皇子に当たる仲哀天皇は、父上を慕い、御陵の周囲の池で白鳥を飼って心を慰めようと、諸国から白鳥を献上させました。その時、越国《こしのくに》が白鳥四羽を献上しました。献上した地は、富山県婦負郡保内三田であったとして、そこに日本武尊を祭神とする白鳥神社が建立されたと伝わります。

更に、天皇の異母弟の蒲見別王《かまみわけのみこ》が越国の白鳥を献上する使者に、「白鳥と言っても、焼けば黒鳥になるだろう」と言って、無理矢理白鳥を奪って持ち去ってしまいました。使者が朝廷に参向して、その事を申しました。天皇は、蒲見別王が先帝に対して非礼であることを憎み、即座に兵卒を遣わして誅殺させました。人々は、「父（日本武尊）は天である。兄（仲哀天皇）もまた君である。天を侮《あなど》り、君に背いたなら、蒲見別王はどうして罪を免れることができようか」と言いました。

## 白鳥神社ほか

私たちが八幡さまと崇めている足仲彦命《たらしなかつひこのみこと》（仲哀天皇）は、日本武尊の第二皇子であり、誉田別命《ほんだわけのみこと》（応神天皇）は武尊の孫にあたるお方です。日本各地に、また広島県にも、日本武尊をお祀りしている神社、尊にまつわる伝承を持つ神社があちらこちらにあります。神社名も白根神社（群馬県）、白羽神社（静岡県）、白和瀬神社（福島県）など、白鳥の白がついたものが多いのです。広島県福山市新市町上安井には、日本武尊を祭神とする日本武尊神社があります。その昔、「大将軍社」と号し、本殿屋根には現在も恐ろしい顔の鬼瓦が見おろしています。また、広島県東広島市高屋町鎮座の白鳥神社には、「郷中に白鳥羽休松あり。この所へ日本武尊が白鳥となって羽を休めていたところに白犬が吠えたので、白鳥は神山に飛び去る。すると雉が鳴いたので、白鳥はそれを恐れた。以来、郷村には白犬を飼わず、神山には雉が棲まずという」との伝承があります。また、福山市加茂町鎮座の羽場神社には、「日本武尊が西征の帰路、その地に、穴の海の悪神を討つ時に鵜の導きによって勝利をおさめ、この地を鵜台《うだい》（宇代）と名づけ、鵜の羽根の落ちた所に神を祀り、羽場神社と称したとの伝承があります。

　福山市山野町上谷原に鎮座の多祁伊奈太伎佐耶布都《たけのいなたきさやふつの》神社（通称岩屋宮、原谷岩屋権現）のご祭神は、素盞嗚尊、奇稲田姫命、日本武尊、宮簀姫命等で、驚異に値する巨大な石灰岩（高さ三〇㍍、

日本武尊神社（福山市新市町）本殿屋根の鬼瓦

日本武尊神社（福山市新市町）

幅三三㍍、奥行三五㍍以上）の洞穴内に斎祀されています。日本武尊が穴ノ海の海賊をこの地に追い詰め平定した時、尊の剣を祀ったとも、あるいは素盞嗚尊が大蛇《おろち》を退治した時の剣を祀ったとも伝承されています。佐耶布都は剣の名と言われ、大和国の石上神宮に祀る佐士布都《さじふつ》神（布都御魂）は神武東征の時の剣の霊であり、当神社と類似性があります（『広島県神社誌』）。

洞穴内に斎祀されている
多祁伊奈太伎佐耶布都神社

# 第五章　吉備の中山

有木氏の遠い先祖は、吉備の中山（岡山市北区）の麓に住んでいました。
吉備は、現在の岡山県それに広島県東部に広がる豊穣の地です。吉井川、旭川、高梁川、芦田川の四大河川からなるデルタ地帯の吉備は、稲作の先進地でした。また瀬戸内海沿岸地帯は、製塩業の中心地でした。北に広がる中国山地は風化した花崗岩地帯で、古来砂鉄の一大産地でした。瀬戸内海は交通の大動脈で、その中心に位置する吉備は、瀬戸内海の制海権を握る海運王国でもありました。高見茂（一九九二）は、弥生時代後期には、全国にさきがけて王権が成立、古墳時代には栄光の「吉備王国」が起こったと述べています。

魏志倭人伝に出てくる「邪馬台国」は、大和にあったとか、九州であったとか、諸説がありますが、岡将男（二〇一四）は、楯築《たてつき》遺跡などの分析から、吉備こそが邪馬台国であり後に大和に遷都したのだと「吉備耶馬台国東遷説」を提案しています。宝賀寿男（二〇一六）のように、大王家とは独自な「吉備王国」とも言うべき勢力を認める見解は認めがたいとしている研究者もいますが、吉備の国が一つにまとまって一定の勢力を持つ大氏族であったことは否定できません。

## 神社・山・川・寺

### 吉備津神社

吉備文化の中心である現在の岡山市北区吉備津には、幕末の漢学者頼山陽がその姿が鯉に似ていることから「鯉山《りざん》」と呼んだ「吉備の中山」があり、その麓に「吉備津造り」の美しい建築様式を持つ吉備津神社が鎮座しています。

　吉備津神社のご祭神は、鬼ノ城に棲んでいたと言われる鬼神の温羅《うら》を征伐した五十《い》狭《さ》芹《せり》彦《ひこ》命（またの名を吉備津彦命という）です。温羅は、名を吉備津彦と自らを称していました。命に征服された温羅は、吉備津彦という自分の名を五十狭芹彦命に奉《たてまつ》りました。五十狭芹彦は以後吉備津彦と名乗ります。古代には自分の名を征服者に与えることが服属の証であったようです。後に、小碓《おうすの》命《みこと》が熊《くま》襲建《そたける》を征伐した時、熊襲建はその服属の証として自分の名前を小碓命に与え、小碓命は日本武尊になりました。これも同じことが言える事例です。

備中吉備津神社拝殿正面
頭上に輝く「吉備津宮」額

　五世紀頃、吉備王国が成立し、その王国は四大河川流域に広がる豊かな農業生産地となり、豊富な砂鉄資源に恵まれ、塩の生産が盛んに行われ、内海交通の制海権を掌握し、大和朝廷に匹敵する勢力を誇りました。吉備津は吉備の港の意です。現在の岡山市北区吉備津付近は海が深く入り込み、瀬戸内海の重要な港でした。大和朝廷はこの王国に五十狭芹彦命を派遣、激戦の末、温羅吉備津彦を征伐しました。温羅吉備津彦は朝廷の侵略に激しく抵抗した吉備の英雄だったのです。

当吉備津神社のご祭神は大和朝廷から派遣された吉備津彦命ですが、高見（一九九二）は温羅こそが砂鉄生産集団の巫女によって祭られた吉備王国の王者であったとして、つぎのように述べています。「吉備の人々は征服者の朝廷に深い恨みを懐き、やがて吉備津彦は祟り神となった。その怨霊を最も恐れたのは朝廷だった。朝廷は怨霊を鎮めるために吉備津彦を神として祭り上げ神社に高い位を与えたのではないか。出雲の人々が大国主命を偉大な神として祭ったように、吉備の人々は吉備津彦を神として祭り続けた。表は吉備津彦命で、裏は温羅吉備津彦という神を崇敬したと考えられる。藤原氏のために中央政界を追われた菅原道真が「怨霊信仰」の影響で、北野天満宮に祭られたように、温羅、つまり吉備津彦も悲運の神として祭られ、多くの人々の信仰を集めてきたと言うことができる。」（吉備津神社については、第六章、第七章でも触れます）。

## 吉備の中山

吉備の中山は、吉備文化の中心であり、早い時期から朝廷に知られていました。この山は、日本の古典にしばしば出て来るのです。平安前期（九〇五）編纂の『古今和歌集』に、承和の大歌所歌（主基《すき》国が備中であったため、備中の風俗歌として宮中で詠まれた歌）としてつぎの歌が載せてあります。

○まがね吹く　吉備の中山　帯にせる　細谷川の　音のさやけさ

「まがね吹く」は吉備にかかる枕詞。「まがね」は鉄のことで、古代の吉備地方は砂鉄の産地でしたからです。鉄鉱石を水でゆり集め、炉で溶かし鉄分だけを出す作業が「吹く」です。「帯にせる」は、山頂から細谷川が東西に流れて麓を巡るのを、人が帯を巻いている姿に見たものでしょう(「細谷川」は象徴的な存在です)。

『万葉集』には、これの類型歌があります。

○大君の　三笠の山の　帯にせる　細谷川の　音のさやけさ

また『催馬楽』(仁明天皇の御代に広井女王《ひろいのひめみこ》が編集したと思われる歌謡集)には、つぎのような歌謡が載せてあります。

真金吹く　吉備の中山　帯にせる　なよや　らいしなや　さいしなや　帯にせる　帯にせる　はれ　帯にせる　細谷川の　音のさやけさや　らいしなや　さいしなや　音のさや　音のさやけさや

(真金吹く吉備の中山よ、中山が帯としてとりめぐらしている、ナヨヤ、ライシナヤ、サイシナヤ、帯としてとりめぐらしている、帯としてとりめぐらしている、ハレ、帯としてとりめぐらしている細い谷川の流れる音のすがすがし

北側から望む吉備の中山
(中央のくぼみに細谷川が流れる。右手が備中、左手が備前)

さよ、ライシナヤ、サイシナヤ、音のすがすがしさ、音のすがすがしさよ）（訳　臼田・新間、一九七六）

藤井駿（一九七三）は、このように、人々に口ずさまれていた素朴な民謡があって、それが備中の風俗歌としてとりあげられ、やがて宮中の大歌所《おおうたどころ》の御神歌に昇格したのではあるまいかと述べています。

令泉為人編（二〇〇三）より、主基国備中の風俗神歌を二首掲げます。（前述したように、吉備国は度々主基国になっています）。

村上天皇大嘗祭主基国備中の風俗神歌として献じられたもの

○常葉なる　吉備の中山　おしなべて　千とせを松の　深き色かな

後一条院大嘗祭主基国備中の風俗神歌として献じられたもの

○動きなき　君の御代かな　真金吹く　吉備の中山　常盤堅盤《ときはかきは》に

また、平安後期（一一二五）源俊頼撰の勅撰和歌集『金葉集』には、

○鶯の　なくにつけてや　真金吹く　吉備の中山　春をしるらん

の歌があります。

『備中集成志』「名所之部」より、その他の歌数首を挙げておきましょう。

古今大歌所　思ひ立ち　吉備の中山　遠くとも　細谷川の　おとづれはせよ　三谷資連

名　寄　春来れば　麓めぐりの　霞こそ　帯とは見ゆれ　吉備の中山　読人しらず

夫　木　しはしまて　真金吹くまで　音止めて　吉備の中山　ほととぎす鳴く　親　隆

夫　木　　真金吹く　吉備の中山　打ちとけて　細谷川の　磐そそくなり　　後鳥羽院

清少納言の『枕草子』の「山は」の項には、「小倉山、三笠山……こそは、いかならむとをかしけれ。いつはた山。のち瀬山……は、「わが名もらすな」と御門《みかど》のよませたまひけむ、いとをかし。……手向山。三輪の山、いとをかし。音羽山。まちかね山。たまさか山。耳なし山。末の松山。葛城山。美濃のお山。柞山《ははそやま》。位山。**吉備の中山**。嵐山。更級山《さらしなやま》。姨捨山《おばすてやま》。小塩山。浅間の山。かためし山。かへる山。妹背山。」と多くの山が列挙されており、その中に「いとをかし」という名山の一つに「吉備の中山」を挙げています。

また「河は」の項には、飛鳥川（奈良県）、みみと川（京都市）、音無川（和歌山県）、大井川（京都府）などが挙げられた後に「**細谷川**（岡山県）。七瀬川（京都府）。玉ほし河（陸奥）。天の川（大阪府）」と吉備の中山の「細谷川」が出て来ます。

江戸時代、向井去来は、吉備津彦命の鬼退治の神話を聞き詠みました。

○秋風や　鬼とりひしぐ　吉備の山（とりひしぐ＝押しつけてつぶすが原意）

明治二年、江戸の文人成島柳北も、吉備津神社に参拝し詠みました。

○荒れはてし　吉備の中山　なかなかに　いますが如き　神の御社

中山の名称は、吉備の中心にある山ということでそう呼ばれたのでしょう。薬師寺（二〇〇八）は、この中山には、矢藤治山《やとうじやま》古墳や中山茶臼山《ちゃうすやま》古墳などと特に古い時期の前方後円墳が築かれていますが、これらの古墳の被葬者は吉備を代表する首長たちであると述べています。古墳時代前期から既にこの山の付近に大有力者が根拠を構えていたと思われます。中山のもう一つの意味は、吉備に来るためには瀬戸内海から船で来ますが、中山の麓で山の西側を通るコースと東側を通るコースの二つに分かれる、中山はその分岐点に位置していることが中山の意味ではないかと述べています。

吉備が分国された時、備中と備前の境界線は吉備の中山の中央を南北に走りました。そして同じ吉備津彦命を主祭神とする神社、中山の西の麓に建つ吉備津神社（備中）と東の麓に建つ吉備津彦神社（備前）が、同じ中山の懐に鎮まりました。吉備の中山は、備中の人はもちろん備前の人にとっても欠くことのできない大切な聖なる山であったのです。

## 細谷川

吉備津神社の北から東に境界線に沿って、歌によく詠まれる「細谷川」が流れています。『備中集成志』「名所之部」より、その他の歌数首を挙げておきましょう。

夫木　帯にせる　細谷川に　見ゆる火は　蛍も真金　吹きにやあらん　　忠　隆

同　　冬来れば　細谷川に　氷して　玉の帯する　吉備の中山

　　　恵みあれや　吉備の中山　名に高き　細谷川の　流れつきせし

このほか『挙白集』（木下若狭守勝俊歌集）には、

備中国吉備の中山に着きぬ。つれづれさの余りここかしこと見ありき侍りてかの細谷川の辺にい

たりて（詠める）

けふそみる　細谷川の　音にのみ　きき渡りにし　吉備の中山

その水上に上がりて見れは小さき池の中よりたへたへ出る清水なり。かの清水みな月のひたゆること無くなんといへり

とあります。

細谷川は、名前の如く、谷間を細く流れ岩に注ぐ川で「名に高き」川なんですね。

細谷川の細《ほそ》は、お腹の真ん中にある臍《へそ》を意味する「ほぞ」に通じます。ほぞは物の中央にあるくぼんだ部分です。吉備の中山の細谷川の川上に清水の井があります。これは中山の中央を流れ、そこは人の身で言えば臍《へそ》にあたり、万物生育の大本の真水が流れているのです。

吉備の中山には、細谷川があり、そして有木山、有木別所があり、有木神社が祀られています。往古から、有木は中央によく知られていました。

細谷川にかかる両国橋

### 有木別所と藤原成親

有木のことが『平家物語』にも見えます。後白河法皇の寵臣であった大納言藤原成親《なりちか》は僧俊寛らと平清盛打倒のため京都の鹿ヶ谷《ししがたに》で密議をこらしていたのですが、事前に露顕して捕らえられまし

た。それは治承元年（一一七七）のことです。初め成親は吉備の児島に流されましたが、やがて備前と備中の境の有木の別所という山寺高麗寺に移され、幽閉されて間もなく備前の豪族で警備の武将難波次郎経遠《つねとお》の家人によって崖下に突き落とされ、成親は非業《ひごう》の最期《さいご》を遂げたと記されています。（藤原成親のことについては、第十一章でも触れます）。

江戸時代の歌人、平賀元義（一八〇〇―一八六五）の歌をつぎに挙げましょう。

○あたらこの　成親がごと　よき臣を　有木の山の　埋もれ木にして

## 有木山

有木山は、備前備中の境を流れる細谷川の谷奥にあり、和歌の名所としても知られていました。筑前守従五位上藤原朝臣経衡の和歌が『大嘗会和歌集』に載っています。

「祈ること志るし有木の山なれハ
ちと世乃保とも多のもしき」
福田海境内の歌碑

○祈ること　志(し)るし有木の　山なれハ(は)
ちと世乃保(せのほ)とも　多(た)のもしき

（お祈りすればその神威は顕著に現れる有木の山であるから、千年もの長い年月の後までもたのもしいことであるよ）

平安中期に、有木は霊験あらたかな（祈ることしるるし）祈願所として、平安京にまで名を知られていたのです。前出の藤原成親の子の成経《なりつね》が鬼界《きかい》ケ島《がしま》（九州南方の諸島の古称。罪人を島流しにした）より京に帰る途中、備前の児島からここを訪ね、亡き父を悲しみ慕って詠んだ歌が知られています（『備中集成志』「名所之部」）。
○朽ちはてん　その名ばかりは　有木とて　身ははかなくも　成親の墓

和歌集『夫木和歌抄』には、「有木山」を詠んだつぎの二首の歌も載っています。
○万世に　有木の山の　白椿　君がさかゆく　卯杖にぞきる　　橘　盛水
卯杖《うづえ》は、正月の上卯の日に邪鬼を払うまじないとした杖のことで、桃・椿・梅・ひいらぎの木などを五尺三寸ずつに切って束にして贈答しました。歌意は、「限りなく久しく続く世と帝の御代が栄え行きますように祈って有木の山の白椿を卯杖に切って贈ります」でしょうか。
○阿利木山　今ありきとも　君こそは　かぞえもしらめ　松のちとせを　　橘　盛水
阿利木山は、勿論、有木山です。歌意は、「有木山に来て思うことに、帝が今健やかであられるように数え切れないほども長く松の千年も久しく健やかであられますように」でしょう。

また、花房端連の歌もあります。

花房端連の歌
○有木山　ありし昔の　こと問えば　白玉椿　しらぬ顔なる
また、里村紹巴《じょうは》の俳句にも、有木山が詠われています。
○ここに鳴け　山あり木あり　ほととぎす

## 有木山高麗寺・青蓮寺

有木山に高麗寺・青蓮寺というお寺があったことが分かっています。

薬師寺慎一（二〇〇八）は、「平安時代の吉備の中山に高麗寺という立派な寺が存在していた、高麗寺の金堂は吉備の中山の頂にあった、高麗寺の後の姿が温羅を祀る八徳寺である」と述べています。

また、藤井駿（一九七三）が引用している『備中誌』によれば、有木山青蓮寺は奈良時代の僧の行基《ぎょうき》（六六八―七四九）の草創と言われ、真言宗府賢院の末寺で本尊は行基作の千手観音、吉備津宮の社僧に所属し、古くは向来寺とも高麗寺とも称し、今は笠石台のみで小さなお堂が建っていて、有木の観音堂と呼ばれ、谷の流れや山の景色は大変幽雅な地だそうです。

藤井駿は、平安時代の中頃、浄土信仰の興隆とともに日本各地に発生した宗教的な聖地を別所と呼び、その原初的形態は官寺系の特定の寺院を離れた僧侶たちが集まって自発的に修行し精進する聖なる場所で、ここを拠点に付近の住民の教化をしたと説明します。官寺系の寺院に疑問を持つ僧侶たちが、遁世《とんぜ》し隠栖《いんせい》する場所でもありました。かれらは阿弥陀如来の救済を信じ、別所に集まり極楽往生の念仏を行いました。有木の別所の高麗寺はそのような由来を持つ古い寺で、吉備津宮の

石碑　有木山青蓮寺

社僧寺ともなったのです。当国巡礼三十三番と言われた青蓮寺は高麗寺の一つの坊であったようです。

### 有木神社

細谷川にかかる両国橋を渡って、宗教法人の「福田海」境内に入ります。境内の中央に巨岩があり、その背後に備中吉備津宮の末社の「有木神社」の小さな社殿があります。薬師寺慎一（二〇〇八）は、「全くの小社ですが古代には凄い神社であったと思われる」と言っています。明治四年の記録『一品吉備津宮社記』に、「有木神社。加陽郡宮内字馬場、有木山麓鎮座。祭神巨智麿《こちまろ》。一説曰、針間牛鹿直《はりまのうじかのあたい》」とあります。藤井駿（一九七三）は、「吉備の中山は備前と備中に折半されているが、両国の境に有木山《ありきやま》があり、そこに有木神社があった。後三条天皇の治暦四年（一〇六八）主基《すき》方備中国御屏風に『有木山有神祠（有木の山に神の祠有る）』という山祠の風景が描かれた。また、土御門天皇の建久九年（一一九八）の大嘗会主基方屏風に『細谷川菊花多開（細谷川に菊の花が多く開いて）、谷下有人家菊水（谷の下に人家菊水が有る）』や『有木山白雪積（有木山に白雪が積もる）』の風景が描かれたというから有木神社の名は

備中有木神社

すでに都に聞こえていたことになる」と述べています。

　菊水とは、中国河南省内郷県にある支流の川の崖上に生えている菊の露がこの川にしたたり落ちて、その水が極めて甘く、水辺に住むものたちが飲めば長命すると言われる水のことです。細谷川の奥には菊の花が咲き長寿の水・菊水が流れていると信じられていたのでしょう。

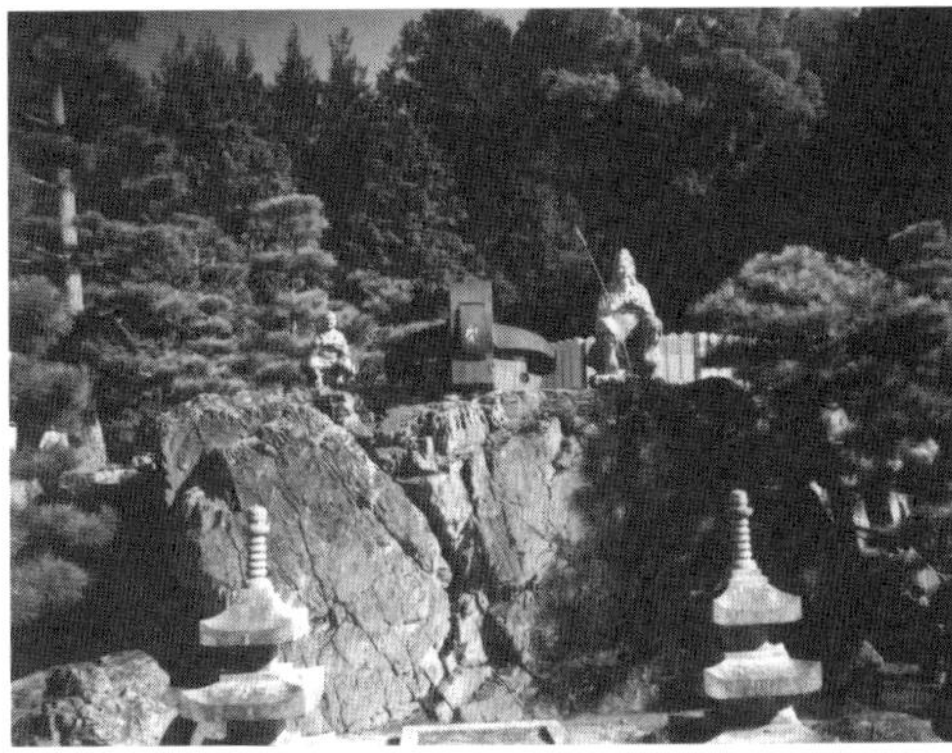
有木神社の前方にある不動岩

　薬師寺慎一（二〇〇八）によれば、有木神社の前に、巨岩「不動岩」がありますが、これは有木神社のイワクラで、山麓から吉備の中山を拝む時のイワクラと考えられるとしています。この不動岩は古代吉備の神体山吉備の中山を拝むための最大の神社であり、同時に吉備の中山に昇る「冬至の太陽」を拝むためのものでした。冬至は一年間で日照時間が最も短く太陽の力が一番弱い日で、人々は太陽の力の復活を祈ったのです。
　有木神社のイワクラ、不動岩から南に吉備の中山を見ると、左手の備前の山と右手の備中の山の間は谷（以下凹部）になっており、凹部の水を集めて流れるのが細谷川で、備前と備中の国境です。不動岩から見てこの凹部に差し昇る日が実は冬至に当たります。この凹部は古代の人たちから格別重視されていた意味深い凹部と言えるでしょう（薬師寺、二〇〇八）。ここは冬至の太陽が昇る重要な場所であり、そこから昇る冬至の太陽を拝むための祭場が不動岩であったということです。そ

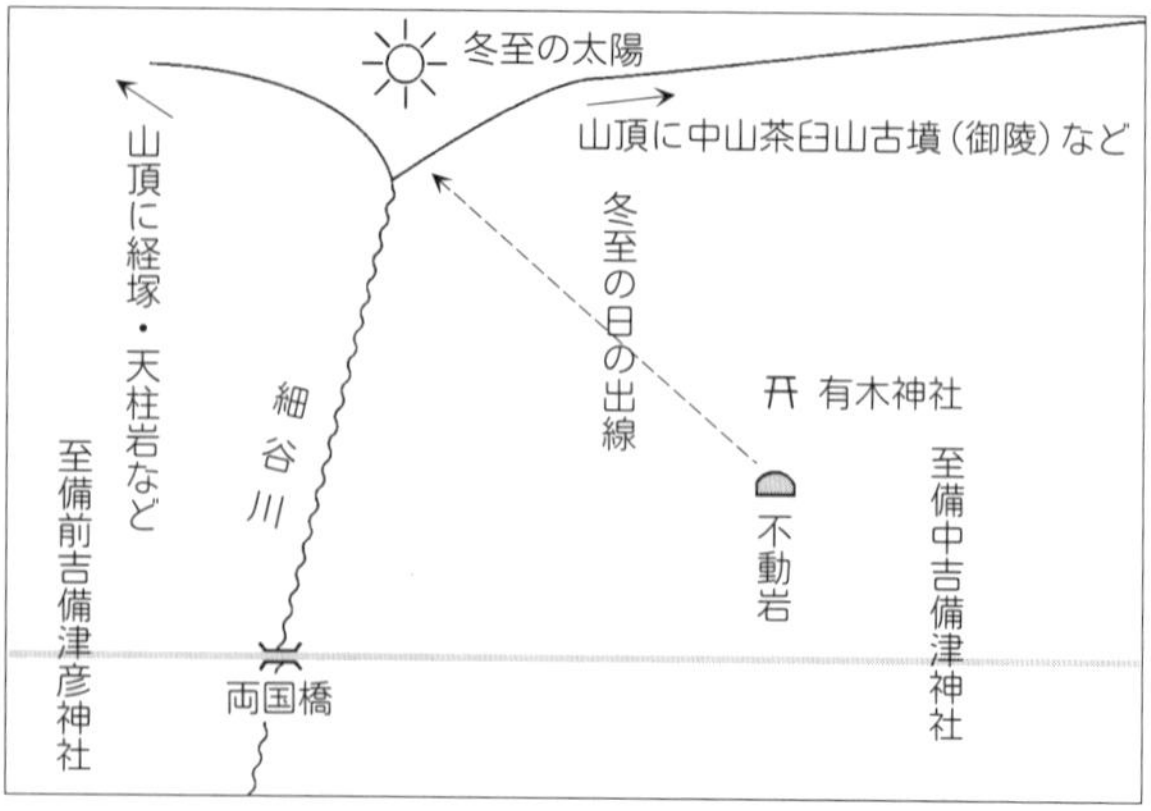

冬至の太陽を拝む　薬師寺慎一（2008）より

の不動岩が有木神社のイワクラであったとは、有木神社のイワクラは他にはない重要な位置を占めていたのですね。有木の山や細谷川が中央でもてはやされたのもうなずけます。

薬師寺慎一（二〇〇八）は、またつぎのように述べています。

「古代吉備第一の聖なる山吉備の中山の麓に住んでいた有木氏は、備前・備中両国の一の宮の中間点に位置し、不動岩をイワクラとして吉備の中山に昇る冬至の太陽を祭っていた。有木氏の一部は備後に移り、一の宮の神主を元禄の頃まで続けた。さらに、美作の一の宮では荷前《のさき》祭主として重きをなしていた。まとめて言えば、有木氏は吉備全域に勢力を張った有力氏族ということになる」と。

有木神社の祭神は、巨智麿《こちまろ》または針間牛鹿直《はりまのうじかのあたい》でした。播磨の国に「巨智の里」がありました。巨智の里は姫路城の西北の地です。巨智氏は渡来氏族で、奈良時代に播磨に、平安時代に大和に住んでいました。しかしこの巨智が有木神社の祭神巨智麿とすぐに結びつくかどうかは分かりません。また、針間牛鹿直は、播磨の要地牛鹿に本拠を構えていた播磨第一の有力者であり、その一部が吉備平定に加わり有木で定着し有木氏を名乗った可能性もあります。

私たちの故郷有木では、有木神社の祭神は有木巨智麿であり、その妃《きさき》は内攻姫《ないこうひめ》であると信じられ、社に祀られています。古老は、日野山の麓に前室のある古墳が二基あり、その被埋葬者はこの二人であると言います。

# 鬼城山・中山の古墳・龍王山

## 鬼ノ城遺跡

鬼ノ城遺跡は、吉備の中山の北東に当たる岡山県総社市奥坂の通称鬼城山《きじょうざん》という標高三九七㍍もの高山深谷の地に残る古代山城跡です。山頂付近を巡る古い石垣は、鬼神温羅《うら》の築城によるものです。昭和五十三年、鬼ノ城学術調査団によって初めて本格的な遺構の確認調査が実施されました。その結果、城壁はおよそ幅七㍍、高さ六㍍の規模で、上半部の土塁は版築《はんちく》の堆積を示す（土を突き固め順次高さを増していった）こと、延々と伸びる城壁は二・八キロ以上に達し、鉢巻状に帰結して、城内面積が約二九万平方㍍に及ぶこと、「吉備の津」を望む城郭南面には合計五カ所の水門址《し》、および要所に三つの城門址があることなどが判明しました（『日本大百科全書』）。

城内には五つの谷があり、かつての貯水池と思われる池や湿地が今もあります。鬼ノ城は、祭祀に関わる聖なる山に建てられた朝鮮式山城であると言われています（薬師寺慎一、二〇〇九）。

鬼ノ城のある新山の麓には、鳴釜神事に奉仕する阿曾女《あそめ》の出所の阿曾の里が広がっています。

## 古墳

吉備の中山には、大規模な古墳が多く存在することがその特徴として挙げられます。吉備津神社の祭神吉備津彦命が被葬者と伝えられる茶臼山古墳は、吉備の中山のほぼ国境界線上にあり、前方後円墳とされています。吉備の中山の南方に突き出た尾根には、矢藤治山《やとうじやま》古墳と呼ばれる最古形式の前方後円墳があります。鏡、ガラス小玉、勾玉、特殊器台などが出土しているそうです。また、両国橋や不動岩近くに鼻繰り塚古墳（横穴式）があります。その他、吉備の中山から離れた所にも、尾上車山古墳《おのうえくるまやまこふん》（岡山市北区尾上）、造山古墳（岡山市北区新庄）、など多くの古墳があります（薬師寺慎一、二〇〇九）。

## 龍王山

吉備津神社と吉備津彦神社の両神社に挟まれるように龍王山一七〇㍍（権現山とも呼ばれる）が吉備の中山の最高峰として立っています。山頂には、元宮磐座《もとみやいわくら》・経塚《きょうづか》があり、その傍に龍神八大《はちだい》龍王《りゅうおう》が祀られています。八大龍王は雨乞いの神です。また、吉備の中山のほぼ北側に最上稲荷神社があり、その北の裏側に龍王山二八七㍍があります。龍王山には人面蛇身の龍神がいて、その神は雲を操り雨を自在に降らせる力を持つと考えられました。

全国のあちこちに龍王山と名づく山があります。宝賀寿男（二〇一六）によると、龍王山とか龍王岳は全国に八百ほどもあり、その分布は岡山県が最多（合計で五十六カ所）で飛び抜けて多く、長野県から大分県まで広く分布している六十三カ所の龍王山のうちの七十一％が瀬戸内地域、なかでも吉備地域（備前から備後への地域）に五十五％も集中していると言われています。美作の真庭市にある龍王山（標高約六〇一㍍）が吉備周辺では、最も高い龍王山です。やはり龍王山は吉備を代表する山の一つですね。

高見　茂（一九九二）によれば、かつて斐伊川上流域は、日本の代表的な砂鉄の生産地でした。山を切り崩し土砂を水とともに流して比重の重い砂鉄を「かんな流し」という方法で選別採取したあと、この砂鉄を土で固めた炉の中で木炭とともに高温で溶解して鉄を取り出す、いわゆる「たたら製鉄」は、すぐれた刀剣や土木農耕具をつくってきました。

素戔嗚尊、八岐大蛇と戦う（神代神楽八ヶ社）

山を崩し、砂鉄の水を流すと、農耕民の稲田に大きな被害を与えます。しかも木炭を作るために山林を伐採すると、土砂が流れ川底を押し上げ、砂鉄生産は自然破壊につながり斐伊川の災害・人災をもたらしました。

八岐大蛇《やまたのおろち》は、古代製鉄集団を表したものと考えられ、大蛇の尾から出てくる剣は鉄を象徴しています。

岡山県赤磐郡吉井町の石上布都魂《いそのかみふつみたま》神社の祭神は、素戔嗚尊《すさのおのみこと》です。出雲の製鉄技術と製鉄文化を持った製鉄集団が、出雲街道を経由して吉備にやってきたことを物語ります。

素戔嗚尊は、江川《ごうのかわ》が広島県三次市で三つに分かれる支流の一つ可愛川《えの》に入ってきました。その上流の安芸高田市吉田には素戔嗚尊を祭る清《すが》神社があります。『日本書紀』には「このとき素戔嗚尊は、安芸国可愛川の川上に下り着いた。そこに神がいた。名を脚摩手摩《あしなづてなづ》という。その妻の名を稲田《いなだの》宮主簀狭之八箇耳《みやぬしすさのやつみみ》という」とあります。この妻はちょうど身ごもっており、もうすぐ子を生もうとしていました。妻は「生んだなら、これまでと同じように、八岐大蛇《やまたのおろち》に呑まれてしまうのを恐れ悲しんでいるのです」と素戔嗚尊に申しました。いよいよ子が生まれる時になって、尊が夫婦に醸させた酒を大蛇に飲ませ眠ったところを斬りつけました。大蛇の尾から剣（草薙剣《くさなぎのつるぎ》・蛇《おろち》の麁正《あらまさ》）が出てきました。生まれた子、真髪触奇稲田媛《まかみふるくしいなだひめ》を出雲の簸伊川《ひいかわ》の川上に遷《うつ》し住まわせ養育し、後に、素戔嗚尊がこの姫を妃として生ませた御子を大己貴命《おおあなむちのみこと》といいました。

安芸の国のこの地方でも、大蛇退治の話が伝え語られています。

**ポイント**

・吉備の中山、細谷川や有木山は、早くから中央に知られ、歌などにも詠まれてきました。
・吉備津神社の末社に、有木神社があります。祭神は、巨智麿（一説に針間牛鹿直）です。有木氏は不動岩を磐座《いわくら》として、吉備の中山に昇る太陽を祭っていました。
・鬼ノ城遺跡、多くの古墳、龍王山、須佐や稲荷の社があり、鬼や大蛇を征伐した英雄、素戔嗚神に吉備津神、それに八大龍王や稲荷神を崇めた人々のロマンが伝わります。

# 第六章　備中・備前の一宮

遠い昔、吉備の国には吉備国の真ん中にある吉備の中山に鎮座する吉備津神社が吉備国の守護神として祀られ、吉備の人々から敬われていました。天武天皇か持統天皇の頃（六七三―六九七）に吉備国が、備中・備前・備後の三国に分割されました。その折に、備中の吉備津神社の御分霊が備前と備後に配置されました。現在の備中吉備津神社と備前吉備津彦神社、備後吉備津神社がそれで、それぞれが一宮として崇められました。その後、和銅六年（七一三）、備前から分国して美作国ができ、美作中山神社が一宮として崇敬されてきました。

本章では、備中と備前の一宮を中心に概観し、有木氏との関わりを探りたいと思います。

## 吉備津神社（備中一宮）

備中の一宮である吉備津神社は、岡山市北区吉備津に鎮座しています。

「鯉山《りざん》」と称される吉備の中山、その麓に「吉備津造り」と呼ばれる美しい建築様式を持った吉備津神社が鎮座しています。安芸の厳島神社と並んで、この吉備津神社は山陽地方を代表する神社です。社伝によれば、大吉備津彦命を主祭神とし、異母弟若日子建《たけ》吉備津彦命と、その子の吉備建《きびたけ》彦《ひこ》命を合わせ祀り、三備一宮吉備津神社と崇められています。

『日本書紀』によれば、第十代崇神天皇の御代、遠国にはまだ大和朝廷に従わない者が多くいましたので、皇族の中から四人の将軍が選ばれ、北陸・東海・西道《にしのみち》（山陽）・丹波（山陰）へ派遣されました。いわゆる「四道将軍の派遣」です。西道に派遣された将軍こそ、当社の祭神大吉備津彦命です。西道とはのちの山陽道のことで、古くは美作・備前・備中・備後のあたりを通る道を「吉備道」、またこの地方を指して「吉備国」と呼んでいたようです。

拝殿正面にかかる扁額「平賊安民」（三島毅揮毫）

天皇の命を受けた大吉備津彦命の兄弟は吉備国に入り、この地方に勢力を持って民を苦しめていた鬼神温羅《うら》を退治し賊の平定に成功しました。拝殿正面には、三島毅の揮毫になる「平賊安民」（賊を平らげ民を安んず）の扁額がかかっています。崇神紀六十年の条には、天皇への神宝の奉献を拒んだ出雲国造の祖の出雲振根《ふるね》を命が誅したとあり、命の勢力は一部は出雲へと延びていたことをうかがわせます。社伝によると、命は吉備の中山の麓に「茅葺宮《かやぶきのみや》」という御殿を造って住み吉備の統治に当たりました。二百八十一歳という長寿をもって、この宮で薨じ、墓は吉備の中山の頂に営まれたといいます。

神社の建物が、いつどのようにして誰によって建てられたかは不明ですが、社伝によると、仁徳天皇の時代（三一三―四〇〇）に、命の五代下がった孫の加夜臣奈留美命《かやのおみなるみのみこと》が茅葺宮の跡に社殿を建てて初めて祖神を祀ったのが鎮座の起源とされています。古代吉備氏の繁栄と時期を同じくして創祀されたと考えられます。

承和十四年（八四七）、朝廷から従四位下の神階（神社の位）を授けられました。朝廷の当神社に対する崇敬の念には異例なものがあり、一世紀ほどの間に神階は急速に上がり、社領が寄せられました。承平・天慶の乱の鎮定に神威があったということで、天慶三年（九四〇）、最高の神階である一品《いっぽん》に進められ、他に類を見ない待遇でした。

後白河法皇の編著になる『梁塵秘抄』巻第二の四句神歌に「一品聖霊《いっぽんしょうりょう》吉備津宮、新宮《しんぐう》、本宮《ほんぐう》、内《うち》の宮、隼人崎《はやとざき》、北や南の神客人《かみまろうど》、艮御崎《うしとらみさき》は恐ろしや」というのがあります。これは一品という最高位の神階を持つ吉備津宮を詠ったもので、新宮とは岡山市北区市川入東山にあった吉備武彦命を祀る摂社、本宮とは当社の長い廻廊の南端にある摂社で命の父の孝霊天皇などを祀ってある社です。内の宮は命の妃である百田弓矢比売《ももだゆみやひめ》命を祭神として吉備の中山の南の山上にあった社をいいます。また隼人崎とは隼人神のことでしょう。南北の神客人とは今の南北随神門を指します。「艮御崎」とは今の本殿の外陣の東北の隅にある厨子《ずし》に鎮座する神で、本殿を守護する神です。艮御崎という神は恐ろしい神でなくてはならないと考えられていました。

## 吉備津造りの本殿

これまで社殿は幾度か火災に遭い、平安時代の社殿の実態は分かりませんが、鎌倉時代の社殿の

備中一宮吉備津神社本殿

様子はある程度しのぶことができるそうです。鎌倉初期の建久から建仁の頃（一二〇〇前後）、東大寺大勧進の俊乗房重源《ちょうげん》が天竺様《てんじくよう》（インド様式）という新しい建築様式をもって普通の神殿とは違った独特の神殿造営に関係したようです。南北朝の内乱の最中、観応二年（一三五一）に焼失。重源は備前にいくつかの荘園を開発し、国内の諸寺二十二カ寺を修造しています。当神社の境内にも常行堂を建て阿弥陀仏を安置し、梵鐘を鋳造奉納し、境内の神宮寺に寄進をしています。

このあと、室町幕府三代将軍足利義満により再興の工事が開始され、応永二十八年（一四二一）本殿竣工、応永三十二年（一四二五）に正遷宮の神事が行われました。これが現在の国宝の本殿です。吉備氏一族の独占的な古代の神社から、吉備地方の武士や農民や庶民たちの産土神《うぶすなのかみ》へと脱皮しました。吉備氏の子孫だけの血縁的な守護神から、吉備地方の住民をすべて氏子とする地縁的な総鎮守へと変わったのです。

応永再建の今の本殿は、神社建築の伝統的な和様、それに寺院建築の天竺様や唐様が混合折衷されています。「室町期建築技術の粋をこらした、まったく他に例をみない新機軸をうちだした大建築であるといえる」と藤井駿は言っています（谷川健一編、一九八四）。

**鳴釜の神事と温羅**　本殿から長い廻廊が続きます。長さは二百余間、備中の有力な武士たちが戦国末期から近世のはじめごろにかけて建立寄進し、つぎ足していったものです。この廻廊の途中に「お釜殿」という建物があり、今もここで有名な「鳴釜《なるかま》の神事」が行われています。吠え続ける温羅《うら》の骸骨を命は吉備津宮の釜戸の地下八尺（約二・四㍍）に埋めましたが、十三年間、唸りは止みませんでした。ある夜、命の夢に温羅が現れて言いました。「わが妻の、阿曾郷の阿曾媛《あそめ》に釜殿の神饌《みけ》を炊《かし》がしめよ。幸あればゆたかに鳴り、禍《わざわい》あれば粗雑に鳴ろう」と。これが鳴釜神事のおこりです。上田秋成の『雨月物語』の中の「吉備津の釜」という話が書かれています。参照して下さい。

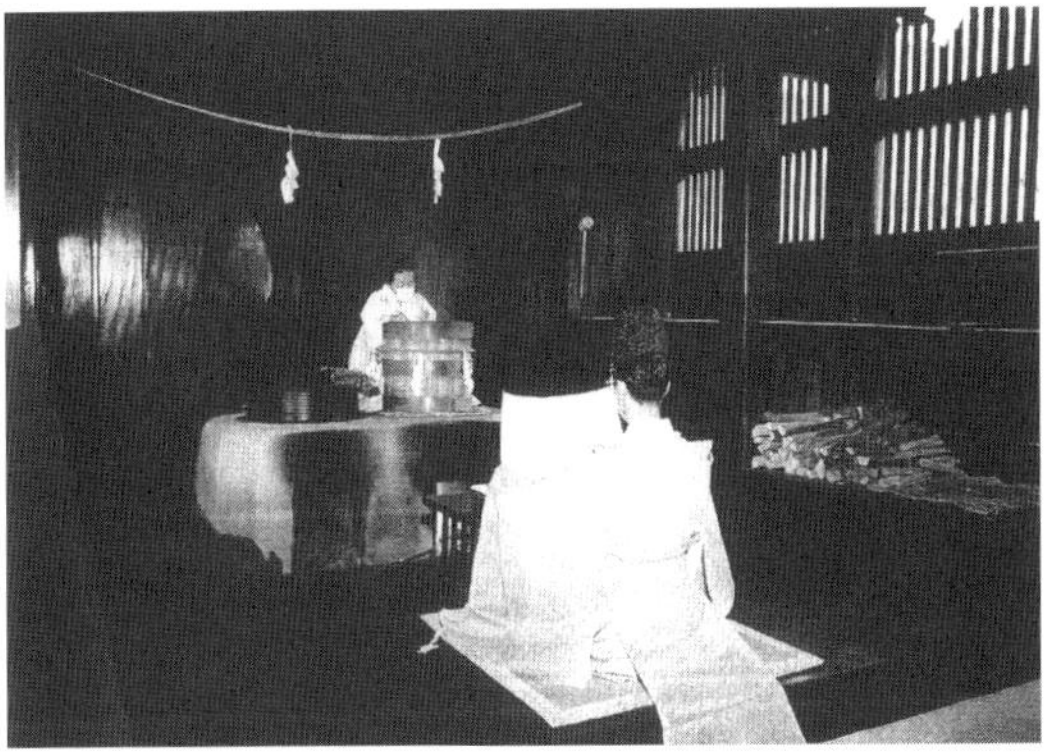

鳴釜の神事

御釜殿の内部に土竈があり、その上に鉄釜がかけられ、更にその上に、木製の甑《こしき》が載せられています。釜殿には阿曾女という巫女が二人常住して奉仕し、朝夕の神饌を作り本殿に運んで神前に供えます。神官は病気平癒や商売繁盛などの祈祷を乞う者があると、その者を伴って釜殿に行き、釜の前で平伏します。一人の巫女は竈の口より松葉を入れて炊き、もう一人は少量の玄米を搔笥《かいけ》に入れ、これを甑の中で振り、蒸すような所作をします。神官が祝詞を奏するとやがて釜は鳴り響きます。当の氏子・信者は古来の伝承によって、釜の鳴る音の高低・大小・長短で自ら吉凶禍福を占います。これを「お釜おどうじ」と言います。

**桃太郎説話**　桃太郎説話は室町時代にできあがった話で、やがて全国に普及したと言われています。説話の舞台を身近に引きつけて設定しようと、全国のあちこちに桃太郎の誕生地があると言われていますが不思議ではありません。

吉備の国名は、五穀の一つ「黍《きび》」が古くこの国でよく取れたことによるとも言われます。岡山名物「吉備団子」は、幕末開国の頃備前岡山で作られ出したものですが、実はこれより古く江戸時代のはじめ、吉備津神社の名物になっていたそうです。桃太郎の誕生地としてもっとも相応しい場所は吉備の中山ではないでしょうか。

備後吉備津神社境内に建つ
桃太郎と従者

**矢立の神事**　「矢置石」にまつわる神事です。石脇の説明板には「社伝によれば、当社の西北八㌔の新山《にいやま》に温羅《うら》という鬼神あり、凶暴にして庶民を苦しむ。大吉備津彦命は吉備の中山に陣取り鬼神と互いに弓矢を射るに、両方の矢、空中に衝突して落つ。そこに矢喰宮《やぐいのみや》あり。また中山主神は鬼神の矢を空中に奪取す。当社本殿門の矢取明神はこの神を祀る。この戦いの時大吉備津彦命、その矢をこの岩の上に置き給ひしにより、矢置岩と呼ぶ」と書いてあります。さらに説明板には、以下の神事の内容が加えられています。旧記によれば、中古より箭祭《やまつり》の神事があり、願主は桜羽矢または白羽の矢を奉ります。神官はその矢をこの岩に立てて祈祷し、その矢を御蔵矢《おくらや》神社に納めるのが例となっています。この神事はいつからか中絶しましたが、昭和三十五年、岡山県弓道連盟の奉仕により復活され、毎年正月三日、ここに矢立神事が斎行されることになりました。

**御煤払の神事**　本殿の内々陣に祀る九柱の神座を年に一度清掃する神事です。十二月二十六日より、宮司以下神官たちが潔斎に入ります。特に宮司は忌屋《いみや》にこもり、言葉を発してはなりません。神官との要談も筆談によります。食事も別火で、火打ち石で点じた火を用いて煮炊きをし、梅干しや塩魚だけの粗食です。二十七日、宮司は毎年新調される浄衣に身を包み潔斎室にこもって種々の作法をします。主な作業は祭具作りです。二十八日の午前零時、宮司はただ一人本殿に入り、手行灯《てあんどん》をたよりに箒《ほうき》・手桶・ハタキ・雑巾《ぞうきん》を持って内々陣に入り、無言の内に清掃を行います。その間、他の神職たちは本殿内の御崎社など厨子の清掃を行います。二十八日の午前二時頃に神事は終わります。

**七十五膳据《しちじゅうごぜんすえ》の神事**　春と秋の大祭では、神宝ならびに七十五台の神膳を長い回廊の端にある御供《ごくう》殿《でん》から本殿まで百数十人の長い行列をなして行進供奉《ぐぶ》する七十五膳据の神事が行われます。行列が本殿前につくと、神官が受け取りつぎつぎと神前に供えます。宮司の祝詞《のりと》奏上、巫女の神楽があって、祭事が完了します。春の大祭は五穀豊穣を祈念し、秋の大祭は収穫に感謝する祭典です。

矢置岩（備中吉備津神社入り口にある）

**吉備津神社の神職**　古代から応永（一三九四―一四二八）の頃までは常に三百家に及ぶ神官が奉

仕し、天正（一五七三―九二）以降でも、神主をはじめ「みやつこ」の家は七十余家もありました。そのうち神主・大禰宜・祝師《のりと》などの重職は賀陽氏が務め、それに次ぐ神饌を司った御供《ごく》座は藤井氏と堀家氏、神楽座を組織した者は藤井氏と河本氏で、そのほか無座という宮侍の家が十数家あったといいます。（谷川健一（編）、一九八四）。

＊　＊　＊

**九州への紀行文の中で**　豊臣勝俊朝臣（豊臣秀吉の妻の兄家定の子、木下勝俊）（長嘯子《ちょうしょうし》）の紀行文「九州のみちの記」の、吉備津神社へ参詣した時の一節は、つぎのように記しています。

日かず（数）をへ（経）つゝゆ（行）くまゝに。備中のくにきびの中山につ（着）きぬ。つれづれさのあまり。こゝかしこ見ありき（歩き）はべりて。彼ほそ谷川の辺にいたりて。

けふそみる　ほそ谷川の　をとにのみ　聞きわたりにし　きびの中山

その水上にのぼりてみ（見）れば。ちい（小）さき池のなか（中）よりたえだえ出る清水なりけり。かのしみづ（清水）みな月のころほひもた（絶）ゆることなしとなむい（言）へり。その谷川のひろ（広）さ篳篥《ひちりき》といふもののなが（長）さばかりなむ有ける。其夜は神主のいへ（家）にとま（泊）りぬ。翌日は雨そぼふ（降）りければゆ（行）きもやらず。其所に宮づく（造）りし給ふはすなは

長い廻廊（行列をなして神膳が運ばれる）

ちきびつ（吉備津）大明神と中奉る。火たき屋に釜ふたつをなら（並）べすへを（据置）きたりける。其かま（釜）ひとつ神供をとゝの（調）ふる毎におびたゞしくな（鳴）りどよむよし（由）をきゝ（聞）てのぞみはべりける。まことにいかづち（雷）などのやうにしばしとゞろ（轟）きてき（聞）こえけり。これぞ此神秘となむい（言）ひつた（伝）へし。（塙保己一（編）、一九二八）。

**軍神吉備津宮**　『梁塵秘抄』の「四句神歌」に、

○関より東《ひんがし》の軍神《いくさがみ》　鹿島香取《かんどり》諏訪の宮　また比良《ひら》の明神　安房《あわ》の洲滝《すたい》の口や小鷹《おたか》明神　熱田に八《や》剣《つるぎ》　伊勢には多度《たど》の宮

○関より西なる軍神　一品中山《いっぽんちゅうさん》　安芸なる厳島　備中なる吉備津宮　播磨に広峰《ひろみね》惣三所　淡路の岩屋には住吉西宮

とあります。大津市逢坂の関より西の軍神は、安芸国の厳島の社、備中国の一品中山吉備津の宮、播磨国には広峰の宮と惣三所、淡路の岩屋に対しては住吉の西宮であるというのです。吉備津宮は軍神として知られていました。

＊　＊　＊

## 有木神社のこと

吉備津神社の北から東に境界線に沿って「細谷川」が流れています。

その細谷川にかかる両国橋を渡って、宗教法人の「福田海」境内に入りますと、境内の中央に巨岩があり、その背後に備中吉備津宮の末社であった「有木神社」の小さな社殿があります。巨岩は

有木神社の祠の正面に「有木神社」と記してある

「不動岩」と呼ばれ、薬師寺慎一（二〇〇八）は、この岩は「有木神社のイワクラと考えて間違いない」と言います。

有木氏が備中吉備津神社の神官であったかどうかどうかは分かりませんが、少なくとも本社に吉備津彦命を祀ることには有木氏も異論はなく、その末社に有木氏の祖の有鬼巨智麿（一説に針間牛鹿直）を自らが祀りました。その霊験は本社に劣らず、妙《たえ》であったと言えましょう。有木氏は、最高・一番、最前で主であるよりも、巨智麿がそうであったように、最高の次、二番、前より中後ろに副で居る心地の良さを感じ、主を助けて事を為すことに生き甲斐と誇りを持っていたのではないでしょうか。

筑前守従五位上藤原朝臣経衡の和歌（『大嘗会和歌集』）に、次の歌があります。

○祈ること　しるし有木の　山なれば　千とせの程も　たのもしき

（霊験あらたかな有木山の社にお祈りしましたので、大御代が千年も永く続きましょう。なんとたのもしく嬉しいことであるよ）

## 吉備津彦神社（備前一宮）

備前の一宮の吉備津彦神社は、岡山市北区一宮に鎮座しています。吉備が三国に分割された時、

備前一宮吉備津彦神社本殿

備中の吉備津神社の御分霊をお祀りしたと言われています。主祭神は、吉備津彦命です。

当社は、吉備の中山の東の麓に鎮座しています。吉備の中山は、東西幅約二キロメートル、南北二・五キロメートル、周囲はおよそ八キロメートルほどの独立した小山です。最も高いのは北部の龍王山で、標高一七五メートル、南部では茶臼山で一六〇メートル。茶臼山の山頂には全長約一九五メートルの前方後円墳があり、「大吉備津彦命墓」と呼ばれます。

龍王山の山頂には、龍神社が祀られています。祭神は八大龍王で、雲を呼び雨を降らせる力を備えた神です。貞観の頃（八五九―八七六）、備前・備中の国司を歴任した藤原保則《ふじわらのやすのり》が吉備中山の吉備津彦の神を信仰し、日照りが続くと龍神社に参詣して祈り、ご利益を得たと伝えられています。

### 流鏑馬神事

流鏑馬《やぶさめ》神事は今なお続いています。康永元年（一三四二）の文書に、国王が馬や馬費を出したとの記録がある歴史の古い神事で、風水の災いを防ぐ為に風の神、水の神を祀る鶴島、亀島の方角に矢が射られます。なお、その昔は、三間五間の「御釜屋」があり炊女《あそめ》二人が奉仕していたそうです。備中吉備津神社で今も行われている鳴釜神事が、当社でもある時期まで行われていたのですね。

**御田植祭**　御田植え祭は、御斗代《みとしろ》神事と呼ばれます。本殿に神饌が供えられ祝詞奏上・田舞奉納・神迎えがなされ、神前に供えられた「御苗」が御羽車で棚上に移され、宮司自身が夜の暗闇の中で田植えを行う神秘な神事（秘儀）で、鶴島・亀島それぞれの岸から池に突き出した一間四方の棚上で行われます。

**御幡神事**　御幡神事は稲作文化の伝来や吉備津彦命の温羅征伐の凱旋水軍の姿を表していると言われ、田歌を歌いながら御幡の行列が神池を回ります。「御幡《おんはた》」は一本の竿竹に二本の横竹を結びその端をシュロ縄で張り、これに扇子・紙垂《しで》をつけ横竹に木綿布を垂らしたものです。十八本の御幡は行列をなして神池を巡った後、表参道から随身門・拝殿へ進みます。神事が終わると、参詣者たちは、御幡につけられた扇子を競って奪い合います。扇子を田に立てると豊作が約束されると信じられているからです。

**鶴島と亀島**　鳥居をくぐり、神社に向かって行くと左右に島のある神池があります。右が鶴島で住吉神・風の神を、左が亀島で宗像神・水の神を祭ってあります。いずれの神も海人《あま》（古代の航海業者）が崇めた神です。備前吉備津彦神社の古い宮司の難波氏は、海人であったと考えられます。神池は昔は船溜まりであったようです。古代の吉備の中山の麓はどこでも船が着けました。

**参道と条里**　正面の参道の真っ直ぐな線は条里の基線です。それを延長すると、本殿を通って吉備中山の北の山頂（最高地点一七〇㍍）に行き着きます。「条里制」は、大化元年（六四五）に始まる大化の改新による土地区画方式で、六町（約六〇〇㍍）四方の一区画を「里」とし、「里」を区切る時の線が「基線」です。この参道は大変古い道筋であることが分かります。（薬師寺慎一、

二〇〇八）

**有木の別所**　治承元年（一一七七）、鹿ヶ谷事件により藤原成親が備前児島に流され、やがて備前・備中の境の有木の別所で警護武士の難波経遠《つねとお》に殺されました。有木の別所は、吉備の中山の麓にその遺跡があります。

**磐座《いわくら》**　備前吉備津彦神社の境内にある忠魂碑の台石は「磐座」であった可能性があります。「磐座」とは、神が鎮座する所、大岩です。社殿が建つようになる前は、磐座の前で祭祀を行いました。磐座を通して神体山を拝むのです。吉備の中山が神体山です。

備前一宮吉備津彦神社正面参道

当社は式内社ではなく、明治以降の社格は県社に過ぎませんでしたが、昭和三年、国幣小社に昇格されました。しかも、本殿・渡殿・祭文殿・拝殿をはじめ五十余りの殿舎を持ち、備前では最も大きな神社です。不幸にして、昭和五年、不慮の出火により本殿・宝庫・随神門だけを残して焼失しましたが、間もなく国費によって復旧されました。創立時期はよく分かりませんが、平安時代にはすでに備前の国の一宮として歴代の国司の尊崇を受けました。

**当社の神主**　当社の神主職は、大守《おおもり》氏によって世襲され、この家を俗に大藤内《おおとうない》と呼びました。大守氏は藤原氏を称するようになり、源平合戦では平家に味方したので、平家滅亡後囚人として鎌倉に召喚されました。曽我兄弟の夜討ちに遭い、曽我五郎に殺されました。しかし、この後も大藤内の子孫は代々当社の神主または社務として社職を世襲し維新に至りました（谷川健一編、一九八四）。

備中の吉備津神社は、備中国の東端にあり、備前の吉備津彦神社は備前国の西端にあって、両者間の距離は少しの距離、二キロメートル弱しか離れていません。吉備の中山が両国の聖なる山になっているのです。両国にとって吉備の中山は、特に、信仰上欠くことのできない重要な聖山であったことがうかがえます。

## 一遍上人絵図

ここで『一遍上人絵図』から当神社に関係する部分を紹介したいと思います。一遍上人は、鎌倉時代の僧で「時宗」という宗派の開祖です。伊予（愛媛県）の豪族出身。三十六歳の時、三人を伴い念仏算《ふだ》を配って念仏を勧める旅に出ました。旅の途中で五十一歳で亡くなりましたが、高弟の聖《しょう》戒《かい》が詞《ことば》を書き、法眼《ほうげん》円伊が絵を描いて一遍上人の行状を忠実に記述し、布教の模様とともに各地の名所寺社の景観を取り入れ描写しました。

### 神主の子息の妻女一遍により出家を遂げる

さて、一遍上人が、弘安元年（一二七八）、備前国一宮の神主宅を訪ねた時のことです。神主の子息は外出中でした。出て来た妻女に一遍は法話をしました。妻女はにわかにその法話で発心し、出家してしまいました。帰って来た子息が変わり果てた妻の姿を目にし立腹し後を追いかけ、上人を見つけ近づくやいなや太刀の柄《つか》に手をかけました。その時、上人は「そなたは吉備津宮の神主どののご子息とな……」の言葉に、子息は眼を白黒させ、蛇に睨まれた蛙になりました。

**神主の館の絵**　母屋の西の壁に来迎《らいごう》仏画がかけてあり、黒漆塗りの前机の上には仏具が並んでいます。畳の間で脇息《きょうそく》に体をもたせ剃髪されているのが妻女、衣の袖を腕まくりして後ろから剃刀《かみそり》を当てているのが一遍上人、縁側に僧二人が見守っている。立て膝姿で頭巾《ずきん》をかむっている老翁は、彼女の父親でしょうか、涙の袖を絞っています。

**一遍を追う神主の子息**　一騎の騎乗が鞭《むち》を当てながら疾駆《しっく》（馬を速く走らせること）しています。美しく飾った馬には、烏帽子《えぼし》・狩衣《かりぎぬ》姿の男。鎧《よろい》を着て太刀《たち》を腰に後を追う従者、もう一人弓に矢をつがえ走る男。町の辻では念仏を勧める一遍。店が立ち並び人通り多い賑やかな中へ、男が腰の太刀に手をかけたとたん、一遍の方から先に声をかけました（小松茂美他（編著）、一九七八）。

**ポイント**

・備中一宮吉備津神社は、天慶三年（九四〇）に最高の神階の一品《いっぽん》に進み、応永再建の本殿は和様・天竺様・唐様が混合折衷された建築様式を持ち、西の軍神の一つとして崇められ、鳴釜神事・矢立の神事・御煤払の神事などの特殊神事が行われています。

　特に、有木氏と関連ある事項は、当社の末社であった「有木神社」が有木氏により祀られ、「細谷川」、そして「祈ることしるし」の「有木山」があることです。

・備前一宮吉備津彦神社は、吉備が三国に分割された折に備中一宮の御分霊を祀ったのが創始と伝えられ、当社でも当初は鳴釜神事が行われていました。御田植祭や流鏑馬神事・御幡神事は、今なお続いています。

有木氏は、細谷川・有木山・有木神社などを介して、当社とも関係があると言えましょう。

# 第七章　美作・備後の一宮

本章では、美作と備後の一宮を概観し、それぞれが有木氏とどのような関わりがあるのかを見てみたいと思います。



## 中山神社（美作一宮）

中山《なかやま》神社（美作一宮）は、岡山県津山市西一宮字長良嶽に鎮座する神社です。津山盆地の中、鶴山城の東崖を洗う宮川の上流に中山神社の壮大な社殿が眺められます。宮川の西縁辺の丘陵地には、総社宮や八幡神社が鎮座し、近くには国府が所在し美作国の政治的中心地をなしていました。

中山神社は、慶雲四年（七〇七）の創建と伝えられ、貞観六年（八六四）には官社になり、ついで『延喜式』で明神大社になり、次第に国内の崇敬を集め一宮の地位を得て、爾来、美作国の総鎮守として尊崇と保護を受けることになりました。鎌倉時代、一遍上人が訪れ、江戸時代、牛馬市が

美作一宮中山神社

門前に立ち、牛馬の守護神として農民の尊崇を集め、御田植祭の古式が受け継がれ、社殿は中山造りという建築様式の代表とされています。

平安後期の説話集で『今昔物語集』の中に「今ハ昔、美作国ニ中参《チュウサン》・高野《カウヤ》ト申ス神在《マシ》マス。其神ノ体《カタチ》ハ、中参ハ猿、高野ハ蛇《クチナハ》ニテゾ在《マシ》マシケル」の書き出しで始まる説話があります。その説話では、中参、即ち、中山神社の本体は「猿」だと言っているのです。娘を生贄《いけにえ》として奉っていた中山の猿神を、東国から来た男が計略を持って退治したと伝える話です。中山は、古くはチュウサンと音読しました。今、本殿の背後方向に巨岩（磐座）があり、傍らに「猿神」を祀る猿神社が鎮座しています。中山の神は猿で山の神となり、山から平地へ移動して田の神となりました。猿を神として敬い祀るものです。猿は人間に似ているので、古くから山の神として信じられてきました。当地中山に社殿を建て祀る以前から、人々は、この巨岩を磐座として猿神を祀り来ていたと考えられます。今もなお、牛馬の安産

猿神社

守護の神として信仰を受け、ぬいぐるみの小猿を奉納する風習が残っています。

『今昔物語集』は、千五十九話（うち本文を欠くもの十九話）を三十一巻（うち巻八、十八、二十一は欠）に編成するものです。保安元年（一一二〇）以降間もなく、白河院政のころ成立したものと言われています。編者は未詳です。天竺（インド）、震旦（中国）、本朝（日本）の三部に分け、各部をそれぞれ仏法、世俗の二編に分けています。集められているどの説話も、「今ハ昔」の冒頭句で始まり、話が展開した後、「語リ伝ヘタルトヤ」の末尾句で終わります（猿神退治の話は、第十一章の「美作の国の神猟師の謀《はかりごと》によりて生贄《いけにえ》を止めること」を見てください）。

## 中山神と有木氏

『中山神社縁由』によりますと、中山の神は、天武天皇の慶雲三年（七〇六）五月、白馬にまたがり、青木の枝を鞭として天降り、はじめて英多郡楢原郷に現れました。里人東内《とうない》（藤内）はこの神を祭り、蒋《まこも》をとり、ちまきをととのえ奉ったので、神はここに二十日ばかり鎮まった後、ここを去り次に苫東郡の水無川《みなせ》の奥の泉水池に稚児《ちご》の姿で現れました。神は揚巻《あげまき》（古代の稚児の頭髪の様式）した牛飼いの少年達と遊び、日没になると、辺りの谷々に放牧された牛馬を呼び集めたといいます。

つぎに神は九月二十一日、同郡田辺郷の鵜《う》の羽《は》川の上流の霧山に現れました。里人の猟師・有木《ありき》は、霧山の山中に白馬にまたがった童子を見て、「この深山の奥にかかるべき人よもあらじ、変化《へんげ》のものならむ」と思って弓を引こうとすると、神は「われは此国を鎮護し給はんとおぼしめす神なり。民を憐れみ給ふゆへ天降ります」と言うのです。ここで有木は神に服属し斎《いっ》き祭ることとなりました。

翌年の慶雲四年(七〇七)四月三日、神は有木に「此河(鵜の羽川)に鵜の羽を一つ流させ給ひて、この羽根の流れ止まらん所に光を放ちて鎮座し給はむ」と神勅しましたので、鵜の羽の流れ着いた長良嶽の麓に、里人中島頼名に命じて宮柱太しきを立てて鎮座しました。長良嶽を帯にするように鵜の羽川と御手洗川(宮瀬川)の二条の川が流れ、それが合流した所に中山神は鎮座したのです。

この猟師有木氏は、温羅退治の時の吉備津彦の副将巨智磨(有木神社の祭神)の後裔で賀陽郡有木に起こると言います(宝賀寿男、二〇一六)。

『三代実録』によると、当社は貞観二年(八六〇)、正五位から従四位に昇叙、次に貞観六年(八六四)官社に列し、翌七年に従三位、貞観十七年には正三位に昇叙、『延喜式』では名神大社に列し、全国二百八十五座の一つとして名神祭に奉仕しました。さらに、天慶三年(九四〇)正二位、永保元年(一〇八一)正一位に昇叙しました。中山神社をはじめ美作の神社はいずれも、清和天皇の貞観年間に集中的に神階の叙位または昇叙がありました。美作は山陽道中央部の軍事上の要衝の地、産鉄国の一つであり、中央の大和朝廷が美作に対し強い関心を寄せたことがうかがわれます。

## 祭神

ご祭神に三説があります。

一、鏡作命説＝美作国は銅・鉄の主要な産出国の一つで、鏡作命は単に銅鏡生産の守護神にとどまらず、鉄・銅の採鉱冶金《さいこうやきん》に従事する部族の守護神でありました。
二、吉備武彦命説＝祭主の有木氏の所伝によります。有木氏がこの説を唱えるのは十分うなずけるところです。『大日本史』や『古事類苑』もこの説を引用しています。
三、大己貴命説＝延喜式の頭注、『中山神社縁由』によれば、地主神の大己貴命《おおなむち》は新来の中山神（鏡作命）にこの地を譲って祝木《いぼき》神社に退いたといいます。

## 祭祀

**御田植祭**　四月の午の日に行われ、祭礼中最も盛大なお祭で、御旅所までの御神幸があり、御田植祭の鍬振《くわふり》神事が行われ、五穀豊熟を祈願します。この神事は、獅子方三十数人、鍬方二十人、大小の太鼓方二人、横笛二人によって行われます。鍬方は木鍬を持ち紙垂のついた榊を首根に指して、神輿の正面に横一列に跪居《ききょ》、獅子方は雌雄の獅子頭を相対して三㍍ほどの間隔で横向きに控えます。大太鼓方の合図で二笛がこれに応じ、鍬方が起立し獅子方も頭を振って起きます。そして鍬方と獅子方が進退緩急よく鼓笛に和して、鍬方の耕す所作、獅子方の屈伸の舞が進められます。

**秋祭**　かつては社僧が大般若経を転読、流鏑馬《やぶさめ》、神幸が行われました。現在は、十一月三日、大祭として神幸で賑わいます。

**荷前祭《のさき》**　十一月の午の日に行われるお祭りで、中心神事は御柱祭神事と荷前祭主《のさきさいしゅ》が荷前（初穂）や白弊・鉾《ほこ》を神前に供える儀式です。御柱祭は祝詞に「底つ磐根に宮柱太しき立て」とあるように、神の鎮座を招じたものであり、柱は神の依り代《よしろ》ですので重要な儀式でした。中山神が楢原や霧山に現れた時、供奉した里人の東内と有木は、国中の初穂（荷前）を取り収める権利を持っていましたが、この祭では、国中を東西に分け、東内は東、有木は西から集めた荷前《のさき》を神前に供え、半日の間、白弊を捧げて社場に立ちます。この時神主中島は七度半の迎使を遣わし、祝詞を奏してその白弊を神前に奉り、起伏七度半の礼をします。荷前すなわち贄《にえ》、鉾《ほこ》すなわち軍事力を奉ずることは、中山神に対する服属を意味しますが、七度半におよぶ儀式が示すように、中山神を中心とした部族連合を示す儀式であったと言われます。しかし明治維新で廃止となりました（谷川健一（編）、一九八四）。

## 一遍上人絵図

『一遍上人絵図』によれば、美作国一宮中山神社の禰宜がある夜、この宮の大明神が一遍上人を一度社に招いて念仏を聴聞するようにと言う夢を見ました。そこで禰宜らは一遍の一行を拝殿に招きました。すると神御供《みごく》の釜が、がたがた鳴って二、三町も遠くまでその音が聞こえるのです。巫女が占うと「上人を供養したいので釜で粥を炊くように」との御神託があり、禰宜たちは急いで粥を炊きました。すると釜の音はぴたりと止まりました。

楼門は檜皮葺の入母屋造り、楼門を入ると切妻造り縦長の拝殿、その奥には入母屋造りの本殿、いずれも建築美の粋を誇っています。拝殿の中に一遍ほか僧侶たちが所狭しと並び居ります。向かいの中庭に屋根に覆われた釜屋に大きな釜が見えます。この頃には、鳴釜の神事が当神社でも行われていたものと思われます。鳴釜の神事は、吉備津神に関わるものでした。

## 吉備津神社（備後一宮）

広島県は備後の国、神谷川下流域の平地部中央、福山市新市町宮内に鎮座する当社は、備後国の一宮で、近世までは吉備津彦大明神・一宮大明神・吉備津宮などの名で呼ばれてきました。現在の名称「吉備津神社」は明治以降の公称です。通称は、一宮《いっきゅう》さんで、祭神は孝霊天皇・大吉備津彦命・細比売《くわしひめ》命・稚武《わかたけ》吉備津彦命です。

備後吉備津神社

吉備が、備前・備中・備後の三国に分割された際、備中吉備津神社の御分霊を三社に分け備後の地にも勧請し、社が建てられ祀られたのが当社の始まりと考えられます。創立は平城天皇の大同元年（八〇六）三月、大吉備津彦命の分霊を備中より移してこの地に奉祀したと伝わります。遅くとも永万元年（一一六五）頃には備後一宮として備後最大の神社となり、信仰上も軍事・政治上も大きな力を持つようになったと思われます（『広島県地名辞典』）。中世の当社は神仏混淆の色彩が強く、近世になっても社僧の勢力が遅くまで残ったようです（藤井　駿、一九七三）。

当神社の創立について、『福山志料』は「吉備の中山にのみ鎮座していたのを吉備が三国に分かれた時、各国に分けて祭ったと伝わるが、延喜式には備中だけが式内社として載っていて備前・備後二国は載せていない。国中最大の社にもかかわらず式内社に洩れているのは延喜式の撰進（延長五年（九二七））以後に三国分割があったからだろう」と記しています（『備後叢書』「西備名区」）。

当社は備後国一宮とされるだけの勢力を持っていました。当社は一宮となってのち、備後国内の杜家を参集させ毎年十月に神事を執り行ったほどです。しかし文化年中（一八〇四―一八）には、それもほとんどなくなってしまったようです。

源平争乱のとき当社は平家方につき鎌倉初期には、一時、所領が幕府に取り上げられましたが、徐々に当社に対する武家の崇敬は篤くなり、永仁五年（一二九七）六波羅探題から社領一万六千貫があてがわれています。なお寛喜元年（一二二九）社殿が焼失し、元弘二年（一三三二）にも南北朝の兵乱の折に焼失しています。

『太平記』によれば、元弘元年（一三三一）後醍醐天皇が笠置山に拠って再挙した時、楠木正成の挙兵に応じて、（当社の祀官であった）桜山四郎入道慈俊《これとし》も挙兵し、同志八百人とともに近隣を制圧しましたが、笠置と赤坂城が落城したとの風聞に、翌二年、社前で妻子を刺殺した後、社殿に火を放って火中で従者とともに自刃したと伝えられています。この桜山氏は、宮氏の出身です。宮氏は、天文三年（一五三四）居城の桜山城に拠った宮下野《みやしもつけ》入道父子が毛利元就《もとなり》に降伏するまで、在地豪族として栄えました。なお当地は、桜山慈俊挙兵の伝承地として国指定の史跡となっています。その後、永和二年（一三七六）小野宮左近将監《しょうげん》が再建し、以前の三殿の本殿を正宮一字のみに改め、南北の二宮は正宮に合祀されました。

現本殿は慶安元年（一六四八）、福山藩主水野勝成の造営に成るものです。檜皮葺で入母屋造。拝殿は、瓦葺・切妻造平入。本殿、木造狛犬、四振の毛抜形太刀が国指定の重要文化財です。

鎌倉幕府をはじめ社領の寄進が多くあり、当社は大領主として強力な神人《じにん》たちを従えていました。また永享十二年（一四四〇）には吉備津神社の別当である中興寺に田畠が寄進されました。しかし天正十九年（一五九一）には、毛利氏に社領を削られ三百石となり、さらに関ヶ原戦後入封した福島正則にも三十三石余りにまで削られ衰退しました。次いで当地の支配者となった福山藩主水野勝成は、五十石を寄進しましたのでやや持ち直しました。

維新以後は、明治二年に品治・神石二郡の郷社に列し、同九年県社に昇格、同二十二年には国幣小社となりました。

江戸時代の祭礼には、詣でる人の多くは数日滞留して観劇したり、他国の人と飲食などして賑わったそうです。現在も、例祭は十一月末の三、四日間、盛大に行われています。また、ほら吹き神事「放談大会祭り」があり、一般参詣者も含め時局の批判や自慢話を披露するものです（『広島県神社誌』。谷川健一編、一九八四）。

## 一遍上人絵図

『一遍上人絵図』によれば、弘安九年（一二八六）、上人は備後国一宮の前を通りかかり参拝しています。時ならぬ一遍の参拝に、社家の人たちは慌てふためきました。相談の結果、上人の供養に舞楽（勇壮闊達な曲目「秦皇破陣楽《じんのうはじんらく》」）を一遍のためにわざわざ舞台をし立ててして見せました。

絵図では、門前に蓮池があり、やや進むと厩《うまや》に馬がつながれていて、そばに猿が一匹厩を見守っています。厩の魔よけのためと説明しています。更に進むと左右に随身が弓矢を持って控えています。烏帽子に白の狩衣の武士たちが門に近づいています。長い土間の廊を進むと、美しい建築の楼門があり、左右に白壁の築地が境内に廻らされています。楼門を入ると、拝殿があり、その前に飾り付けした舞台がしつらえてあります。正面に本殿があり、大床真ん中に一遍が坐り、まわりに従僧たち、背後に神主たちが控えています。庭の一隅に楽屋があり鳥兜《とりかぶと》をかむった楽人が楽を奏し、舞台上では甲冑装束の四人の舞人が手に矛を持って踊っています。庭上には、参詣の老若男女たちが舞楽を見入っています。

絵図に描かれた建物などは弘安九年（一二八六）ごろの様子ですから、現在の建物などより随分古いものであることになります。

## 備後吉備津神社を造営した有木氏

吉備が美作・備前・備中・備後の四国に分かれた後、美作には一宮を建てましたが、久しく吉備の中山の吉備津宮が三州の一宮と称されました。推古天皇の御代（五九三―六二九）に、有鬼氏が備後の国に宮所を定めようとあちらこちら霊地を求めて、この備後の山地に至りました。この山は猛虎が眠っている

備後吉備津神社正面にかかる扁額「虎睡山」
（備後福山城主阿部正弘《まさひろ》の父阿部正精《まさきよ》の揮毫になる）

ような姿に見えるところから、虎睡山《こすいざん》と言いました。虎は猛勇の霊獣であり、この神も勇猛であるところから、適地であるとしてここを宮所と定め、朝廷に申し出て吉備の中山に準じて宮社を営んだと伝えられています。往古は三宮（本宮、新宮、正宮）と中山に準じていましたが、元弘の兵火の後、一殿となりました。

正殿の祭神は吉備津彦命と同妃です。吉備津彦命は、孝霊天皇二年に誕生。崇神天皇十年、西道将軍として西道に赴き、同年武埴安彦を誅し、同代六十年、出雲の振根《ふるね》を討伐し、垂仁天皇の御代十年に吉備に居た異賊（鬼神《あしきかみ》）と戦いその党類を誅伐しました。

吉備津彦命の御神殿を最初に創建し正座とし、次に孝霊天皇、次に皇后細姫命、次に吉備津武彦命の御神殿を、また巖山を造り、この五社を吉備津宮、吉備津大明神と称しました。

## 神官有木の祖神

吉備津彦命の副将軍であった巨智麿は、大功をおさめ「神官有木の祖神なり」とあります（『備後叢書四』）。

彦五十狭芹彦命のお告げにより、仁徳天皇は、備中の中山に五つの神殿を作り七十二社を定めた後十六月を経て、推古天皇九年（六〇四）に有木の祖は備後の国の品遅郡《ほんじ》に宮所を求め、三つの神殿を起こし建て下津磐根《したついわね》に動きなく、同年六月に今の宮所に鎮め祭ったと伝わります（『備後叢書四』「吉備津宮勘合略記」）。

## 有木小次郎俊信

有木小次郎俊信は、吉備津宮の社務であり鳶尾山城の城主でした。俊信は、神石郡有木村中山城

より ここへ移り来ました。俊信は永仁年中（一二九三―九八）の人です。桜山の没後、桜山の家士の一人であった有木小次郎俊信が鳶尾城を領しました。俊信の前のことは分かりません。

## 鳶尾《とびお》山城

この城には、吉備津宮社務有木氏が代々居住したといいます（また、宮氏が居住したとも）。鳶尾山城は、吉備津神社西側の山頂（標高一五〇㍍）にあります。この城から尾根伝いに桜山城、さらに南の亀寿山城に連携しています。桜山慈俊、宮氏らが居城した戦時には、鳶尾城・吉備津神社・桜山城は一体のものとして機能していました（『広島県地名辞典』）。

他にも有木五郎俊雄、有木籐左衛門尉盛安（文明年中、一四六九―八七、没）、有木民部丞忠宗（盛安の男、永正年中、一五〇四―二一、没）など、鳶尾山城にかかわる有木氏の人達の名前がよく出てきます。

## 宮氏について

宮氏は、備後の在地武士です。旧芦品郡域では宮氏がその代表で、南北朝時代から頭角を現しました。宮氏は備後生え抜きの雄族で、桜山慈俊は宮氏の出と思われます。室町時代にも引き続き宮氏が亀寿山《かめじゅさん》城を本拠に活躍し、その勢力は並々ならぬもので、文和四年（一三五五）五月、足利《あしかが》尊氏《たかうじ》・義詮《よしあきら》が宮入道（兼信）と会っています。その実力のほどは、貞治二年（一三六三）兼信の子氏信が足利直冬《ただふゆ》と亀寿山城下で戦い勝利しています（『太平記』）。室町末期、宮氏は尼子方でしたが、毛利元就の攻撃を受け毛利氏の支配下に入りました（『広島県地名辞典』）。

## 桜山城

桜山慈俊の居城。慈俊のあと吉備津宮祠官有木氏が居城したと伝わっています（『備後叢書四』）。有木民部は、当宮神職頭で位階が高く、鳶尾山《とびおやま》の城に住みました。正月元日、有木氏が神社に参る時に出逢えば災いがあるということで、朝遅く起き出る風習があるといいます。有木民部は、福島正則の時（一六〇一―一九）、社領を悉く取り上げられ、当宮衰敗の頃に鳶尾山城を退去して備中松山城に行き居住しました。その後、元和八年（一六二二）福山城が完成し水野勝成が入城、慶安元年（一六四八）に当社は再興がなり社領もやや回復しましたので、民部は松山城より帰り以前と同様に当宮社務を務めたかったのですが、水野に「衰えれば去り、栄えれば帰り来るとは不届きなり」と追い立てられ、神宮寺別当となったと伝わります（『備後叢書四』）。水野の言葉にも一理ありますが、民部の立場としては、自分がこれまで同様に当社社務となって奉仕しなければという使命感と自負があったことでしょう。

## 松山城

岡山県高梁市内山下《うちさんげ》、臥牛山《がぎゅうざん》に築かれた山城で、備中松山城と言われます。『備中集成誌』によれば、朱雀院《すざく》の御代（九三一―九四七）、橘経《たちばなおさむ》が藤原純友《すみとも》の謀叛の時軍功があって備中、河内を賜りました。この橘経は楠木正成の十六代の祖であると伝えられています。橘経の一族が城を築き、高橋九郎左衛門を名乗り、当国の守護職になりました（仁治元年、一二四〇に地頭の秋庭三郎重信が築城し城主となったとの説もあります）。有木民部が松山城に身を寄せたのは、楠木氏との縁故を頼りにしたものなのでしょうか。

## 無言の神事

福山市新市町戸手に鎮座の素盞嗚神社には、「無言の神事」という特殊神事があります。例祭日の夜、祇園祭の神輿還幸後、宮内の吉備津神社より奉幣使神官が神霊を乗せた神馬を率いて来社し、昇殿して幣帛・神饌を供し祝詞を奏上し、当社の引き受け神官に無言のまま礼をして帰社する式があります。素盞嗚神社と吉備津神社との間の深い関係を示すものとして注目されます（『広島県地名辞典』）。また、素盞嗚神社には蘇民将来《そみんしょうらい》伝説があります（第八章を参照）。

素戔嗚尊の面（平田行雄氏作）

## 備後祇園三社

備後には、備後祇園三社があります。即ち、北方甲奴小童《しち》に鎮座の須佐神社、戸手鎮座素盞嗚神社、それに南方の鞆町後地に鎮座の沼名前《ぬなくま》神社です。

須佐神社は、通称が小童《しち》のぎおんさんです。祭神は、勿論、素盞嗚尊、創立年代は貞観三年（八六一）とも言われ、小童《しち》の話が語り伝えられています（第八章を参照）。

素盞嗚神社（福山市新市町戸手）

沼名前神社は、神功皇后が西国に下向の際、船をこの鞆浦に寄せた時、海中より尺余りの霊石を得たので祭場を設けその石を大綿津見命《おおわたつみ》神として祀り、海路の安全と戦勝を祈ったのが当社の創祀と伝わります。祭神は、大綿津見命、須佐之男命です。特殊神事のお弓神事は、年頭に当たり一年の悪魔を払う神事で福山市の無形文化財になっています。

このように備後の南北に祇園社が並んであるのです。これは出雲と備後（吉備）との南北の太くて深い絆があったことをうかがわせるものではないでしょうか。

## 広島県内の御祭神

広島県で最も多く祀られている御祭神は、応神天皇を中心とする八幡神《はちまんしん》で、県内の神社の四社に一社は八幡神に関わる神社です。ついで八坂神社・祇園社として須佐之男命が多く、厳島神《いつくしまのかみ》、菅原神《すがわらのかみ》、大年神《おおとしのかみ》、稲荷神《いなりのかみ》と続きます。

吉備津神は、備後吉備津神社とその御分社の吉備津神社に祀られ、吉備津彦命が主祭神です。艮神《うしとら》は、艮神社の祭神ですが、吉備津彦命を主祭神とすることが多く、伊邪那岐神・伊邪那美神や須佐之男命を主祭神とすることも少なくないです。注目すべきは、吉備津神・艮神は、ほとんど県東部の備後地方に集中していることです。

吉備津神社本殿（広島県神石郡神石高原町油木）

広島県神石郡神石高原町油木に鎮座の吉備津神社は、わが郷土の近くにある吉備津神を祀る神社の一つ（通称いっきゅうさん）です。勧請年代は不明ですが、享保五年（一五三二）の本殿再建の棟札には、「大日本国備後国神石郡豊松油木両村一宮聖霊御宝殿奉造立」と記されています（『広島県神社誌』）。当社は、豊松村の一宮でもあったのですね。

八坂神は、須佐之男命を主祭神とし、祇園社・牛頭天王社などの旧社号を持ち、県内に広く分布していますが、どちらかと言うと県東部の備後地方に多く、備後南北に分布線が感じられます（『広島県神社誌』）。

**ポイント**［有木氏の勢力拡大模様］

備中中山の麓に居た有木氏は、有木神社を中心に生活をしていました。吉備が備前・備中・備後の三国に分かれ、備前から美作が分国した折に、有木氏は地元の有木山を本拠として有木神社の祭祀を一層堅くし、美作へ、備後へと有木氏の一族を送り、美作では荷前《のさき》祭主として、備後では宮所を求めて虎睡山の麓に神祭る神官の棟梁として、祭祀に関わらせました。

暫くして後には、有木の一族を備中中山から備後中山へ送り、備後に中山をもう一つ造ったものと推測します。それが私たちの故郷の有木なのです（第十二章を参照）。

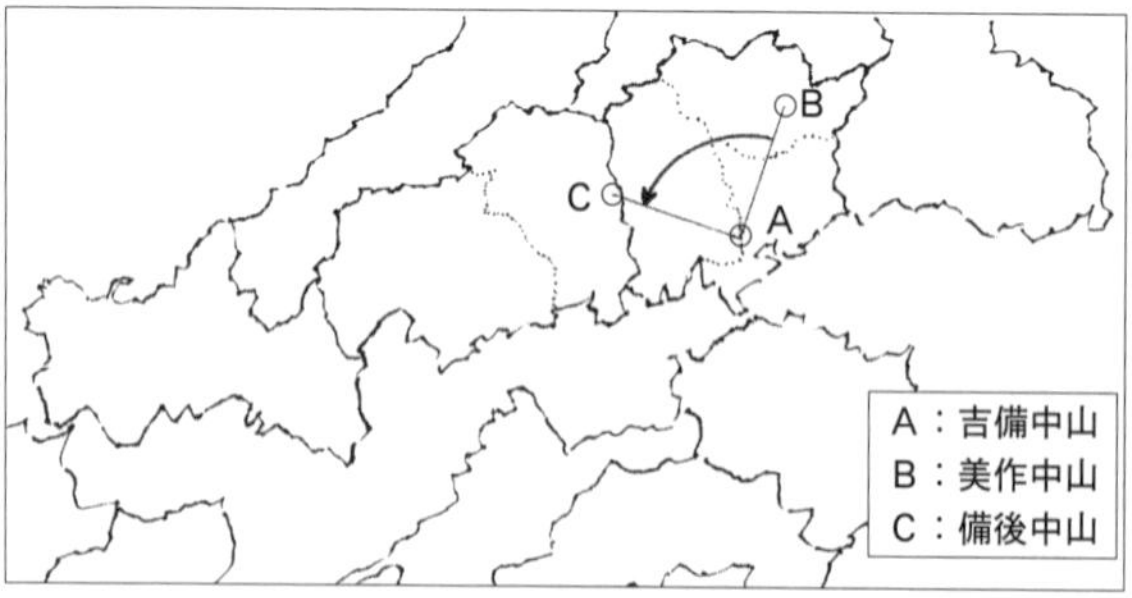

美作中山Bと対称をなす備後中山C

図に見るように、備中中山（A）から美作の中山（B）まで直線距離にして約四二キロメートル、その距離をそのまま、備中中山（A）を起点として西に九十度移動させると備後の中山（C）、私たちの郷土に突き当たります。これは偶然でしょうか。

このようにして有木氏は、その勢力を拡大していきました。現在も、備中・備前の吉備津（彦）神社をはじめ美作中山神社、備後吉備津神社の周辺住民・氏子の中に有木姓を名乗る人たちが住んでいます。

# 第八章　吉備の物語（一）

吉備に関連する物語の中から、代表的なもの、また有木氏に関わるものをつぎに掲げます。読んでみましょう。

## 吉備津の釜

上田秋成『雨月物語』「吉備津の釜」の粗筋

吉備の国の賀陽郡《かやのこおり》の庭妹《にいせ》の里（岡山市北区庭瀬）に伊沢庄太夫という豪農がいました。一人息子の正太郎は生まれつき百姓嫌い、酒色《しゅしょく》に心を乱した放蕩《ほうとう》息子でした。両親はどうにかして良家の娘をめとったなら、身持ちも自然におさまるかもと嫁探しをしていました。幸い仲人が良縁を持って来ました。話はすぐにまとまり、吉日に婚礼の式を挙げることになりました。

行く末の幸福を神に祈るために、伊沢の両親は吉備津神社の神前でお湯を奉る儀式を行い、お供え物をして吉凶を占ってもらおうと思い神社へ出向きました。お釜殿で両親を侍らせて神主が祝詞《のりと》を読み終わると、湯がくらくらわき上がりました。神が加納した願いには、牛が吠えるように釜が大きく鳴りますが、反対の時は少しも鳴らないと言われています。これを吉備津の釜祓《ばら》いと呼びます。こんどの縁は、神の御心に叶わないのか、虫のか細い声ほども釜は鳴らなかったのです。

「お釜の音が聞こえなかったのは、巫女たちが穢れていたためでしょう。もう結納《ゆいのう》も納めたことだし、当人たちも婚礼の日を待ちわびていることだし」と親たちは考え、目出度く婚礼が行われました。

新妻の磯良《いそら》は、正太郎に嫁いで来てから、舅姑《しゅうとしゅうとめ》によく仕え夫に心を尽くしたので、伊沢夫婦も満足し、正太郎も磯良と睦まじく語らいました。けれども生来の浮気根性が出てきて、正太郎はいつのころからか鞆の津（広島県福山市の港）の袖《そで》という遊女に深くなじみ、ついに家に帰って来なくなってしまいました。磯良はこれを恨み諫《いさ》め嘆きましたが、正太郎はまったくうわの空。磯良はついに重い病の床に臥《ふ》し、日に日に衰え命もおぼつかない有様でした。太郎と袖は播磨国印南郡《いなみのこおり》荒井の里のあばら屋に住みました。ところが袖は病みづいて臥せるようになり、正太郎が懸命に看病したにもかかわらず、袖は七日目に死んでしまいました。正太郎は天を仰ぎ、地を叩いて泣き悲しみました。納骨をすませ、同じ墓地で出会った女の話に正太郎は心をひかれ、その家までついて行きました。その家の女あるじが正太郎を見るなり「不思議にもまたお逢いしましたね。あなたの辛いお仕打ちの報いは、かならず思い知らせずにはおきませぬ」と言いました。よく見ると、まぎれもなく故郷に残した磯良の顔。青ざめた顔、目の色凄く骨立った手に、正太郎は気を失います。正気づいて見ると、お堂に仏像が一基立っていました。

　正太郎が家に走り帰って彦六に子細を話すと、「神仏に祈るのが一番、占い師に身を清めてお守りをいただいて来ましょう」と誘うので、占い師に経緯を話して占ってもらいました。占い師は、先に女（袖）の命を奪っても磯良の恨みがなお執念深く、正太郎の命も明日明後日に迫っている、四十二日間慎重に物忌みしたら九死に一生を得るかも知れないと言います。そこで正太郎は、朱札のお守りを門に貼り、ひたすら物忌みにこもりました。真夜中に「ああにくい、ここにも尊いお札が貼ってある！」と女の声。その四十日は千年も月日が経ったようでした。あの死霊《しりょう》も夜ごと家をめぐり歩き、怒り恨む声は凄まじさを増すばかり。こうして四十二日の終わりの夜を迎えました。あと一夜、特に慎んで過ごし、ようやく空もしらじらと明けてきました。正太郎の呼ぶ声に彦六が戸を半分ほど開けた時、何かが起こって正太郎の「うわっ」と叫ぶのが聞こえ、彦六が飛び出してみると、明けたはずの夜はまだ暗く月が中空にかかっていました。彦六が正太郎の家に行ってみると、戸は開いてどこにも人影はありません。戸の脇の壁に生々しい血が注ぎ流れて、地面までつたわっていました。正太郎の死骸も骨も見えません。月明かりに透かして見ると、男のもとどりだけが軒にぶら下がって残っていました。

　このことを伊沢と磯良の家にも知らせました。占い師の言葉はよくあたったこと、かの吉備津の御釜祓いのお告げが少しも違わなかったこと、まことに尊いことであると聞き伝えた人は語り合いました。

（注）上《うえ》田《だ》秋成《あきなり》　江戸後期の国学者（一七三四―一八〇九）。青年期、よく遊びよく学び、俳諧・

漢学・国学などを身につけ、文芸活動に入りました。安永五年（一七七六）、『雨月物語』公刊、五巻九話構成。

吉備津神社の鳴釜神事　釜の鳴る音の大小、長短、高低などで神意が分かると信じられています。

### 桃太郎の話

**『桃太郎』**（千葉幹夫、（画）齋藤五百枝、二〇〇一）より（平仮名は適宜漢字に変換）

むかし昔のことです。

あるところに、お爺さんとお婆さんがいました。毎日、お爺さんは山へ柴刈りに、お婆さんは川へ洗濯に行っていました。

ある日のこと、お婆さんが川で洗濯をしていると、大きな桃が、どんぶりこっこ　すっこっこ　どんぶりこっこ　すっこっこ　と、流れて来ました。お婆さんは、桃を手ばやく拾い上げました。

「これはおいしそうな桃だ。はやく家にもどって、お爺さんと二人で食べることにしましょう。」

お婆さんは、にこにこしながら、桃をたらいに入れました。

山からもどったお爺さんも、

「これはりっぱな桃だ。」と、大喜びです。

さっそく、台所から包丁を持って来ました。そして、桃を切ろうとしたときです。桃が、ぱっと二つに割れて、中から、かわいい男の子がとび出して来ました。

「おやおや。」「まあまあ。」

二人は驚いて、思わず声をあげました。でも、二人は子どもがほしいと思っていたので、大喜びで、うぶ湯を使わせようとしました。ところが、男の子は、いきなり、うぶ湯を入れたたらいを、頭の上まで持ち上げたのです。

お爺さんとお婆さんは、桃から生まれた男の子に、桃太郎と名前をつけました。桃太郎はとても力持ちで、大人でも動かせない大石を、簡単に持ち上げます。相撲をとれば、村でかなう人はいません。心も優しくて、お爺さんやお婆さんの肩を、いつも叩いてあげるのでした。

桃太郎が立派な若者になったころ、鬼が島の鬼たちが、乱暴を働いていたり、物を奪ったりしているという話が、あちこちから聞こえてきました。ある日、桃太郎はお爺さんとお婆さんの前に手をついて、お願いをしました。

「わたしは鬼が島に行って、鬼を退治して来ようと思います。」

桃太郎なら、きっと鬼退治ができると、二人はこころよく、願いを聞き入れました。

「旅の途中の食べものに、日本一のきびだんごを作ってあげよう。」お婆さんはそう言って、きびだんごをたくさん作りました。お爺さんは、桃太郎の支度を手伝います。桃太郎は鎧《よろい》を着て、腰に刀をさしました。桃太郎は、きびだんごを入れた袋を腰に着け、いよいよ出発です。

備後吉備津神社境内に立つ
桃から生まれた桃太郎

「では、行ってまいります。」桃太郎は、元気に手を振ります。

「怪我のないように、気をつけてな。」お爺さんとお婆さんは、いつまでも手を振って、見送りました。

桃太郎が山道にさしかかると、一匹の犬がかけて来ました。

「桃太郎さん、桃太郎さん、いったい、どちらにお出かけですか。」

「鬼が島に、鬼退治に。」

「お腰に着けたのは、なんですか。」

「日本一のきびだんご。」

「一つください、お供します。」

きびだんごをもらって、犬は桃太郎のお供になりました。

山を下りると、一匹の猿が現れました。猿も、犬と同じように、きびだんごをもらって、桃太郎のお供をすることになりました。これを見ていた犬が、怒って言いました。

「猿など、戦の役に立つものか。」

すると、猿も叫びました。

「犬こそ、鬼の顔を見たら、まっ先に逃げだすだろう。」

桃太郎は、犬と猿に、

「仲間同士が喧嘩をしていては、戦はできないぞ。」と、言い聞かせました。

しばらく行くと、野原に出ました。そこに、一羽の雉が飛んで来ました。

「桃太郎さん、桃太郎さん、いったいどちらにお出かけですか。」

「鬼が島に、鬼退治に。」

「お腰に着けたのは、なんですか。」

「日本一のきびだんご。」

「一つください、お供します。」

こうして、桃太郎は犬、猿、雉を従えて、ずんずん道を進んで行きました。

桃太郎たちは、やがて海に出ました。そこで船を用意して、みんなで乗り込みました。

「わたしが船を漕ぎましょう。」犬はそう言って、櫂《かい》を取り、力強く漕ぎだしました。

「わたしは舵《かじ》を取ります。」猿は、舵を握りました。すると、雉は、

「わたしは見張り役をしましょう。」と言いました。

海は静かで、気持ちよい風が吹いています。船は、どんどん進んで行きました。なん日も、なん日も、船は海の上を走りました。とつぜん、雉が大声を上げました。

「鬼が島が見えます。」

桃太郎が立ち上がって見ると、たしかに、はるか向こうに、島が見えました。

「もう一息だ。がんばれ。」桃太郎は、そう言って犬を励ましました。犬は、いっそう力を込めて、船を漕ぎます。

岡山駅前に建つ桃太郎像

鬼が島では、鬼たちが、岩の上で遊んでいました。その中の一匹が、とつぜん、立ち上がって叫びました。

「へんな船が、こっちにやって来るぞ。」

黄色の鬼が、城にもどって、遠めがねを持って来ました。

「うーん、若い男と、犬、猿、雉が乗っている。きっと、この島に攻め込んで来るにちがいない。すぐに親分に知らせろ。」

「大変です。強そうな若者がこの島に攻め込んで来ます。」青鬼が、慌《あわ》てて鬼の親分に知らせました。しかし、親分はどっしりと構えて、少しも慌てません。ぎょろりと目をむいて、言いました。

「どんな奴が来ても、わしが金棒で吹っ飛ばしてやる。お前たちは、みんな、城に入って、門を閉めておけ。」

船が鬼が島に着くと、犬がまっ先に門まで走りました。そして、

「桃太郎さまが、お前たちを退治に来たぞ。門を開けろ。」と叫びました。雉は、門の内側に飛んで行って、門番の鬼の目をつついて追い払い、さっと門を開きます。桃太郎と犬、猿は、城の中に踊り込みました。奥からたくさんの鬼たちが跳びだして来ました。犬は鬼の足に噛みつき、猿は顔をひっかきます。雉は鬼の目をねらって、つつき回ります。

「痛い、痛い。」鬼たちは逃げ回りました。

この様子を見て、鬼の親分が金棒を持って、跳び出して来ました。鬼の親分は金棒をぶんぶんと振り回して、桃太郎に打ちかかりました。桃太郎は、ひらりひらりと身をかわします。親分は、最

後には疲れ果てて、桃太郎に金棒を叩き落とされてしまいました。桃太郎は、鬼の親分を地面に組み伏せて、言いました。

「まだ悪いことをするなら、この首を取るぞ。」

鬼の親分は、さんごや、打ち出の小槌など、たくさんの宝物を桃太郎にさし出して言いました。

「もう、けっして悪いことはいたしません。そのしるしに、この宝物をお受け取りください。」

桃太郎は、鬼たちを許してやることにしました。

桃太郎は、宝物を残らず船に積み込むと、鬼が島を離れました。降参した鬼たちは、みんな桃太郎たちの船を見送ります。船は静かな海の上を、滑るように進んで行きました。船が陸に着くと、宝物を車に積み替えました。犬が車を曳き、猿が後押しをします。雉は綱を引きました。

犬、猿、雉は、

「えんやらや、えんやらや。」と声を合わせます。

桃太郎も扇をひろげて、

「えんやらや、えんやらや。」とかけ声をかけます。

桃太郎の家では、お爺さんとお婆さんが、首を長くして、桃太郎の帰りを待っていました。

やがて、

「えんやらや、えんやらや。」という、勇ましいかけ声とともに、桃太郎たちが帰って来ました。

お爺さんとお婆さんは、お土産の宝物を見て、驚いたり、喜んだり。みんなで、無事を祝って、宝物を分け合いました。

［武士田忠の解説］

桃太郎の話は、東北地方から九州まで、日本全国に広く分布している。

日本の昔話の中でも代表的な話であり、たいへん親しまれていた桃太郎は、明治期以降、盛んに児童向けに再話され、時代のイデオロギーに左右され、変化してきた。

明治時代は皇国の子として描かれ、大正デモクラシー期の児童主義の時代には童心の子として描かれてきた。特に戦前の軍国主義の下では、鬼畜米英を征伐する正義の子として描かれた。その姿は、日本男子の代表であり、すなわち、りりしい若武者姿でなければならなかった。……戦前に出版されたこの講談社の絵本『桃太郎』によって若武者姿の桃太郎のイメージは完全に定着したといっても過言ではない。

ここに出てくる桃太郎は、力持ち、優しい思いやりのある男の子、勇ましい若武者、理想的な男の子です。

古くから日本では、丑寅の方角（北東）を鬼門《きもん》と呼び、悪いものが入って来る方角として忌み嫌いましたが、その悪いもののイメージを具現化するのに牛（丑）の角《つの》、虎（寅）の皮のふんどしを身につけた鬼の姿が作られたのです。

日本には、古くから鬼門に桃の木を植えて悪いものが家に入って来るのを防ぐという風習があります。桃には邪気を払う霊的な力があるといいます。また、桃太郎に従う犬（戌）、猿（申）、雉

（酉）も方角を十二支で表した場合に鬼門（丑寅）の対極の方角になる動物たちであるといいます。

**ももたろう**　松居　直、（画）赤羽末吉『ももたろう』のあらすじ（福音館書店、一九六五）

むかし、ある所に、おじいさんとおばあさんが住んでいた。おじいさんは山へ芝刈りに、おばあさんは川へ洗濯に。おばあさんが川で洗濯をしていると、桃が流れてきた。おばあさんはそれを拾って食べてみると美味しかったので、おじいさんにも食べさせてあげたいと思い「うーまい　ももっこ　こっちゃこい。にーがい　ももっこ　あっちゃゆけ」と言うと、大きいうまそうな桃が流れてきた。それを拾って帰った。

二人が桃を割ろうとすると、桃がじゃくっと割れて、可愛い男の子が生まれる。桃太郎と名づける。桃太郎は、ごはんを一杯食べると一杯だけ、二杯食べると二杯だけ、三杯食べると三杯だけ大きくなる。一を教えれば十まで分かるかしこい子で力持ち。

ある日、一羽の鳥が桃太郎の家の庭に来て「おにがしまのおにがきて、あっちゃむらでこめとった。があーがあー、こっちゃむらでしおとった。があーがあー、ひめをさろうておにがしま。があーがあー」と鳴く。それを聞いて桃太郎は、鬼が島へ鬼退治に行きたいと言って頼む。おじいさん、おばあさんは仕方なく了解。日本一のきびだんごを腰につけさせ、新しい鉢巻に袴《はかま》をはかせ刀を差させて、日本一の桃太郎と書いた旗を持たせ見送る。

犬、猿、雉にきびだんごをやりお供にする。きびだんごを食べれば十人力。桃太郎たちは鬼が島を目指して、山越え谷越え海越え鬼が島に着く。

門を開けて攻め込む。いよいよ鬼が島での戦い。鬼の大将は酒盛りの真っ最中、「ももたろうがなんだ」と馬鹿にしていたが、桃太郎たちはきびだんごをどっさり食べていたので何百人力、鬼どもを片っ端からやっつけてしまう。

鬼の大将は大きな目から涙を流し宝物を出して命乞いをする。桃太郎は、「たからものはいらん。おひめさまをかえせ。」と言って、お姫様を助け出し、おじいさん、おばあさんの所へ帰ってくる。それからは鬼どもは出なくなり、桃太郎はお姫様をお嫁にもらって、おじいさん、おばあさんといつまでも幸せに暮らしたそうな。めでたし　めでたし。

この松居直の『ももたろう』は、お婆さんが流れてきた桃を食べてみると美味しかったので、お爺さんにも食べさせたいと思い呼びかけると、大きいうまそうな桃が流れてきたこと、桃から生まれた桃太郎は、力持ちの上に賢い子に育ったこと、鬼ヶ島の鬼が悪さをしていることを一羽の鳥が教えたこと、鬼ヶ島で鬼退治をした桃太郎に鬼の大将がお詫びのしるしに差し出した宝物は受け取らず、代わりにお姫様を助け出したこと、桃太郎はお姫様をお嫁にもらって幸せに暮らしたことなどが、特徴的なことです。

**ももたろう**　竹崎有斐、（絵）渡辺三郎『ももたろう』のあらすじ（偕成社、一九九〇）

むかし、とんと昔。ある所にじいさまとばあさまが住んでいた。じいさまは毎日山へ薪を取りに、ばあさまは川へ洗濯に行って、仲良く暮らしていた。ばあさまが川で洗濯をしていると、桃が流れてきた。ばあさまが拾い上げて食べてみるとなんと美味しいこと。「こりゃあ、じいさまにも食べさせてあげたいものじゃ。」と思い、もう一つ流れてこいと呼ぶと大きな桃が流れてくる。持ち帰って包丁で切ろうとすると、二つに割れて元気な男の子が生まれる。桃太郎と名前をつける。

やがて立派な若者になる。ところが、桃太郎は食っちゃあ寝、食っちゃあ寝の毎日。山仕事も畑仕事もしない。「困ったものだ。若いものが　ごろごろ寝てばっかりおっては　どうにもならん。」心配なじいさまとばあさま。村の若い衆に山仕事に誘ってもらっても、なんだかんだと言って断る。ばあさまが怒って「ももたろうよ、みんなが　親切に　誘ってくれるのに、断ったら　悪いだろう。ちっとは　働きなされ。」と言う。「そんなら、ちょっと　働いてくるか。」と言ってみんなと山に行く。みんなは薪を取って働いているのに、桃太郎はぐうすか寝てばかり。「ももたろうさん、おらたちは　これで　帰るが、あんたは　まだ　寝ているかね。」「ちょっと、待っとってくれ。」と、桃太郎はそばの大木に組みついて「えい　やっ。」と、根っこから引き抜き、それを担いで山を下りて行く。ばあさまはその大木を見て肝をつぶす。「そんな　大木を　へたに　置かれたら　家がつぶれる。」桃太郎は、仕方なく、その大木を谷川へ投げ捨てる。

力持ちの桃太郎のことが殿様の耳に入って、鬼退治を頼まれる。じいさまとばあさまの作ってくれた日本一のきびだんごを持って、桃太郎は鬼が島へ出かける。犬、猿、雉にきびだんごを半分ずつやって（残りの半分は自分が食べ）お供にする。桃太郎たちは船に乗って鬼が島を目指し目的地に着く。門を開け「それいけ　せめこめ。」桃太郎の掛け声。桃太郎たちは日本一のきびだんごを食べて強くなっている。犬は噛みつき回り、猿はひっかき散らし、雉は目玉をつっつき鬼どもを追い散らす。桃太郎は逃げる鬼を捕まえては投げ、捕まえては投げて、みんなやっつける。「もう、決っして悪さはいたしません。命ばかりはお助けください。」鬼たちは宝物を差し出して謝る。
宝物を車に積んで、犬、猿、雉がえんやえんやと引っ張って、桃太郎はじいさま、ばあさまの所へ帰る。

竹崎有斐の『桃太郎』に登場する桃太郎は、「食っちゃあ寝、食っちゃあ寝の毎日」を送り山仕事も畑仕事もしない怠け者のように描かれています。でも力持ちで、殿様から鬼退治を命ぜられ任務を果たして帰って来ます。
「桃太郎」の話は日本各地に伝わっていますが、現在、絵本などで親しまれている話は、岡山県総社の鬼ノ城に住んでいた温羅を吉備津彦命が退治したという伝説がもとになったと考えられていますが……。

岩手県紫波郡地方で語られる「**桃太郎**」のあらすじ
お父とお母が花見に行き、弁当を食べようと休んでいると、桃が一つお母の腰もとに転がって来ました。お母がそれを拾って帰り、綿にくるんで寝床に置いていたら、桃が割れて子供が生まれました。二人は「桃ノ子太郎」と名前をつけました。
桃ノ子太郎がだんだん大きくなったある日のこと、お父とお母が畠に出て行き、桃ノ子太郎が留守番をしていました。すると、背戸の柿の木に鳥が飛んで来て、「地獄からの手紙を持って来たよ」

と鳴きました。手紙は鬼からのもので、「日本一のきびだんごを持って来てくれ」と書いてありました。太郎は、お父とお母にこのことを話して、きびだんごをこしらえてもらい、地獄へ出かけて行きました。

地獄の門をたたくと、鬼どもが出て来て、「きびだんご一つごもっとも」と言うのです。太郎がきびだんごを一つずつやると、鬼どもはそれを貪り食って、そのうち酔って寝てしまいました。その間に、桃ノ子太郎は、地獄に連れ去られたお姫さまを車に乗せて逃げました。鬼どもが目を覚まして火車で追いかけて来ましたが、桃ノ子太郎とお姫さまはもう海の沖へ出て行っていました。お姫さまを無事連れて帰ることができました。このことがお殿さまに聞こえ、桃ノ子太郎はお金をもらって長者になったとか（『日本伝奇伝説大事典』より）。

従来の「桃太郎」とは、随分違う話ですね。家来もいませんから鬼と戦うこともしない桃太郎、でもきびだんごのお陰でお姫さまを救出し長者になった桃太郎でした。

**牛頭天王《ごずてんのう》**（素盞嗚尊に比定されます）

牛頭天王は、頭に黄牛の二本の尖って真っ直ぐな角《つの》を生やし夜叉《やしゃ》のようで、その勢いは強く盛んで、身の丈は長大、容貌は比類無く他と異なり普通でなく、賢くて思いやりのある高貴な皇帝の様相でした。天王は、政治を厳に怠らないので、国は豊饒《ほうじょう》でした。しかし、世に類無く長大なお身体のため、后宮《きさきのみや》がありませんでした。臣民は皆これを嘆いて言いました。「君は賢明にして政治を怠

素盞嗚尊（神代神楽八ヶ社）

らず、民は豊かに暮らし、五日も風は吹かず、十日も雨は降り続かず、五穀も種をまかずに生えてきて、珍しいものも求めずして集まってくる。だけど后宮がないので後の世の楽しみがない」と。その時、空から青鳥が降りて来て、天王の前の木に止まりました。その鳥の姿は翡翠《ひすい》のようで、声は鳩に似ていて瑠璃鳥《るりちょう》という名でした。その鳥が、囀《さえず》り言いました。「私は天帝の使いです。あなたは元は、天にいて天刑星という名でした。私は毘首羅《びすら》太子です。あなたと私は親しくて命を共にする間柄です。私は天帝に仕える一羽の鳥、私たちは両輪のような関係です。あなたは信敬《しんきょう》の志が深いために、下生《げしょう》して万民を助け王位を授かるのです。ところが后宮采女《うねめ》がいません。だから天帝が私にあなたに教えさせているのです。ここより遙か南海に、竜王宮があります。そこに三人の美女がいます。二人は、既に、北海の竜宮に嫁いでいます。三人目の女は頗梨采女《はりうねめ》という名前です。黄金の美しさで花の粧《よそお》い、月桂樹の花を写したような姿です。あなたはその采女を娶《めと》りなさい」と言って飛び去り、天に帰り昇りました。天王は、大いに悦び、車馬を調え多くの者を従え南海に赴こうと道を急ぎました。その国は南方にあって夜叉国といいました。ここに来て日が西に傾いてきました。そこに巨旦将来《こたんしょうらい》の城郭がありました……つぎの「蘇民将来《そみんしょうらい》と祇園神社」の話へつながります。（夜叉の国は今の備後の国です。巨旦の城郭の跡は品治郡戸手村（福山市新市町戸出）にあり、今の素盞嗚神社の北の方角の山にあります）（『備後叢書四』）。

## 蘇民将来と祇園神社

蘇民将来《そみんしょうらい》（『備後叢書四』）

昔、疫隅《えぐま》の里（福山市新市町）に、蘇民《そみん》将来と巨旦《こたん》将来の二人の兄弟がいました。兄の蘇民は、貧乏でしたが思いやりのある優しい人でした。弟の巨旦は金持ちでケチな人でした。素盞嗚尊《すさのおのみこと》が巨旦に一夜の宿を頼みましたが、巨旦は固くそれを断って許しませんでした。そこで蘇民が素盞嗚尊の前に出向いて、宿を申し出ました。蘇民が粗末でしたが粟飯でもてなすと、素盞嗚尊は大変喜びました。その後、素盞嗚尊は南海へと行き、ある娘と結婚しました。年月が経ったある日、八人の子どもを連れて蘇民が住んでいる所へ帰ってきました。しかし、その土地では疫病が流行《はや》り、多くの人たちが亡くなっていました。素盞嗚尊は、以前の恩恵に報いようと、蘇民の家族に茅の輪《ちのわ》を腰につけさせました。そのため疫病の災いは蘇民の家には及びませんでした。素盞嗚尊は、この後、疫病が世に流行したならば、「我は蘇民将来の子孫なり」と言って、茅の輪を腰につけたならその災いを免れるだろうと教えました。後に、蘇民は祠を建て、素盞嗚尊をそこに祀りました。それ以降、数千年を経ても、人々はなお素盞嗚尊を江熊の大王と崇敬し、国家の鎮護と仰ぎ祀っていて、その神威は日々に増し霊験《れいけん》真にあらたかで、郷里の人たちはそのお陰を受けています。

### 小童《ひち》の話

素盞嗚尊が出雲国と伯耆国と吉備の国の境、鳥上《とりかみ》が峰に行かれた時、簸《ひ》の川上から泣き声が聞こえてきました。その声をたよりに川上に訊ね上がると、吉備と出雲の境で鳥上山の西にある油託山の麓で、沼の傍で夫婦が小童を中にして撫でさすって泣いていました。尊が見ると、その小童は容貌がきららかで、いやしくもなく、普通の子とも見えません。尊は尋ねました。

「お前たちは何者であるか。何で泣いているのか。」

それに答えて、

「私はこの所の主で、名は脚摩乳《あしなづち》、妻の名は手摩乳《てなづち》、この小童は稲田姫《いなだひめ》と申します。この東の山の鳥上山の峰には小さいが大変深い湖があります。その水は乾くこともなく、減ったり増したりすることもありません。西の油託山より滴る水がこの所に集まり、鳥上の湖水が流れ来て二つの水が合流して沼となっています。児が沼と言います。この沼の水が北と南に流れ出て、北を流れるのをひの川といいます。その川の谷に大きな淵があります。これを天淵といいます。東の方に岩窟があります。そこに大蛇がいるんです。頭と尾が各々八つあり、八岐《やまた》の大蛇《おろち》といいます。この大蛇は冬は岩窟に潜《ひそ》んでおり、夏は天淵に出て、鳥上山の湖水や沼に出て国人を取り食うので、祭りをして年に一度生贄《いけにえ》を供えるのです。私に八人の子がありましたが、去年までに七人が大蛇に呑まれました。今この小童一人が残りました。今年もまた厄に当たり、逃れる術《すべ》がありません。この子はやがて呑まれてしまうのです。」

と泣き叫びます。

奇稲田姫（神代神楽八ヶ社）

尊が言いました。

「ならばその小童を我にくれよ。養って私の妻にしたい。私は天照大神の弟の素盞嗚尊である。」

父母はたいそう喜び言いました。

「この小童を尊さまに喜んで差しあげます。」

尊は、それより小童を吉備の西辺の小童《ひち》の祇園へ引き取りました。昔は少女を「ひち」と言いました。これが縁でその所の名となったと伝わります。

八重垣を結び、姫を手摩乳《てなづち》に守らせ、尊は脚摩乳をつれて出雲の地に行きました。脚摩乳に酒を醸《かも》させ、八つの瓶槽《かめおけ》に酒を入れたたえ、艾《よもぎ》で小童の形を作り、これを東の丘に置いて待っていました。大蛇がやがて出て来ました。見ると頭と尾が八つあり、眼は極めて赤く、二つの鏡を懸けて十六の鏡を並べたように輝いていました。近くの山々を這いわたり、その背には松が生い茂り、まことに山が動き出たようでした。大蛇はその所に来て、酒の臭いに誘われ瓶《かめ》の所に行きます。小童の姿がそれぞれの瓶に見えています。八つの頭を八つの瓶槽に垂れ入れて、これをがっぷがっぷと飲みます。飲み終わり、酔って眠っているところを、尊は、十握《とつか》の剣を抜いて走り寄り、大蛇をずたずたに斬りつけました。その尾を斬った時、剣の刃が少しかけたので、その尾を割り裂いてみると、剣がありました。何ともあやしい剣でした。尊は玄孫《げんそん》（孫の孫）の天葺根神《あまのふきねのかみ》に命じて、これを天神に捧げさせました。天神はこれを見て「これは昔失った村雲の剣であるよ」と大いに悦ばれました。後に、天孫が御降臨の折に、お譲りなされ、百王の後までも天子の御宝、三種の神宝の一つと聞いています。

斬り裂かれた大蛇の骸《むくろ》は、あの簸川《ひのかわ》に押し流されると、その血が河水に浸って簸川が血となって七日七夜流れたそうです。

尊が居られた夜叉国は、備後の国とかいいます。そこは今の世羅郡小童村（現在の広島県三次市甲奴町小童）です。ここで小童を養い育てた跡であるということで、ひち村といいます。

そこに尊は八王子を祭り、小童の祇園と言いました（『備後叢書四』）。

広島県三次市甲奴町小童に、須佐神社、通称「小童のぎおんさん」という神社があり、素戔嗚尊を祀っています。もとは祇園社と称し、備後三社祇園の一つで備後北部五郡に広く尊崇を集めてきました。

# 第九章　楠木正成と桜山慈俊と有木氏

## 楠木正成

南北朝時代の武将、河内の土豪である楠木正成《まさしげ》について、その生涯の大筋を見ましょう。楠木正成（一二九四―一三三六）は、元弘元年（一三三一）、鎌倉幕府の悪政を退けようとする後醍醐天皇の意向に応じて兵を挙げ、千早城に立てこもって幕府の大軍と戦い、建武政権下で河内の国司と守護を兼ね、和泉《いずみ》の守護ともなりました。後に九州から東上した足利尊氏の軍と戦い、湊川で敗死しました。大楠公と呼ばれ親しまれています。

正成は、永仁二年（一二九四）、河内国赤坂の里（大阪府南河内郡千早赤阪村）で誕生し、幼名を多聞丸《たもんまる》、後に兵衛尉《ひょうえのじょう》と称しました。父は楠木正遠《まさとお》（父の名は、正遠、正康、正澄と諸説あります）と伝えられます。大阪府河内長野市にある観心寺は楠木一族の菩提寺ですが、正成が八歳から十五歳まで、ここで僧の龍覚から学問を修めたと伝えられています。

その後、正成は父の勧めで大江匡房《まさふさ》の子孫で安芸毛利氏の祖となった大江時親《ときちか》に兵法を教わったといいます。少年時代の正成は数年間、観心寺から約八キロの道程を一日も休まず通ったといいます。

備後の桜山慈俊《これとし》が正成の兵法の師であるとの説があります。大江時親は安芸毛利の祖ですが、桜山慈俊が毛利と何らかの関係があったのであれば、正成が慈俊に兵法を教わった可能性もありましょう。

正成が二十一歳の時、父正澄がなくなり、赤坂の城主となって地方武士の棟梁として一族を率いていました。元弘二年（一三三二）、正成は金剛山中腹に千早城を築きました。城は非常に小規模で簡素な、いわば掘っ建て小屋に柵を巡らせた程度でしたが、それでも鉄壁の城でした。鉄壁の基には正成の優れた知略があり、敵を寄せ付けない迷路のような地形があり、なんと言っても正成が十六歳で元服してから二十数年間愛撫し恩恵を施した領民の信望が厚かったことがあります。

『太平記』によると、倒幕を目指す後醍醐天皇は元弘元年（一三三一）、笠置山（京都府笠置町）に行幸し、そこで夢を見ました。「大いなる常葉木《ときはぎ》ありて、緑陰茂りて南へ指したる枝ことに栄え蔓《はびこ》れり」と。常葉木の「木」に南へ指すの「南」を合わせ書けば、「楠」となります。天皇は、京や笠置から見て南の河内に楠木正成という武士がいることを知ると、直ちに呼び寄せました。天皇の意を知った正成は、こう返答しました。「正成一人いまだ生きてありと聞こし食《め》し候はば、聖運《そうら》はついに開くべしと思《おぼ》し召《め》し候へ」と。どんなに鎌倉幕府の大軍に攻められても、正成が生きて死なない限り、倒幕という帝の目的は必ずかなうと思し召せという力強い言葉でありました。

鎌倉幕府の世をどうにかしなければとの考えで、正成と後醍醐天皇とは同じ方向を向いていました。天皇に召された正成は、下赤坂城を退くにあたって、自分らしい死体を用意して城を焼きました。『太平記』は記しています。

「あなあはれや。正成早や自害をしけり。敵ながら、弓矢取って尋常に死にたるものかなと、誉めぬ人こそなかりけれ」

正成を敗死させたと思いこみ、後醍醐天皇を隠岐に流したことで、幕府には明らかに油断があり、その間隙を縫って倒幕の戦いが本格化していきました。鎌倉幕府軍の大軍が、皇子護良《もりよし》親王が籠もる吉野と、正成が築いた上赤坂城と千早城に向かいました。上赤坂城には、正成の老臣、平野将監《しょうげん》が守り、正成は千早城にいました。幕府の大軍は深い堀に走り下り、はい上がって城壁に取りつこうとしました。楠木勢は、矢の雨を降らせて戦いました。しかし、上赤坂城は水を断たれて開城しました。吉野も陥落させた幕府軍は、正成がつめていた千早城へ殺到してきました。敵は数万の大軍、正成の手勢は千人足らずの小勢。楠木軍は、大石を落として盾を砕き、さんざんに矢を浴びせかけ、油を注いで火矢を放ち焼き落としました。

正成は、千早城で幕府の大軍との百日を超える長期籠城戦に勝ち抜きました。勝因は、正成の知謀の上に、味方する百姓たちのお陰で水や兵糧に困らなかったことがあったとか。

後醍醐天皇に召された場所は、山城（京都府）の笠置です。倒幕後、官軍として臨んだ戦場は摂津（大阪府と兵庫県）に多く、特に有名なのは桜井の駅（大阪府島本町）です。朝命を受けて、足利尊氏の大軍討伐に向かう途中、嫡子の正行《まさつら》を河内に帰し、父に代わって天皇に忠節を尽くすよう説いた場所です。「青葉茂れる桜井の／里のわたりの夕まぐれ／木《こ》の下蔭に駒とめて／世の行く末をつくづくと／忍ぶ鎧《よろい》の袖の上《え》に／散るは涙かはた露か」（文部省唱歌「桜井の決別」）。

後世、正成の末裔、楠木正具《まさとも》は、伊勢国（三重県）一志郡八田城にわずか七百人の手勢で立て籠もり、織田の将、滝川一益《かずます》の南進を食い止めました。「げに伊勢の楠（木）こそ、いくさにかけては鬼神よ」と信長に言わせ、攻撃の将を羽柴秀吉に代えさせたと伝わっています。

建水分《たけみくまり》神社（大阪府千早赤坂村）は、楠木氏の氏神です。「後醍醐天皇の御代、楠木正成が、山下にあった社を山頂に移し、神殿、仏閣、拝殿、幣殿、鐘楼、経蔵、楼門、等を造営寄進したといいます。

元弘三年（一三三三）、倒幕が成って、正成は摂津守に任ぜられました。その年に正成は寺社の造営に熱心に取り組んでいたことが垣間見えます。

建水分神社は、古来、金剛山鎮守とされる神社です。通称は、水分《すいぶん》神社です。中殿に天御中主《あめのみなかぬしの》神《かみ》を祭り、左殿と右殿に四柱の水神を祭っています。十代崇神天皇の御代に飢饉に備えて、金剛葛城の山麓に水分神が祭られたことを起源とします。

同神社は、本殿の中殿が春日造、左殿と右殿が流造という極めて珍しい構造になっています。

## 正成・正行父子の桜井の別れ

この桜井の別れに際しての言葉が、正成のものの考えや人となりをよく表しています。

後醍醐天皇は、楠木正成に、筑紫九カ国の軍勢を率いて上洛する足利尊氏を要害の地で防ぐために兵庫まで下り合戦するよう命じました。正成は、これが最後の合戦になると思い、供をしていた十一歳になる嫡男正行を桜井の宿から河内に帰し、その別れの時にあたり教訓として言いました。

「獅子は子を産んで三日たつと、数千丈の岩壁からこれを投げ落とすが、子には獅子の天性があるから、教えられなくても宙返りして死ぬことはないという。ましてや、お前はもう十歳を過ぎているのだから、私の一言が耳に残ったならば、この教訓にそむかないようにせよ。今度の合戦は天下分け目のものと思われるゆえ、この世でお前の顔を見るのもこれが最後だと思う。もし正成が討死したと聞いたなら、天下は必ず将軍尊氏の治世となるものと心得よ。しかし、たといそうなっても、しばしの命を助かろうために、長年にわたる忠義を捨てて降参して出るようなことがあってはならぬ。一族若党のうちひとりでも生き残っているうちは金剛山のあたりに立て籠り、敵がおし寄せて来たら、命を弓の名人養由《ようゆう》の矢面にさらす覚悟で、また忠義を漢の忠臣紀信に較べるほどに戦ってみよ。私にたいするお前の第一の孝行となろう」

泣く泣くこう言い聞かせて、父子は東と西へ別れて行ったのでした。（山崎正和（訳）『太平記下巻』、一九八八）。

楠木正成は、挙兵準備の一環として和泉国若松庄（大阪府堺市）に乱入し、兵糧米を徴発したため、悪党楠木兵衛尉と呼ばれました。赤坂城には、後醍醐天皇の皇子尊良《たかよし》親王、護良《もりよし》親王らも立てこもりましたが、鎌倉幕府の猛攻によって陥落させられました。元弘二年（一三三二）、護良親王が吉野で挙兵したのに応じて、正成も千早城（南河内郡千早赤坂村）で再挙しました。同年十二月、正成は赤坂城を占拠していた湯浅党を降して根拠地を奪回し、翌年一月には、和泉の守護軍、河内の守護代と戦ってこれらを駆逐し、南河内から和泉の地域を支配下に入れました。さらに、摂津に進撃して、四天王寺の合戦で、隅田《すだ》、高橋の両将が率いる六波羅軍を撃破しました。正成の行動に呼応して、畿内から西国にかけては、河野《こうの》水軍や赤松一族が反駁運動を展開し始めました。鎌倉幕府は、大仏《おさらぎ》家時らを大将とする大軍を西下させて、反幕行動を一挙に鎮圧しようとしました。このため、元弘三年二月には赤坂城が落ち、閏二月上旬には吉野の砦も壊滅しました。しかし、正成が立てこもった千早城は、鎌倉軍の猛攻に堪え続け、反幕府勢力結集の時を稼ぎ、後醍醐天皇の隠岐脱出、赤松則村（円心）らの六波羅攻撃を可能にしました。

建武元年（一三三四）建武政権の樹立とともに、従五位下検非違使、左衛門小尉《しょうじょう》に任ぜられ、河内・摂津の守護となりました。さらに、記録書の寄人《よりうど》、決断所の奉行にもなり、天皇の親任も厚く、天皇の身辺を警護しました。建武二年、中先代《なかせんだい》の乱を鎮圧するために鎌倉に向かった足利尊氏が、同年末新田義貞誅伐を名目に挙兵し京都に迫った時、正成は後醍醐天皇とともに叡山にこもって尊氏軍の糧道を絶つ一方、北畠顕家《あきいえ》軍と共同して、京都糺《ただす》の森において尊氏軍を破り、これを九州へ放追しました。しかし、延元元年（一三三六）五月、態勢を立て直して東上する尊氏軍と兵庫湊川《みなとがわ》（神戸市）において激戦の末敗北し、弟正季《まさすえ》とともに自刃しました。趨勢の洞察力、正確な判断力を持った武将でした（『大日本百科全書』）。

湊川神社は、神戸市中央区多聞通に鎮座しています。祭神は楠木正成（大楠公）、正季、正行（小楠公）、大楠公夫人以下一族殉難将士の霊を配祀しています。大楠公に対する尊敬の念は生前中にも見られましたが、特に明治維新以降より強く意識されてきています。

## 桜山慈俊の自害

『太平記』の巻三は、「桜山の自害」を伝えています。

正成と同じころ備後に旗あげした桜山四郎入道は、備後の国のほぼ半分を討ち従えて、次は備中へ打って出ようか、安芸の国を征服しようかと思案していた折、笠置の城もすでに落ち、楠木も自害してしまったとの風聞が伝わり、一時は味方についていた軍勢もみな離散してしまいました。そして、今やつねに行動を共にしてきた一族と永年仕えている若い家来ども二十余人だけが残っている有様でした。

人手にかかって屍《しかばね》を曝すよりはと考えて、備後の一宮吉備津神社へ参り、八歳になる可愛い盛りの子と、二十七になる永年連れ添った女房とを刺し殺し、社壇に火を放ち、自分も腹をかき切って、一族若武者二十三人みな灰となって死んでしまいました。

こともあろうに、社壇に火を放つとは。実は、この入道はこの社を長年深く信仰していて、社殿があまりにひどくいたんでいることを嘆いて、新たに社殿を造営したいとの大願を起こしたものの、ことはあまりにも大事業なので、志のみあって力が及びませんでした。この度、帝の御旗あげに味方したのも、ただこの大願を成就しようと思ったからでした。けれども神はそういう礼に背いた志はお受けにならなかったのか、願いも空しく今討ち死にしようとするのですが、「もし自分らがこの社を焼き払ったら、朝廷にしろ武家方にしろ、やむを得ず何とか新たな造営の命を下すであろう。わが身はたとえ地獄に落ち沈もうとも、この願いさえ成就すれば悔いはない」と、勇猛心を奮い立たせて社殿に火を放ち焼死したというのです。

（注）桜山慈俊《これとし》（？―一三三二）鎌倉後期の武将。名は四郎入道。有木氏と関係の深い備後国一宮吉備津神社（広島県福山市新市町宮内）の神官、宮氏の一族として、近隣の桜山に本拠を持ちました。元弘元年（一三三一）、元弘の変における楠木正成の挙兵に応じて、神社の南側丘陵上に築城し、七百余名の兵とともに立てこもりました。一時は備後のみならず備中、安芸へも進出しようとする勢いでしたが、笠置落城、後醍醐天皇捕縛の風聞を聞いて軍勢は離散、翌元弘二年、一族二十余名とともに吉備津神社に参り、妻子を刺殺、社殿に火をかけ自刃しました。現在神社周辺は「桜山慈俊挙兵伝説地」として国指定史跡となっています（『日本大百科全書』）。

## 桜山慈俊と楠木正成

『備後叢書四』は、桜山慈俊と楠木正成両者の関係をつぎのように伝えています。

桜山は、甲奴郡佐倉村の桜山城に居城した宮氏の一族です。父正盛は元応元年（一三一九）、備後甲奴郡地頭職に補せられ、新市町宮内の地に下向して桜山に城を築き居住しました。桜山四郎成正は、正盛の長男で、後に品治郡宮内村鳶尾《とびお》城に移り、入道して桜山四郎入道慈俊と名乗り、父に次いで甲奴郡地頭職に補せられました。

慈俊は、元来、軍学をよくし、厩戸《うまやど》皇太子（聖徳太子）の軍伝、鬼一法眼《きいちほうげん》、九郎判官義経の秘術を練熟していて世に軍学の師としての名声が聞こえていました。その頃、河内の国の楠木兵衛は軍学修行のため諸国を巡り歩いていましたが、桜山四郎成正が軍法に名が高いのを慕って、成正に会

櫻山神社（備後吉備津神社入り口傍にある）

いに来て軍学の門人となり、日夜熱心に学びました。楠木はもとより正直で剛勇、聡明で仁義に厚く、成正に父のように接し応えました。成正もまた誠心誠意軍法の奥義を伝え教え、楠木はここに一年ばかり逗留して練熟の域に達しました。楠木は師弟の関係をより深くしようと、桜山の名前の一字を戴きたいと言いました。桜山もその志に感心し、自分の名前の二字を与えて正成と名付けました。それからは楠木多聞兵衛尉正成と名乗り、死を共にしようと誓って楠木は国へ帰って行きました。その後、楠木は後醍醐天皇の勅を奉じ、義を唱え名を後世に留めましたが、ひとえに桜山の教えによるものだと言われています。成正は後に品治郡宮内に移り、天皇の勅に応じ、楠木と示し合わせて義の旗を挙げました。

桜山が兵を挙げたのは、朝廷を重んずる忠志からですが、楠木家との縁の深さ故でもあります。桜山と宮はもと同家の縁があり、後に楠木家が没してその家臣は宮氏に寓居しました。これも桜山と楠木の縁の深さによるものです。桜山は楠木の師でありながら、その功を尽くすことができず先に没しました。楠木正成が殊に吉備津宮を信心しましたのも、吉備津神が軍神である上に桜山の氏神であったからかも知れません。

## 桜山軍の神石地方の攻略と有木氏

『神石郡誌続編』によると、元弘元年（一三三一）八月二十四日の夜、後醍醐天皇は密かに皇居を出て南都東大寺に行幸、更に同月二十七日、笠置山に行啓、鎌倉幕府討伐の火蓋は切られましたが、これを守護する将士たちの健闘も空しく敗北の悲運を味わいました。

鎌倉幕府がある限り、完全な親政には到らず、人民の苦難をも意に介しない非政は益々悪化の有様でした。けれども幕府の勢力は、全国の武士階級に根強く植えつけられていました。

天皇は、先ず、これらの向背《こうはい》如何を探査するため、元亨三年（一三二三）密かに日野資朝《ひのすけとも》（神石郡日野郷を荘園として所有しました）・日野俊基《としもと》を召し、天皇に従う武士を訪ね歩くよう命じ、両日野氏は身を修験者に装い、資朝は東北に、俊基は西南地方に行脚の旅に出ました。

元弘元年（一三三一）九月九日に、天下に率先して北条討伐の大義の旗を挙げたのは、実に河内国の楠木正成であり、備後国の桜山慈俊、備前国児島高徳、伊予国の土居通増・得能通綱、筑後国菊池武時らでした。これらの人々は、日野俊基によって目を覚ました伏在《ふくざい》の（密かに隠れた）武士でした。

河内の赤坂城正成と備後国の宮内の桜山城慈俊が、東西相応じて挙兵号令したので、幕府は大いに狼狽しました。

桜山慈俊は、その子の桜山平太郎盛重を大将として、備後北部神石地方に進撃させ、備中地方の北条軍の討伐に当たらせ大奮戦を続けました。しかし、笠置や赤坂の各城の敗戦により、備後近辺の北条軍は急に勢力を挽回しました。中国筋の将兵は、続々帰国して、一挙に桜山軍に迫る戦況となりました。この時、神石郡近郡から桜山軍に加わった武士の中に、神石郡有木村中山城の有木中務丞頼弘がいました。その他、旧豊松村新庄山城の内藤河内守実豊《さねとよ》ほか、上野村、亀石村、高光村、福永村、父木野村、新坂村、永渡村、上村などの出身の多くの武将がいました。神石郡有木村中山城から旧芦品郡の綱引村の鳶ノ尾山城へ移り住んだ有木小次郎俊信もいました。

桜山慈俊は、その嫡子平太郎盛重を大将として神石郡に進撃させました。挙兵と同時に、桜山に応じた武将は、豊松村地頭職新庄山城主の内藤河内守実豊、隣村有木村地頭職代中山城主の有木中務丞頼弘一族ほか、総勢五千余騎。大挙して先ず、神石郡第一の豪雄、神石郡執行職、志摩里庄（小畠村地方）常光村、並びに亀石村地頭職亀石城主岡田孫八郎員盛《かずもり》の城を囲み攻め、われ先にと突入。不意を打たれた員盛は、陣容を整える暇もなく、枕を並べて討ち死にし、岡田一党は全滅しました。平太郎盛重は、更に北進して新免村木路田城村田兼光・兼行父子を攻略、父子は桜山軍に降りました。

このようにして、神石郡一円を討ち従え、桜山軍は有木村に集結し、有木頼弘の中山城に入り英気を養い、ここより備中川上郡平川村（日野中納言資朝の領地）に入り、日野家の代官田口又四郎らの協力を得て、手ノ庄村国吉城主安藤元理の留守を襲って、その守備兵を走らせました。この方面の北条党はこれに驚き、仲間を集めて対抗しました。北条軍の勢いは猛烈で、桜山軍の死傷者は甚だ多い状況でした。激戦を展開した桜山軍は、次第に備中勢の大軍に押され敗退。神石郡花済村塔の本一帯は、両軍入り乱れて混戦になり、有木の将某は、悲壮な最期を遂げました。有木頼弘は、北条軍をわが中山城に引きつけ血戦数日に及び、ついに力尽きて敗北しました。

元弘二年（一三三二）、大将桜山慈俊は、生き残った将兵を集め、決心のほどを告げ諭し、自ら城に（備後一宮神社社殿にとも言われています）火を放ち炎に包まれ花と散りました。

松井益人編著（二〇〇六）によると、元弘二年（一三三二）桜山慈俊が備後一宮に放火自害した時、その一族が神石郡小畠に鎮座の亀山八幡神社に放火し、社殿・宝物・旧記等ことごとく焼失したと伝えられています。

当神社は、治暦元年（一〇六五）、山城国に住んでいた神司高場信濃守藤原政延により山城国石清水八幡宮の御分霊を備後国志麻里庄小畠村へ勧請創建されたもので、志麻里庄を中心とする地域の鎮守神として崇敬されました。高場氏は、以後、小畠に住み先住の地名「松井」を氏名《うじな》とし、代々当宮の祀職として奉仕し今日に至っています。兵乱により社殿の修復が進まなかった中、元弘年間（一三三一—四）、桜山四郎入道が再建修復したとの伝があります。しかし、元弘の乱の折、当社に立て籠もった桜山の残党によって火を放たれ焼失しました。その後、再建・復興がなり、元禄十六年（一七〇三）郷内十五か村（小畑・上村・光信・光末・常光・亀石・阿下の志麻里七村に加え、井関・坂瀬川・時安・上野・近田・李・安田・大矢）に住む人たちにより、現在の社殿が再建されたと伝えられています。

**ポイント**

桜山氏と有木氏は吉備津神社を介して、深い関係にありました。有木が桜山に加勢したのも自然な成り行きでした。そして、有木氏は桜山氏を介して楠木氏とつながるのです。

　元弘元年（一三三一）、楠木正成が北条討伐の大義の旗を挙げ桜山慈俊がこれに応じた時、慈俊は嫡子平太郎盛重を大将として桜山軍を備後北部、神石郡に進撃させ、亀石村亀石城主岡田孫八郎員盛を討ち、更に北進して神石郡一円を従えました。そして桜山軍は、体勢を調えるために、有木村の中山城（城主は有木中務丞頼弘）に集結し英気を養いました。ここで私たちは、有木氏が桜山軍を集結させ英気を養わせることに力を貸すほどの働きをしていることに注目したいものです。

## 有木春来女史の旧姓「楠瀬」について

　有木春来女史については第十七章で詳述しますが、ここで女史の旧姓「楠瀬」について一言記しておきます。女史は、高知県楠瀬家出身の父を持ち、夫の広島県出身の有木基《もとき》に嫁ぎ有木姓を名乗りました。「楠瀬」は「楠木」の一族です。先祖は楠木正成につながります。楠木正成の三男の正儀の孫の左馬助正盛が、永享三年（一四三一）高知県の安芸郡玉造に来て住んだのが土佐楠木・楠瀬の始まりです。この事実だけ見ても、その昔、有木氏は桜山氏を介して楠木氏と深い関係があったのですが、春来女史の場合は、楠瀬氏と有木氏は婚姻の関係で結ばれているのです。有木春来（一九六八）は、六百年前の生家と婚家との縁を発見し驚いたと述べています。

# 第十章　鬼無町と鬼無里村の話

私の郷里は、備後の国、広島県神石郡神石高原町有木《あるぎ》です。有木という地名は、吉備の中山に住んで吉備冠者に加勢していた有鬼《ありき》冠者の名前に由来しています。有鬼がより容易に読み書きできる（「鬼」の字を避けてか）形の有木になったのです。有木は、もともと鬼が有る、鬼が居るを意味していたのです。その有鬼に対立するように、讃岐の国、香川県には鬼無《きなし》という里があります。鬼無とはどんな里なんでしょうか。なぜ鬼無と言うのでしょう。訪ねてみましょう。

## 鬼無町

香川県は、北に瀬戸内海があり、南に讃岐山脈が走っていて、県北部に平野が広がり高松市が開けています。高松市の北西部にいくつかの鬼無町がほぼ南北に並び西に頭を揃えるように中山町に向かって位置しています。北から、鬼無町是竹《これたけ》、鬼無町佐料《さりょう》、鬼無町佐藤、鬼無町山口、鬼無町鬼無の五つの里です。中山町の名は吉備の中山に由来するのでしょうか。特に、注目すべきは、鬼無町鬼無には、桃太郎神社があることです。また、鬼無町佐藤には、桃太郎館があります。桃太郎伝説が、この地でも語り伝えられていることが分かります。鬼無とは、桃太郎に退治されて鬼がい無くなったことからつけられた名前でしょうね。

高松市の北方の瀬戸内海には、大小の島々が浮かんでいます。その中に、男木《おぎ》島と女木《めぎ》島がほぼ南北に連なっています。南側の女木島には、鬼ヶ島洞窟があります。香川県にも鬼が住んでいたんでしょうか。

男木島には、豊玉姫神社と加茂神社があり、女木島には、住吉大明神と荒多大明神が祀られています。鬼ヶ島洞窟があることから、女木島は鬼ヶ島と呼ばれています。桃太郎が鬼退治に船に乗って鬼ヶ島へ向かうことになっていますが、鬼無から船で女木島へ鬼退治に行ったとすると、桃太郎伝説をより現実的に捉えることができます。

橋本仙太郎が、昭和五年（一九三〇）九月二十一日から十一月十三日まで『四国民報』夕刊に連載した「童話桃太郎の発祥地は讃岐の鬼無」と題する記事があります。それが復刻版として出版されています。その要点をつぎに記してみました。

橋本仙太郎（一九三九）は、瀬戸内海が古来地理的に歴史的に軍事、通信、交通等に最も枢要な地域に属していること、特に備讃瀬戸が古来海賊の巣窟として有名なことが伝説発祥に関係していると考えています。桃太郎伝説の発祥地としては、岡山県の吉備地方を始め、愛知県丹羽郡城東村字栗栖とか、福井県敦賀気比神宮が桃太郎の発祥地とする人もあります。

この鬼無で語られる桃太郎は、孝霊天皇の第八皇子の稚武彦命で、五十狭芹彦命（吉備津彦命）

の弟です。なお、讃岐一宮の田村神社の祭神として、倭迹迹日《やまととひ》百襲姫命《ももそひめのみこと》が祀られていますが、稚武彦命のお姉さんに当たるお方です。

## 鬼無の桃太郎

つぎに、橋本仙太郎（二〇一四）の中に見える物語の部分・部分を拾い集め繋いで組み立てた「鬼無の桃太郎」を掲げます。私たちが知っている「桃太郎」と、どこが同じでどこが違っているのか見てください。

昔々、今からおよそ二千年の大昔、鬼無という所に、お爺さんとお婆さんがありました。この老夫婦は、人格高潔で家柄もよく里人から敬慕されていました。しかしこの老夫婦の間には子どもがなくて、大層子どもをほしがっていました。二人は、何とかして子どもが授かるように神かけてお祈りしました。

当時、備讃瀬戸を活動舞台としていた海賊の鬼たちは、時々鬼無の地に上陸して領民の財宝を奪ったり、婦女子を陵辱《りょうじょく》（女を暴力でおかすこと）するなど暴威を振るっていました。老夫婦は、鬼が襲来しかけてからは、子どもがないことが何よりの

桃太郎神社（香川県高松市）

苦痛でした。髪は白くなるし腰はかがむし、子はできず、宝は減るばかりで、老夫婦は奥山に隠れて侘び住まいをし、心身を潔斎して赤子地蔵・赤子瀧で子どもに恵まれるよう祈願を続けました。

　ある日のこと、お爺さんは柴山へ柴刈りに、お婆さんは本津川《ほんづ》の洗い場へ洗濯に行きました。お婆さんが川で洗濯していると、上から大きな美しい桃が流れて来ました。その桃は、桃太郎という名の大層立派な体格の優れた大人の美男子でした。お婆さんは、桃太郎を家に連れて帰り、やがて柴山から帰ってきたお爺さんに今日の出来事を話すと、お爺さんも大喜びで、縁談がたちまちまとまり、桃太郎は老夫婦の養子になりました。桃太郎は、備讃海峡の海賊を平定して南海を平和な楽園にしようという大きな大志を抱いていました。

　桃太郎は、吉備にいた兄の吉備津彦命を訪ねた時、吉備名物の吉備団子をお土産にもらって帰りました。桃太郎が、岡山県の南部の瀬戸内海に浮かぶ犬島に泊まった折に、犬島の武士「犬」と吉備団子を開いて食べながら鬼（海賊）退治の意志を秘密裏に漏らしたところ、犬は身命を賭して戦うことを決心し鬼征伐の準備に努力しました。

　つぎに桃太郎は綾歌《あやうた》郡陶《すえ》村の「猿」を吉備団子を手土産に訪ね、鬼征伐の密計を話すと、猿も喜んで桃太郎の家来になりました。

　つぎに桃太郎は、鬼無の北方の上笠居村雉ヶ峰に住む勇敢な人物、「雉」を吉備団子を手土産に訪ね話をしたところ、雉も桃太郎の家来になりました。

　ここに桃太郎を大将とし、犬、猿、雉の三軍武士組織ができ、鬼退治に出かけました。

犬島の犬は手抜かりのないよう船の準備をし、桃太郎の大軍はそれぞれ船に分乗し威風堂々と鬼《おに》待《まち》より出帆し、北進して波を切って進んだのでした。相手は鬼ヶ島の海賊のことで凶暴残忍で敏活に活動する上に、要害堅固の鬼ヶ島ですからなかなかの苦戦が予想されました。鬼ヶ島の見張り台にいた番人は、桃太郎の鬼征伐の大軍船を見て、早速岩窟にいる鬼の大将に報告しました。鬼の大将は慌てふためいて戦闘準備の非常線を張りましたが、こちらは神懸け一身をなげうっての勇士ぞろい、近づいて上陸しました。犬の活動探知と鬼の案内者により大体岩窟の位置構造を知っていたので、出帆から上陸まで一時間余りのものでした。桃太郎は、「日本一」の幟《のぼり》を押し立て、先頭になって岩窟の入り口指して山に登りかけると、後からぞくぞく猿、雉、犬たちが勇んで進みました。

山頂近くなったころ、草むらの間に小さい穴がある所に着きました。ここが岩窟の入り口。犬、猿、雉は、岩窟の大手門に向かって進み、「我らは日本一の桃太郎さま、猿、雉、犬のお供の者、鬼退治をして宝を得ようとやってきた者だ。宝を差し出し降参すれば命は助けてやる。さもないと皆殺しにしてくれる」と、岩窟の門を押し破って狭い真っ暗な岩穴を松明を振りかざして進みます。複雑な岩窟内も大勢の勇士で切りまくったので、さすがの鬼どもも退却しかけました。もはや鬼の中には、乗船して逃げて行く者も大勢いました。鬼は船路にかけては達者です。追撃します。船に乗り遅れた者やら岩窟の抜け穴から走り出す者。女木島はたちまち修羅場になりました。

鬼の大将がなかなか見つからない。やがて横道から出て来た鬼を捕らえ、大将の居場所を言わせようとしました。岩窟の奥の端近くの堅牢道《けんろうどう》という所で、鬼の大将を見つけ取り押さえました。大将は、とてもかなわないと覚悟を決めていました。鬼の大将は、合掌して言いました。「しばらくお待ち下さい。申し上げることがあります。この上は、抵抗いたしません。今日から心を入れかえて降参いたします。桃太郎さまのご慈悲で命ばかりはお助け下さいませ。そのかわりあそこに積んである宝物は、残らずみな差し上げまする」と。そこで桃太郎は鬼の大将を縄で縛り、宝物をぶん取って大きな箱に入れて、部下の者どもに海岸に運ばせ船に積み込んだのです。

桃太郎は、鬼の大将に戒《いまし》めの言葉を残し縄を解いてやり、意気揚々と乗船し、船足早く追っ手に帆を揚げて着いたのが、今の高松市の西方の中津でした。中津は今は陸地ですが、昔は港でした。

ところが、近くの島に逃げていた鬼も鬼ヶ島に戻ってきて相談し、逆襲しようと決めたのです。鬼ヶ島の出城である香西《こうざい》の海賊城に集合し、是竹《これたけ》という所で勢揃いをし攻めて来たではありませんか。武林《たけばやし》やセリ塚は、激戦地となりました。やがてセリ塚の南方で、鬼の大将をやりつけました。さしもの鬼軍も桃太郎の軍勢にはかなわず、鬼の屍《かばね》が山をなしたので、その屍を埋めたのが鬼が塚です。

桃太郎は、その武勇により鬼退治ができました。今まで山間渓谷に逃れ、淋しく故郷を離れて生活をしていた里人の婦女子や老人たちの喜びはどんなであったでしょうか。嬉し涙を流して、故郷に帰ってきたのです。そして桃太郎に感謝しました。桃太郎を先頭に犬、猿、雉以下の部下、群衆は、西進して桃太郎屋敷（鬼遣屋敷《おにやらいやしき》）で万歳を叫び、鬼山の山頂に登り眼下に備讃瀬戸の島々、鬼ヶ島を見下げて凱歌《がいか》を挙げたのです。この山を凱歌山《がいかやま》または勝賀山《かつがやま》と名づけました。

桃太郎が恙《つつが》なく鬼征伐を終えて帰ってきたので、老夫婦の歓びは並大抵のものではありませんでした。桃太郎は、ぶん取った宝物を、部下の者どもに武功に応じて分けてやりました。残りの宝物は、大宝院や勝賀寺に収められました。

桃太郎は鬼退治して人々を救い安心をもたらしたので、里人からその神徳の高大なことを仰がれ「神高ノ神《かんだかのかみ》」として鬼無権現宮に祀られました。またその末社として、犬、猿、雉の小祠が権現宮のお供をしているかのように現存しています。

## 鬼無の桃太郎の特徴

「鬼無の桃太郎」は、普通に語られる「桃太郎」と大筋では似ていますが、いくつか異なっている点があります。

・主人公の桃太郎は、吉備津彦命がモデルとされていますが、鬼無の桃太郎は、吉備津彦命の弟の稚武彦命です。兄の吉備津彦命は、吉備に在住しているとの設定です。

・お婆さんが洗濯していると川上から大きな桃が流れて来るのが普通の話ですが、この話では、桃だと思ったらそれは大変立派な大人の美男子の「桃太郎」でした。老夫婦は桃太郎を養子として縁組みをしました。

・桃太郎には、犬、猿、雉のお供ができますが、この話でも同じです。ただ犬といっても一匹の犬ではなく犬と名付けられた武士集団です。猿、雉についても同じことが言えます。

・桃太郎は、お供に吉備団子を与えますが、この吉備団子は老夫婦がつくったものではなく、桃太郎が吉備を訪ねた時に、兄の吉備津彦からお土産としてもらったものになっています。

・鬼ヶ島は、女木島と設定されていて、洞窟の中の様子がより現実的に描かれ、そして鬼の大将は最後まで洞窟の端の堅牢道に潜んでいました。

・いったんは鬼の大将が降参しますが、負けて残念な気持ちがどうしても抜けず、夜襲をかけて反撃してくる点もこの話の特徴です。

・最後に、桃太郎が神様として鬼無権現宮に祀られました。死んだ鬼は鬼が塚に埋葬されました。

## 桃太郎に関する主な遺跡

桃太郎に関する現存する遺跡には、本津川、大古屋、洗場、子懸け観音、鬼遣屋敷、赤子霊水、桃太郎塚などがあります。

本津川《ほんづがわ》は、桃が流れてきた川で鬼無を貫流しています。

大古屋《おおふるや》は老夫婦の住居、洗場《あらいば》はお婆さんの洗濯場、子懸け観音は老夫婦が子宝に恵まれるよう祈願した所、鬼遣屋敷《おにやらいやしき》は老夫婦が鬼を恐れ山奥に侘び住まいした所、赤子霊水は、老夫婦が子授けを祈願するために使用した霊水、桃太郎塚は権現宮の西方の山頂にある権現宮の奥の院です。

犬島は、岡山県児島半島の東、瀬戸内海に浮かぶ一群の島で岡山市に属します。往時には、海賊の集結地であったと伝わります。猿王《さるおう》は、綾歌《あやうた》郡陶《すえ》村の陶部で、猿王墓や猿王館があり、猿尾、猿飼などの地名があります。雉が峰古墳は、前方後円墳で、雉尾などの地名も残っています。

このように、鬼無には、桃太郎伝説にまつわる遺跡や地名が随所に見られるのです。

## 女木島が「鬼ヶ島」とされる由縁

鬼が住んでいたのは女木島《めぎ》で、桃太郎が鬼を退治して鬼がいなくなったことから「鬼無《きなし》」という地名になったと伝わっています。

大正三年に、橋本仙太郎が大洞窟を発見したことによって桃太郎伝説と女木島が結びつき、以来、女木島は「鬼ヶ島」と呼ばれています。

洞窟が造られたのは紀元前一〇〇年頃と言われ、古代中国の要塞型によく似ているそうです。入り口から中程までが防御の構えに造られ、中程から出口までが脱走の構えに造られています。入り口から出口までの長さは、延長約四〇〇㍍、面積は約四〇〇〇平方㍍です。

この洞窟は、大正三年、香川県高松市鬼無町の郷土史家、橋本仙太郎によって発見され、昭和六年に公開されました。

玄関は、左右二本の柱が支え柱になってお城の大手門に相当するように造られ、第一の防御の役目を果たしています。入り口の天井は低く道は狭く造られ、第二の防御の構えになっています。中の間は、複雑な迷路のように造られています。

奥の壁で一見行き止まりのように見えますが、実は下へ二㍍、奥へ八平方㍍ほどの穴が掘られ、穴の前には幅六〇㌢、長さ二・五㍍の石の扉が造られています。昔、鬼どもが金、銀、財宝を隠していた所、宝庫です（「鬼ヶ島大洞窟」、鬼ヶ島観光協会）。

## 鬼無里村《きなさむら》

長野県の西北部に鬼無里《きなさ》という山里（長野市鬼無里）があります。村名は、平維茂《たいらのこれもち》が退治した「鬼女紅葉《きじょもみじ》」の伝説にちなんでつけられました。それ以前は水無瀬村《みなせむら》と呼ばれていました。長野市街に流れてくる犀川《さいがわ》の支流の裾花川《すそばながわ》の上流域で、周囲を山地で囲まれた山中の小平地を占める所です。また、標高は七五〇㍍前後の高地で、新潟県に接し、積雪地でもあるなど自然条件は厳しい所です。その村に「鬼女紅葉」「一夜山の鬼」という話が伝わっています。

## 鬼女紅葉

その昔、会津の伴笹丸・菊世夫婦は第六天の魔王に祈って娘呉葉《くれは》を授かりました。娘が才色備えた美しい女性に成長したとき、一家は都に上って小店を開き、呉葉は紅葉《もみじ》と名を改め、琴を教え始めました。

ある日、紅葉の琴の音に足を止めた源経基《みなもとのつねもと》公の御台所（公の妻）は、紅葉を屋敷に召して侍女といたしました。紅葉の美しさは経基公の目にも留まり、公は紅葉を召して夜を共にしました。

経基公の子を宿した紅葉は公の寵愛を独り占めにしたいと思うようになり、邪法を使い御台所を呪い殺そうと謀りましたが、企てが露見してしまい紅葉は捕らえられ信濃の戸隠へ流されてしまいました。

信濃に至り、川を遡ると水無瀬《みなせ》という山里に出ました。「我は都の者。御台所の嫉妬で追放の憂き目にあいなった」と語る麗人に純朴な里人は哀れみ、内裏《だいり》（居所）屋敷を建てて住まわせました。

鬼無里《きなさ》（長野県）

紅葉は喜び、里人が病に苦しむと占いや加持祈祷で癒《いや》し、紅葉は付近の里に東京、西京、二条、三条などの名をつけて都を偲んでいましたが、月満ちて玉のような男の子を産むと、その子を一目経基公に見せたいと思うようになり、兵を集め力ずくでも都へ上ろうと考えました。

里人には「経基公より迎えが来たので都へ戻ります」と言い置き、戸隠荒倉山の岩屋に移ると、戸隠山中の山賊を配下とし、村々を襲い軍資金を集めました。

そのうわさが第六十三代冷泉天皇（治世九六八―七〇）の知るところとなり、天皇は平維茂に紅葉征伐を命じました。

平維茂は山賊どもを打ち破り、紅葉の岩屋へ攻め寄せますが、紅葉は妖術を使い維茂軍を道に迷わせます。

妖術を破るには神仏の力にすがるほかはないと別所温泉北向観音堂に籠もり、満願の日に一振りの宝剣を授かりました。

意気上がる維茂軍を紅葉はまたもや妖術で退けようとしましたが、宝剣の前に術が効きません。やむなく雲に乗って逃げようとする紅葉に、維茂は宝剣を弓につがえて放つと、紅葉の胸に刺さり、紅葉は地面に落ちて息絶えました。享年三十三歳と伝わります。

人々はこれより、水無瀬の里を鬼のいない里「鬼無里《きなさ》」と言うようになりました。

## 一夜山《いちやさん》の鬼

昔むかし、天武天皇は遷都を計画され、その候補地として信濃に遷都するのに相応しい地があるかどうかを探るため、三野王《みのおう》、小錦下采女臣筑羅《うねめのおみつくら》らを信濃に遣わしました。使者は信濃の各地を巡視して候補地を探し、水内《みのち》の水無瀬《みなせ》こそ都に相応しい地相であるとの結論を得ました。そこで早速この地の地図を作り、天皇に報告いたしました。

これを知ったこの地に住む鬼たちは大いにあわて、

「この静かなところに都なんぞ出来たら、俺たちの棲むところがなくなってしまう」

「都が出来ぬように山を築いて邪魔してしまえ」

と、口々に叫び言いました。すぐさま一夜で里の真ん中に大きな山を築いてしまいました。

これでは遷都は出来ません。怒った天皇は阿倍比羅夫《あべのひらふ》に命じて、鬼たちを退治させてしまいました。

この時から、この水無瀬の地に鬼はいなくなったので、人々はこの地を鬼無里《きなさ》と、また真ん中に出来た山を一夜山《いちやさん》と呼ぶようになりました。

（以上、二つの話は、鬼無里観光振興会刊『おでやれきなさ』による）。

前者の話「鬼女紅葉」から「紅葉狩」という能の曲目が、観世信光《かんぜのぶみつ》によって作られました。その能では、貴婦人たちが登場し、紅葉狩の酒宴へと急ぎます。余五将軍《よごしょうぐん》平維茂《たいらのこれもち》は、家来を伴って鹿狩りに山に分け入ると、見慣れぬ貴婦人たちをいぶかりつつも、興を妨げまいと道を変えます。その維茂を、女は袖にすがって引き留め、酒を勧めて美しく舞います。その酔い伏したのを見澄ますと、女たちは夜嵐《よあらし》とともに消えるのです。八幡宮の使者の神が、女たちは戸隠山《とがくしやま》の鬼神であると告げ、惟茂に神剣を与えます。目覚めた維茂に鬼が襲いかかりますが、ついに退治されて終わります。（戸隠山＝長野県北部、信濃の国境近くにそびえる山。標高一九〇四㍍。古来修験道の霊場で、近年は観光地化が進む）（『日本大百科全書』）。

**ポイント**

鬼無にしても鬼無里にしても鬼神が退治されていなくなったので、「鬼無町《きなし》」・「鬼無里村《きなさ》」と呼ばれ、「もうここには鬼はいない里だよという村名になりました。ところが、有鬼《ありき》（鬼がある・鬼がいる）から有木の名前になったわが郷土には、鬼を退治したのに鬼が住んでいるのです。鬼のような人力を超えた力「鬼才」を持つ、強くて優れた人が住んでいる素晴らしい里なんです。

# 第十一章　吉備物語（二）

香川県高松市の鬼無《きなし》町に伝わる讃岐《さぬき》の桃太郎伝説が語り継がれています。吉備物語ではありませんが、深い関係がある伝説なのでここに紹介します。

絵本『鬼無桃太郎伝説』（文 横倉ゆみ、絵 諏訪祐介）から本文を引用しました。

## 古里と桃太郎

それはそれは、昔の話です。

瀬戸内海へと向かう本津《ほんづ》川と、小高い山々に囲まれた村の話です。村人は平和に暮らしていましたが、やがて、海賊が村にまで現れ始めるようになり、脅《おび》えながら日々を送っていました。

ある日のこと。おばあさんや娘たちが、川で洗濯をしていると、一隻の船がやってきました。海賊の悪行が伝わり、讃岐の国を平定するために使わされた大和の国の皇子、稚武彦命《わかたけひこのみこと》がその船に乗っていました。

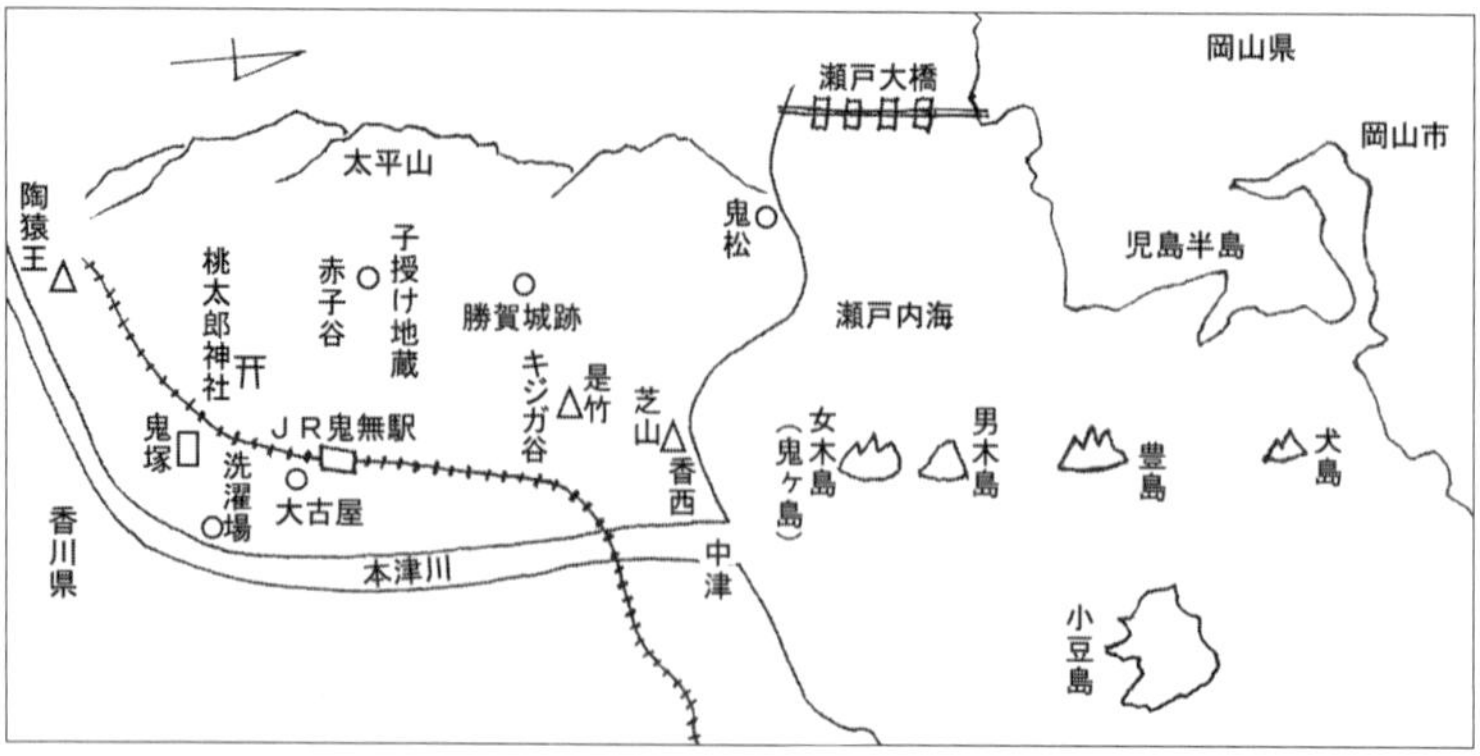


鬼無の里

稚武彦は、宇佐津彦命の子孫が住む大古屋《おおふるや》に身を寄せました。海賊がたびたびやって来ては、食糧や村人が大切にしている品々を奪っていき困っていることを聞きました。

稚武彦が、海賊の棲みかに行くことを決めると、三人の勇士が集まりました。水軍の役目ができ、武術を得意とする犬島の住人。山間を走るのが達者で、優れた知恵の持ち主、猿王の住人。弓術を得意とし勇敢な雉ヶ谷の住人。それぞれ、犬・猿・雉と呼ばれました。こうしてそろった一行は、鬼ヶ島と呼ばれ恐れられる海賊の棲みかへ向かいました。海賊に見つからぬよう用心しながら島に上陸すると、古びた鉄門がある不気味な洞窟を見つけました。

門番をしていた海賊と小競り合いをしながら門を突破し、海賊の大将を捜しながら、洞窟の奥へ奥へと進みました。

酒盛りをしている海賊たちの中に、ひときわ体の大きな赤ら顔の海賊を見つけました。その姿は、まさに赤鬼です。稚武彦は名乗り、悪行を悔い改めるよう求めると、大将はたいそう腹を立てました。

「俺様に命令するとは気に入らん！」

稚武彦たちは海賊に取り囲まれました。もはや話し合いは無理のようです。

「それ！　かかれ！」

大将の合図で、武器を振りまわし襲《おそ》いかかる海賊を、稚武彦たちは次々と倒します。海賊より体は小さくても、稚武彦たちが力を合わせれば百人力。見かねた大将は武器をとり応戦しましたが、稚武彦たちの強さに、とうとう降参しました。村を荒らさないことを約束させ、稚武彦たちは引き揚げて行きました。

稚武彦たちが、鬼ヶ島へ向かったことを知った村人は、大古屋《おおふるや》に集まっていました。この上なく恐ろしい相手だと思っている村人は、ただただ、稚武彦たちが無事に帰ることだけを祈っていました。帰りはまだかと入れ替わり立ち替わり、外を見に行きます。やっと、手を振る稚武彦たちの姿が見えました。

「おー。お帰りじゃ！　みなさまのお帰りじゃ！」

村人は一斉に外へ飛び出て、稚武彦たちに駆け寄りました。手を取り合って喜び、涙を流して喜び、歓喜とねぎらいの言葉が飛び交いました。

「奪われた宝はわずかしか取りもどせませんでした。申し訳ありません。」

「いえいえ、それはなくてもかまいません。」

「あなたたちこそが私たちの宝なのです。」

勇敢な稚武彦たちの話題でもちきりの平和な日が過ぎて行きました。

鬼ヶ島では、降参したはずの大将が、思いがけない襲撃《しゅうげき》で油断していたせいだと、負けた悔しさを日に日に募《つの》らせていました。けがが治ってきた海賊たちも同じでした。

「このまま引きさがっていられるものか！」

「我らの本当の力を思い知らせるのだ！」

次々と奇声《きせい》があがると、反撃への勢いは一気に高まっていきました。どうして戦うのか、何のために攻め入るのか。大将でさえ、そんなことはどうでもよくなっていました。

平和が戻ったと喜び、安心している村人の様子をうれしく思いながらも、海賊たちはこのままでは終わらないかも知れないと、稚武彦たちは思っていました。

心配した通り、鬼ヶ島を背にして、海賊船がずんずん陸に近づいてきます。稚武彦は悲しい戦いは避け、話し合いで解決したいと考えていました。猿が偵察に行きました。海賊に後を追われるように逃げ帰り、稚武彦たちの所へ誘い出しました。むやみに村を荒らされないようにするためです。稚武彦たちの所に海賊がやってきました。稚武彦は平和な解決を申し出ましたが、血気盛んになっている海賊は聞こうとはしません。大将の声もかき消されるほど海賊は暴れ始めました。村のことを案じた稚武彦は決断し、悲しい気持ちをこらえて、海賊と戦いました。

勢い任せの海賊の力は、村の平和を守るために戦う稚武彦たちにかないませんでした。戦いが終わっても稚武彦たちの心は晴れませんでした。海賊の亡骸《なきがら》を葬る稚武彦たちを見て、村人は、一人、また一人と手伝い始めました。海賊を埋葬し、石碑を立てました。

村には平和な暮らしが戻ってきました。でも、村人は稚武彦たちにも、海賊にも悲しい思いがあったことを知っています。そこを鬼ヶ塚と名付け、村人たちは供養するようになりました。

歳月が流れ……鬼ヶ塚の西側の小高い丘、柴山にイザナギノミコト・イザナミノミコトを祭神とする熊野権現神社が古くからあります。その神社に稚武彦たちが祀られました。古代、桃の産地だったとされる大和の国から来た稚武彦が桃太郎と呼ばれるようになり、後世へと伝わりました。そして、熊野権現神社は、桃太郎神社と呼ばれ、住民たちによって守られ続け、桃太郎たちの功績を讃《たた》えています。

この村から鬼がいなくなったということで、地名が鬼無となりました。稚武彦と暮らした老夫婦が後に、桃太郎のおじいさんとおばあさんと言い伝えられています。

稚武彦は村で見そめた娘と結ばれていたそうで、鬼無には桃太郎の子孫もいるとか。鬼無桃太郎伝説は、ロマンを与えてくれます。

## 美作の国の神猟師の謀によりて生贄を止めること

『今昔物語集』から、「美作の国の神猟師の謀《はかりごと》によりて生贄《いけにえ》を止めること」の話を、分かり易く口語体に書き換えた概略をつぎに掲げます。

今は昔、美作の国に中参《ちゅうざん》、高野《こうや》と言われる神がありました。神の姿は、中参は猿、高野は蛇でした。毎年一度の祭りに生贄《いけにえ》を供えてきました。生贄には、昔から最近まで、国人の未婚の娘を立ててきました。

その国に、年が十六、七ばかりの娘で姿形の清らかで美しい人がいました。父母は可愛がっていましたが、生贄に当てられて悲しんでいました。その年の、祭の日に指名されれば、娘を養い育て次の年の祭りには生贄に立てないといけません。この娘が名差しされて以後、父母は限りもなく嘆き悲しみましたが、逃《のが》れることが出来ないことなので、月日の過ぎるままに命の縮まる思いで過ごしました。親子が一緒に過ごせる日も残り少なくなり、互いに泣き悲しむより他はありませんでした。

そうこうしている時、東方からこの国に来た男がいました。この男は多くの犬を飼い、山中に入り猪や鹿を犬に喰い殺させて獲る犬山ということをする人でした。勇猛で物怖じしない人でした。男はそのうちに生贄に名指しされた娘の話を聞きました。

生贄の娘の親の家に行って縁側に腰を下ろして隙間から覗いて見ると、大変清らかで色も白く愛嬌もあり、髪も長くて田舎娘とも見えず上品で、物に凭れて横になっていました。物思いに沈み髪を乱して泣き伏しているのを見て、この東人は哀れに思いいとおしく思ったことでした。

親に会って話をしましたが、親の言うには、「一人娘を生贄に名差しされて嘆かわしく、別れる日も近づき悲しんでいるのです。こんな目に遭うとは前世にどのような罪をしたというのでしょうか」と。東人が言いました。「命に優るものはない、子に優る宝はない。一人娘を目の前で死なせるのは情けない。その娘の代わりに私が死のう。娘を私に下さっても辛いと思われるな」と。

親はこの東人に密かに娘を会わせ、東人はその娘を妻として日を過ごしていました。男は飼い慣れた犬二匹を選び、「私の身代わりになれ」と言い聞かせ、山より猿を生け捕りにして持って帰りました。男は犬に猿に噛みつかせるよう訓練しました。もとより犬と猿とは仲がよくありません。

犬は猿を見ると、躍りかかって喰い殺します。男はしっかり研いだ刀を持って、妻に言いました。

「私はお前の身代わりに死のうと思う。死ぬのは仕方がないとしても、お前と別れるのが悲しい」

いよいよその日が来ました。神官を始め多くの人が来ています。新しい長櫃《ながびつ》を持って来て「これに生贄を入れよ」と言います。東人は、狩衣《かりぎぬ》に袴を着けて刀を身にそえ長櫃に入りました。犬二匹を左右の側に入れて伏せました。妻はどんなことが起こるのか恐ろしくなり、自分の身代わりになってくれるのを哀れに思っていました。

生贄が社に祭られ、祝詞《のりと》が奏上され、瑞垣《みずがき》の戸を開いて、長櫃を結んだ紐綱を切り、瑞垣の戸を閉じて、神官たちは外に着座しました。男は長櫃を少しばかり開けて見ると、たけ七、八尺ばかりの猿が上座《かみざ》にいました。歯は白く、顔と尻は赤い。左右に数百の猿が並んで、顔を赤くし眉を上げて叫んでいます。前のまな板の上に、大きな刀が置いてあります。暫くすると、上座の大猿が立って長櫃を開けます。他の猿どもは皆立ってともに開けようとしているうちに、男は長櫃から素早く外に出て、犬に「喰え！」と言えば、二匹の犬が走り出て大猿に食いついて打ち臥せました。男は刀を抜いて第一の猿を捕らえ、まな板の上に引き伏せ、頭に刀を差しあて「お前が多くの人の子の肉を食らったんだ。こうしてくれる。首を切って犬の餌にしてくれるわ！」と言えば、猿は顔を赤らめ目をしばたたき、歯を白く出し涙を出して手をこすったけれども、聞き入れられない。二匹の犬は多くの猿を喰い殺しました。生き残った猿は、木に登り山に隠れて他の猿を呼び集めたけれど、全く甲斐がありません。

そうこうしている間に、神官に神がのりうつって言いました。「我は今日より永く生贄を取らず、殺すことはしない。また、この男に酷いことをしたと危害を加えてはいけない。また生贄の女を始め、その父母や親類を咎《とが》めてはいけない」と言えば、神官たちは皆社の内に入り、男に「神があのように言われている。許されよ。忝い《かたじけない》」と言いましたが、男は許しません。「私は命は惜しくはない。多くの人の代わりに我を殺せよ。ともに死のうではないか」と言いました。神官もいみじくも神のお告げ、このようなことはしないと誓言《せいごん》を立てたので、男は「よし分かった、今よりはこんなことはするなよ」と言って許したので、神官たちは山に入って行きました。

男は家に帰り、その女と永く夫婦として過ごしました。父母は婿のことを大層喜びました。そしてまた、家に恐れることは起こりませんでした。

その後、生贄をお供えすることは無くなり、国は平和になったと語り伝えられているとか。

（「其後、其生贄立ル事無クシテ、国平カ也ケリトナン語リ伝ヘタルトヤ。」で終わる）。

## 「猿神退治」について

幼い子供を対象にした那須正幹『猿神退治』（二〇〇三）の中で、西本鶏介はこの話が「迫力満点の大猿退治の物語」であると言っています。西本の解説の主点をうかがってみましょう。

「猿神退治」は『今昔物語集』「美作国の神猟師の謀《はかりごと》に依り生贄《いけにえ》を止《とど》める語《こと》」をよりおもしろく書きあらためたものです。『今昔物語集』は平安時代前期の『日本霊異記』の流れをくみ、同時代後期にまとめられたもので、日本の文学史上、質量ともにぬきんでた説話集として知られています。「猿神退治」は、美作の国（現在の岡山県）の説話としておさめられているものです。「猿神退治」は厄難克服や化け物退治の昔話として親しまれ、全国的に語り伝えられています。

化け物の大猿どもをやっつける勇ましい話でありながら、まずは人身御供《ひとみごくう》の犠牲になる娘と両親が登場して、その身の上を悲しむところから始まります。これまで大切に育ててきた娘をいかに神さまの思し召しといっても、素直に差し出すのは非情すぎる運命です。そんなところへ犬を連れた若い猟師がやって来て、その危機を救うために立ち上がります。そして猟師と犬対大猿とその手下の猿との凄まじい戦いが語られ、改心した猿どもが二度と災害をもたらさないことを約束して山へ引き揚げていき、猟師や娘は幸せになり、国中の人たちもまた平穏無事な暮らしを取り戻すことができたというところで物語は終わります。厄難を克服した娘の一家だけが幸福になるのではなく、国中の人が共有する人身御供という恐ろしい掟《おきて》から解放されたのです。つまりは共同体のどうすることもできない災いを取り除く話として誰もが共感できるからこそ、全国的な昔語になり得たのかもしれません。

人身御供や人柱はいかにも現実味をおびた習俗と思いがちですが、日本では実際に行われていたとは認めがたく、より強く人々に関心を持たせるための説話的フィクションと言えそうです。こうした設定はすでに『古事記』や『日本書紀』にも見られ、有名な神話の「八俣大蛇《やまたのおろち》」の中で須佐之男命《すさのおのみこと》が櫛名田比売《くしなだひめ》を助けて八俣大蛇を退治するのがそのよい例です。

いずれにしても人身御供の悲劇ではらはらさせ、さらにはダイナミックな化け物退治でどきどきさせてくれる説話としておとなも子どももおもしろく読むことができます。

うか。そのくだりの大筋を見てみましょう。

## 有木別所と藤原成親

『平家物語』に出てくる藤原成親《なりちか》・成経《なりつね》父子は、鹿ヶ谷事件でどんなふうに描かれているでしょうか。そのくだりの大筋を見てみましょう。

平清盛入道からの使いが、大納言《だいなごん》藤原成親のもとへ、「相談したいことがある。急いで参られよ」との入道からの要請を伝える。成親は自分のこととはつゆ知らず、三、四人のお供を連れて出かける。入道在所の西八条近くには軍兵が大勢集まっていて、成親は何事かと胸騒ぎがする。門の内に入るとそこにも兵どもが大勢、中門の入り口には恐ろしげな武士どもが待ち受け、大納言の左右の手を取って引っ張り、前後左右を囲んでおり、大納言のお供の者は一人もいなくなってしまう。

大納言成親は一間の部屋に押し込まれる。「これは計画が漏れ聞こえたか、誰が漏らしたのだろう」と思っていると、清盛入道自らが板敷きを踏み鳴らしやって来て部屋の障子をサッと開け、怒った表情で大納言を睨み言う。「そもそもそなたは平治の乱（平治元年（一一五九）十二月に起こった内乱。藤原信頼《のぶより》対藤原通憲《みちのり》、源義朝対平清盛の勢力争いが原因で、信頼は義朝と、通憲は清盛と組んで戦ったが、源氏は平氏に敗れた）の折、殺されるところを平重盛（清盛の長子）が身にかえてなだめたため首をつないだのだ。何の恨みがあってこの一門を滅ぼす計画をしたのか。恩を知る者を人と言い、恩を知らない者を畜生と言うぞ。謀叛《むほん》の計画の始終を直接うかがいましょう」と。対して大納言は「そんなことは全く知らない。人の讒言《ざんげん》（人を陥れるため、事実を曲げ、また偽って目上の人にその人を悪く言う言葉）でしょう。よくお尋ねなされ」と言う。

清盛入道は、西光《さいこう》（成親らと密会していた僧）の白状を持ってこさせ、これを二、三べん繰り返し読み聞かせ、「なんと憎いことよ。この上何と言われるのか」と言って、大納言の顔に白状をサッと投げかけ、障子を閉めて出て行った。入道はなお腹に据えかね、経遠《つねとお》と兼康（両者とも清盛の腹心の西国武士）に、「あの男を庭へ引き落とせ」と命じ、無理矢理に引きずり落とさせ身を伏せさせて何事か叫ばせた。あたかも冥途で罪人を苦しめる光景に見えた。

平重盛が成親の助命を入道に説得したので、成親は死罪を免れるが備前の児島へ流罪となる。成親は、難波次郎経遠《つねとお》に連れられ、屋形船で都を出帆、都は次第に遠ざかり、だんだん備前児島に近づく。児島には粗末な民家の柴の庵が、後ろは山、前は海にして立っていた。そこへ成親を降ろす。磯の松風の音があわれに吹く。

そのうち、成親預かりの武士経遠は、成親を備前・備中両国の境、庭瀬の郷の有木別所という山寺に移させる。成親は、出家しみすぼらしい墨染めの僧衣をまとう身となる。訪ね来る人もない。そうした中、成親が目をかけていた武士の源左衛門尉信俊がはるばる訪ね来る。成親は信俊に「私は近々死ぬ。私の後世を弔ってくれ」と頼む。信俊は涙を抑えて都へ帰る。

成親は、備前・備中両国の境、庭瀬の郷、吉備の中山というところでついに落命する。最期の有様はいろいろと伝えられている。

酒に毒を入れてすすめたが、うまくいかない。二丈（約六㍍）ばかりの断崖の下に、竹や鉄の先端を菱《ひし》の実のように削って尖らせたものを植え込んだ所へ、成親は崖の上より突き落とされ、身を菱に貫かれて亡くなる。全く残酷なことであることよ。

大納言の奥方は、成親が亡き人と聞き「今一度変わらない姿が見られると思い出家もせず待っていたのに」と言い、菩提院という寺で出家し仏事を営み、成親の後世を弔う。幼子も花を手向け水を捧げ亡き父を偲ぶ。あわれである。

治承三年（一一七九）、成親の子成経《なりつね》は、父が住んでいた児島の庵を訪ね、竹の柱に古びた襖《ふすま》、書き置きのものがあるのを見る。松林の中の墓に詣でる。はっきりと土盛りしたような所もなく、少し高い所にかしこまり、生きた人に言うように泣く泣く言う。「あの世でお守り下さるお身になられたと伝え聞きましたが、急いで参ることができませず……これまでは心も急がれましたが、今よりはお急ぎにならなくてもよろしいから」と。

その夜は、終夜、康頼入道と二人で墓の周りをお経を唱え回り、翌朝墓に壇をついて杭を立て仮屋を造り、七日七夜念仏を捧げ、結願《けちがん》には大きな卒塔婆《そとば》を立てて弔うので、人情が理解できない人も「子に優る宝はない」と言って涙を流し袖をしぼる。

成経は、「都で待つ人がいるからまた来ます」と、泣く泣くそこを立ち去る。草の下の父も名残惜しんだことかと思われる。

『平家物語』の中に、備前と備中の境の庭瀬の郷に有木別所という山寺があったことが記されています。そして、この別所には、藤原成親の残酷な最期《さいご》にまつわる言い伝えがありました。

# 第十二章　備後の中山



備前・備中の境、中山の麓、庭瀬というところに有木氏の本拠地がありました。いつのころからか、有木氏の一部が備中・備後の境のこの地、広島県神石郡神石高原町有木に移住してきました。竹内理三編（一九八七）は、「福山志料」をもとに、「鎌倉期には有木郷が見える。永仁五年（一二九七）、在地の人有木氏が有木郷を前の通り免田（年貢課役免除の田地）として領知するよう安堵（保証・承認）されたという」と述べています。有木氏は、永仁五年より随分前からこの土地を所領として持ち支配していたことが分かります。有木氏がなぜこの地を選んだのでしょうか。前述したように、有木氏の本拠地吉備の中山を起点とし美作の中山神社までの直線距離とほぼ同距離、約四二㌔㍍、中山神社より九十度西に向きを変えた所に備後の有木の中山があります。移住してきた有木氏は、この地に故郷の中山を見て取り、もう一つ中山をこの地に造り吉備の中山を備後に再現しようと思ったのではないでしょうか。吉備の中山と有木の中山、即ち、「備後の中山」との間にはいくつか共通点があるのです。

## 備後の中山と国境線

### （一）美しい山、霊山があること

吉備の中山は鯉山とも呼ばれ、高さ一七〇㍍の山です。それに匹敵するのが、有木中山の日野山です。日野山は高さ六六九㍍で、その容姿はまことに美しく有木富士とも呼ばれる霊山です。猪鼻山八幡神社から眺める日野山は格別に秀麗です。この山は昔里人に亀に似ているので亀山と呼ばれていたでしょうが、移住してきた有木氏はこの山を「吉備の中山」に倣って中山と呼んだのだと思います。後に、後醍醐天皇（在位、一三一八―一三九）の信任厚かった中納言日野資朝《ひのすけとも》（一二九〇―一三三二）がこの地を賜り、この地は日野氏の領地・荘園になり、この地を日野郷と称し、日野郷に日野家の荘官が置かれました。そして亀山なる中山は日野山と呼ばれるようになり現在に至っています。前述したように、元亨三年（一三二三）、後醍醐天皇は日野資朝・俊基と謀り、資朝・俊基らは修験者を装い行脚、密勅を持って全国へ倒幕の武士を募る旅に出ました。資朝は後醍醐天皇の寵臣でした。

有木富士・日野山の雄姿（猪鼻山八幡神社より望む）

猪鼻山八幡神社から見る日野山の上に昇る朝日には、人の心を打つものがあります。まさに日の山と言ってもいいでしょう。

鳥居内より有木富士を望んで、私の先代の宮司次重春雄が昭和中期に歌を詠みました。

・日の山に　朝日おろがむ　御社《みやしろ》の　うましところぞ　猪鼻《いのはな》の山

有木氏累代の墓を見て、読み人知らず（実は、有木トラ女史）が詠んだ歌があります。

・いにしえの　日野の山もと　日野の里　栄へし人の　墓ぞありける

有木猪鼻山八幡神社では、今も毎年、歳旦祭には、拝殿から日野山に向かい、その山「有木富士」を通して伊勢の神宮と氏子の崇敬神社を遙拝する神事が行われています。

日野山の頂上には、後述する備後中山の有木トラ女史の歌碑が建っています。建立したのは岡山県備中町平川の物部琴堂（琴一郎）という人で、昭和五十七年秋に、有木トラ女史の頌徳・四十回忌慰霊のために「節婦霞松《かしょう》園」として建てたものです。私たちはここに備後有木の人、有木トラ女史と、備中平川の人、物部琴堂とが支え合って日野山を守っている姿を見ることができます。このことは、日野山が、麓の備後有木の人々と同じように、備中町平川の人々にも敬われ親しまれている山であることを象徴しています。

有木トラ（霞松）歌碑の歌

有木トラ女史の歌碑（表）

有木トラ女史の歌碑（裏）

○縁あらば　語り伝えて　万代に　君が誠を　日野の松風

この歌に心を打たれ、私が歌を詠みました。

○君が声　響き渡れり　日野の山　わがふる里よ　幸《さき》く真幸《まさき》く
○かすみ松　有木の里に　輝けり　語り伝えなん　その色深きを　（寛水）

## （二）国境線が南北に通っていること

吉備の中山は、備前・備中の国境線が南北に通っていますが、有木の中山・日野山も備中・備後の国境線が南北に走っています。日野山の頂上に鋭角の角が来るように、逆「く」の字の国境線が南北に走っているのです。日野山の面積の約五分の一が備後に、約五分の四が備中に区分されています。有木の中山・日野山の西側には、日野郷という「神石五郷」の一つが開けています。東側には、金野《かんの》・平弟子・安田など備中の村々があって両方から拝み眺めることができます。登山も西側日野郷側からも、東側金野側からもできます。

備中国旧川上郡平川村及び神石郡有木村は、日野中納言資朝（藤原資朝）の荘園でした。資朝は、時の後醍醐天皇の信任厚く日野郷（有木村）を賜りました。平川村は、日野家の地頭、田口又四郎が代官に任ぜられおさめることになりました。県境に日野山があり、その西麓を日野郷といい、ここは日野家の荘官を置いたところです（『神石郡誌続編』）。

私は、日野郷は西有木の東にあって東有木と言った時代もある（江戸時代後期、享和三年頃）し、

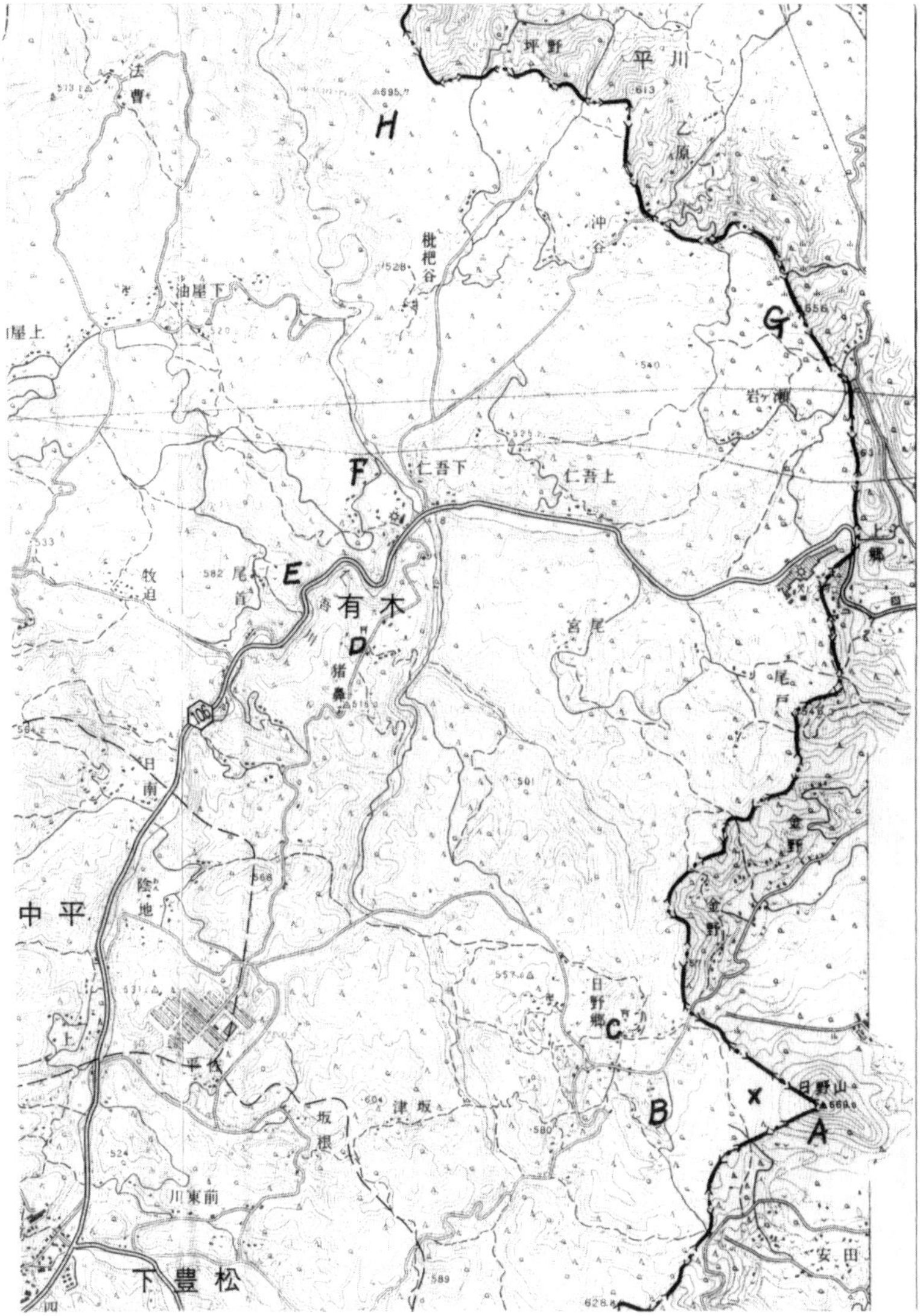


日野山周辺　A：日野山　B：中山城　C：亀甲山八幡神社　D：猪鼻山八幡神社
E：尾首城　F：玉泉寺城　G：龍王山　H：高丸山　×：古墳址

日の郷は東から昇る太陽の郷の意味かとずっと思っていました。私の奉仕する氏神猪鼻山八幡神社から見る日の山に登る初日の出は最高に美しいからです。ところが、右の説明によると、日の郷は日野家の郷であり、日の山は日野家の山と解釈するのが歴史的に相応しいようです。（日野山は、狼煙《のろし》山であったので火の山と言ったという説もあります。）

有木トラ女史の和歌では、日野山は「日野の山」としばしば詠われています。「日野氏の山」だからでしょうか。

古文書に、つぎのような記述があり、享和三年（一八〇三）には、有木村は日野郷と日谷郷とに分かれ、前者を東有木村、後者を西有木村とした時があったことが知られます。

一　日野郷《ひのごう》　神石郡東有木村
一　日谷郷《ひだてごう》　神石郡西有木村

享和三亥年四月

備後国神石郡東有木村庄屋　清右衛門
備後国神石郡西有木村庄屋　佐伝次

大岡源右衛門様
御役所

この分け方が便利なので、今日でもこれを使うことが時々ありますが、実際は、それから何年もの後には東・西有木村は行政上は有木村一本になりました。

元弘の乱、桜山軍が備中北条党討伐の時、平川村、有木村の日野家の代官たちは、桜山軍に協力しました。

## 有木氏と細谷川、磐座、有木神社、内攻姫

### （三）有木氏がこの地に代々住んでいたこと

日野中納言資朝は、藤原俊基と共に建武の中興の種をまいた人です。

資朝は、後醍醐天皇によく奉仕し、中央の謀議に与る要職にありましたが、この謀議のことが鎌倉に知れ、正中二年（一三二五）五月、資朝は捕らわれの身となり鎌倉に送られ、元徳年中（一三二九―三一）には、佐渡へ送られ死罪になりました。建武の中興がなり、有木村は、足利氏の所領となり、王御（近江）国野《や》洲《す》郡平川郷より平川掃部介《かもんのすけ》高親《たかちか》が来任、支配するようになったとも伝わります（『神石郡誌続編』）。

米見山山頂にある宝篋印塔《ほうきょういんとう》

豊松村の内藤河内守《かわちのかみ》実豊《さねとよ》の臣に井上勝正という武将がありました。勝正は、幕府の軍を欺き、その勢力を挫こうとして、天皇が崩御されたように装い、旧豊松村中央に聳える米見《よなみ》山頂上に、台石一・六㍍の堀をめぐらした五輪塔の山稜を模造したと言われています。この五輪塔「宝篋印塔《ほうきょういんとう》」は、現在、米見山頂上にその名残をとどめています。

有鬼氏が備中より来て当国、備後国神石郡有木に住みました。当村の元の名は、備中中山に因んで中山村と言いました。有鬼

氏が居住するようになり有鬼村と称しました。今は、有鬼を簡単にして有木と呼称するようになりました。一説によれば、有鬼氏は、元備後国の品治《ほんじ》郡の宮内に住みました。そして、吉備津宮の別当になりました。有木村は吉備津宮の神領であったため、有鬼氏から支配の役人を指し向けて居住させました。そのため村の名前を中山を改めて有木村と称したというものです（『神石郡誌（昭和編）』）。しかし、私は、やはり、備中中山から直接この地に有木氏が移り住み、ここに有木村を開いたと推測します。備中の中山から見て、美作の中山に対称する位置に備後中山を造りたいと望む有木氏が、備中から直接この地にやって来て夢を実現したと思われるからです。

現在も、宝全寺の裏山に有木氏の墓地があり、数多くの名もない五輪塔五輪石のほかに近年の墓石が整然と祀られています。

有木家の墓地

## （四）細谷川が流れていること

『古今和歌集』に出てくる歌に、細谷川が詠まれたものがありました。

○真金吹く　吉備の中山　おびにせる　ほそたに川の　おとのさやけさ

このように、歌にも詠まれる吉備の中山の細谷川と同じ名前の細い川が、有木の中山、日野郷の宮地に流れています。宮地は、宮内が訛ったものなのかも知れません。宮内は、神社の境内というほどの地名で、備中にも備後にも宮内はあります。そして有木の宮地、宮内にも細谷川のせせらぎがさやけく響いて流れています。亀甲山八幡神社（有木神社）が建つ裏山の裾《すそ》に、帯のように流れるせせらぎが音となり光になっています。今は農地改良護岸工事によって細谷川の一部はその原形を留めていませんが、細い水路に一年中清水を流し田んぼを潤しています。川筋には、屋号が「細谷」という平郡姓の家が現在もあり、有木氏の後裔だと伝えられています。その家の前には、細谷川の源流や水溜まりがあります。

　猪鼻山八幡神社が鎮座している猪鼻山の前後に細い谷川が流れています。神社前方には、急斜面をくねくねと下り小規模な滝もなして、「表細谷川」とでも名づけたらいい流れが日野郷川に注いでいます。神社の後方裏側には、山麓に細い谷川が猪鼻山を後ろから帯で抱えるように清らかな小川、「裏細谷川」と名づけていい流れをなして流れ下り、所々に沼地をつくり、年中乾くことなく仁吾川に注いでいます。

○人知れず　清き流れが　路つくり　心地よき音　君にも届けよ　（寛水）

宮地の細谷川

猪鼻山八幡神社裏細谷川

## （五）磐座《いわくら》があること

備中の中山、有木神社にも磐座《いわくら》がありますが、後述する西宮猪鼻山八幡神社にも磐座が、神社の真東の尾戸の山腹「山ノカミ」というところにあります。この磐座は二九平方㍍の広さの敷地いっぱいに大岩が覆い、現在も当神社の所有地・所有物です。当神社が創建されるまで、有木氏はこの磐座を通して有木神社のお祭りをしていた可能性が大いにあります。古には大きな岩や磐を神が座す聖なる場所と考え、その前でお祭りをし五穀豊穣を祈りました。有木氏は、ここで自分たちの先祖神は勿論、地名が示すように山の神・田の神・土地の神を祀っていたことでしょう。

磐座は、横幅約四・五㍍、奥行き約三・五㍍、高さ約二・八㍍の巨岩です。その位置は、眼下に多くの田んぼがだんだんと下がっていく様子が広がる所で、まさに山の神・田の神が田んぼで稲が育つのを見守るのに丁度いい場所です。

山中に横たわる猪鼻山八幡神社の苔むす磐座

日野山山頂の巨岩

日野山山頂にも、玄武岩の巨岩がありますが、それは東宮亀甲山八幡神社（有木神社）の磐座と言ってよいかも知れません。その磐座は、後述するように、有木神・龍王神・稲荷神・八幡神・木野山神など多くの神々の御座所と考えられ、日野山は霊山として麓に住む人々、特に広島県（備後）

有木地域・岡山県（備中）平川地域の人々によって敬われ親しまれてきたと思われます。それは丁度、吉備の中山が備前の人々からも備中の人々からも、自分たちの山と誇らしく思い、欠くことのできない大切な山であったのと同じです。

## （六）有木神社があること

吉備の中山には、今も吉備津神社の末社であった丑寅大明神社・有木神社の小さな祠が建っています。移動してきた有木氏は、自分たちの祖先神の有木神を一緒にお連れし、日野山の山頂に、そして麓に祀ったと十分考えられます。日野山山頂には巨岩が連なっています。これを磐座として崇めお祭りした後に、現在の亀甲山八幡神社の敷地近くの地に有木神社の社を建て祀ってそのご加護を願っていたと思われます。亀甲山八幡神社の末社に、丑寅宮がありました。丑寅神は、吉備津神であり、有木神です。亀甲山八幡神社が、有木神社と呼ばれる由縁です。

吉備の中山の有木神社の御祭神は、有木巨智麿《ありきこちまろ》（一説に播磨牛鹿直《はりまうじかのあたい》）と伝えられています。この備後の中山にも有木神社があって、御祭神は有木巨智麿とその妃の内攻姫であると、地元の昔話は伝えています。

つぎに『びんごむかしばなし　第二巻』から、「内攻姫」の話を聞いてみましょう。

### 内攻姫《ないこうひめ》

むかし、現在の豊松村（旧豊松村）が吉備国の一部だったころのことです。

内宮姫の面（平田行雄氏作）

吉備国は、鉄の力を背景にして勢力をふるっていました。豊松村を流れる細谷川の一帯も砂鉄の産地となっていました。

その細谷川《ほそやがわ》のほとりに、内攻姫《ないこうひめ》という、たいへん美しい女性が住んでおりました。

ある時、有鬼冠者《ありぎかんじゃ》という、砂鉄を採る人夫たちの頭《かしら》が、この内攻姫の美しさにすっかりとりこになり、嫌がる内攻姫を力ずくで無理やり引っぱって行き、自分の館に閉じ込めてしまいました。有鬼冠者は砂鉄を採ることで強い勢力を持つ、非常に勇敢な男でしたが、その一方で、自分の気に入った女性を腕ずくで次々に自分のものにしてしまい、多くの女性を苦しめていたのです。

そんな時、大和朝廷が吉備国平定のために派遣した吉備津彦命の副将軍、巨智麿命《こちまろのみこと》がこの豊松村にやって来ました。そこで有鬼冠者の乱暴なふるまいを知った巨智麿命は、

「そのような悪者は許してはおけぬ。なんとかして退治しなければ」

と、有鬼冠者を討ち取る計画を考えました。

ある夜。巨智麿命は、内攻姫が閉じ込められている有鬼冠者の館にこっそりと忍びこみ、ひそかに有鬼冠者を討つ計画を話しました。

「細谷川で酒宴を開きますから、あなたは笑顔で有鬼冠者に酒を勧めて下さい。ここに閉じ込められているのも、それまでの辛抱ですよ」

さて、酒宴の日になりました。巨智麿命は、やって来た有鬼冠者を出迎えます。

「これはこれは、ようこそおいで下さいました。有名な有鬼冠者さまにお目にかかれて光栄です。今日は、思う存分食べて飲んで、たっぷり楽しんで下さい」

すると一緒にやって来ていた内攻姫がすかさず、

「有鬼冠者さま、どうぞ召しあがれ」

と、打ち合わせ通りに酒を勧めます。

美しい内攻姫に笑顔で声をかけられた有鬼冠者は、

「そうか、そうか」

とすっかり気をよくして、内攻姫から勧められるままに、ガブガブ酒を飲みました。そして、有鬼冠者が上機嫌で酔っぱらったところを、巨智麿命がみごとに討ち取ったのでした。

その後、巨智麿命は討った相手の名にちなんで、有鬼《ありき》の姓をもらい、内攻姫を妻にして、この地の日野山に住みついたということです。

後世、吉備津神社の社主をつとめた有木《ありき》氏は、この巨智麿命の子孫であると言われています。

また、巨智麿命が有鬼冠者を征伐してしばらくして、崇神天皇の皇女、豊鍬入姫命《とよすきいりひめのみこと》がこの地に立ち寄りました。三種の神器の一つである八咫鏡《やたのかがみ》をまつる場所を探すための旅の途中でした。豊鋤入姫命は、この地にいる間、八咫鏡を一本の松の枝にかけていました。このことからこの地を、「豊松村」というようになったということです。

（注）
・このお話は旧豊松村有木《あるぎ》に伝わるお話。

・細谷川は「ほそやがわ」ではなく「ほそたにがわ」と読むのが正しい。
・有木冠者は、「ありきかじゃ」と読まれるのが一般的。有木を「ありぎ」としてあることに留意、第十六章参照。
・巨智麿命は、吉備将軍五十狭芹彦命の副将軍。
・内攻姫は、内宮姫を読み誤った名前かも知れない。内宮《ないくう》には妃が祀られるのが一般的であることから、巨智麿命の内宮姫とは巨智麿命の妃のことと考えられる。内攻は「ないくう」とも読める。
・日野山は、広島県神石郡旧豊松村と岡山県高梁市旧平川村との境に聳える高さ六六九㍍の姿美しい山で「有木富士」と呼ばれる。その西麓に備後日野郷の里が、東麓に備中平弟子、金野《かんの》、安田の里が開けている。

## 有木別所、古墳、高丸山、龍王山

### (七)有木別所があったこと

吉備の中山の有木別所、有木山青蓮寺に相当するものが、ここ備後の中山の別所長遠寺《ちょうおんじ》です。

元応二年(一三二〇)、日蓮宗本山京都妙顕寺の三祖大覚大僧正妙実上人が来国し、中山城主有木民部大輔吉兼が大願主となって、日野郷に長遠寺を建立したと言われています。長遠寺は、猪鼻山(亀甲山もか)八幡神社の別当職に当たっていたと伝わります(『郡誌続』)。その後、長遠寺は備中国岡山県高梁市旧平川村に移り、有木の中山には今は寺跡しかありません。寺跡には、現在、石碑が建てられています。それには、文和年中(一三五二―五五)大覚大僧正妙実上人が当地に来て天台宗寺院を改宗し、有木民部大輔吉兼を檀那として開基し、文亀元年（一五〇一）三月、岡山県高梁市備中町平川北の地に移転するまで百四十年余りこの地にあったとの内容が記されています。

長遠寺跡

戦国時代、永禄年中（一五五八―一五七〇）、中山城主で亀甲山八幡神社創始の大願主の一人、有木弥治郎貴親は、有木の中山日野郷に、備中国川上郡西山長松寺二世俊沢を請い願って、曹洞宗の一寺を建立開山し、妙光山宝全寺と号しました。明和年中火災に遭い、詳しい由緒は明らかでありません（『郡誌全』）が、宝全寺は、現在も健在で住民の尊敬の念を集めています。その寺院前の道下に広大な有木氏の住居跡があります。本家の甲屋の宅地は、奥行き約二〇㍍、横幅約四〇㍍で片隅に井戸があり、その外に寛延三年（一七五〇）の年号のある平郡吉之助の墓、明和七年（一七七〇）の年号のある平郡銀右衛門貴尚の妻の墓、ほかの墓が建つ墓地があります。

本家の西側の一段下がった所に、分家の甲西の宅地、奥行き約二〇㍍、横幅約一〇㍍、がありま す。

## （八）古墳があること

吉備の中山には茶臼山古墳をはじめ造山古墳とか数多くの大規模な古墳があります。茶臼山古墳の被葬者は、吉備津彦命と言われています。

有木富士日野山にも、前室を持った立派な古墳が二基もあるという古老の話があります。実際に行って見ると、備後の中山、日野山の西麓の中山城から頂上を見る延長線上に、五〇〇㍍ほど登った小高い丘の上に古墳跡と思われる箇所がありました。古老が話していたものと同一ではないと思われますが、北東向き、縦三㍍、幅約一㍍の長方形の石室があったと推測され、その前後に細長い大石、両側に縁石が点在、石室から少し離れた所に葺石と見られるものが上部・下部にあり小丘の上に横たわっていました。また、日野山の東側、岡山県側に「平弟子古墳」があり、やや上方に「柳原古墳」があります。

日野山西麓近くの中腹にある古墳跡

日野山の古墳の被葬者は、巨智麿とその妃の内攻姫とも言います。この備後の中山に、吉備津彦命の副将軍の巨智麿とその妃を埋葬して、その霊を慰めたいと思うことは有木氏にとっては自然なことです。たとえ巨智麿自身でなくても、それに準じる人であればお墓を造り、その御霊を祀りそのお陰を受けたいと願ったに違いありません。

日野山の北側や北東の少し離れた岡山県高梁市備中町平川の地に古墳が数基点在していることは、調査ですでに分かっています。古老の古墳の話や私の古墳跡との遭遇から、どうも日野山山中には古墳が、未調査のまま残っているように思われます。霊山のためむずかしい点もありましょうが、今後、さらなる調査が進むことを期待したいものです。

## （九）鬼が城にたとえられる高丸山があること

吉備の中山の北西には新山があり、前述の通り、朝鮮式山城の鬼ヶ城の遺跡があります。

備後の中山、日野山の北西には高丸山という高さ六八〇㍍の岩山があります。高丸山は、遠くから見ても岩肌が怒り聳えて立っており、鬼が住んでいたと思われても不思議はありません。岩山の頂上には、かつて小さい祠「高丸神社」が祀ってありました。周辺にはあちこちに岩松（岩桧葉）が生えています。（明治時代に、高丸神社は猪鼻山八幡神社摂社「日隅神社」へ合祀されました。）

岩には神（鬼神）が住んでいると昔から信じられてきました。「いわくら」がそれです。いわくらは神のすみかです。表（陽）は神、裏（陰）は鬼（鬼神・温羅《うら》は陰・裏からそう呼ばれます）、これが一体となって住んでいます。鬼神は、時に恵みを与え、時に災いをもたらします。

高丸山遠景（赤木三二氏撮影）

## （十）龍王山があること

吉備の中山にも北方に龍王山がありますが、ここ備後の中山にも日野山の北方に標高六五六㍍の龍王山が聳え、伝説が伝えられています。龍王山には、雲や雨を支配する八大龍王神が祀られています。私たちが生活するのに、水は不可欠です。古文書によると、「文政十年亥六月　奉寄進　猪鼻山八幡宮・八大龍王宮御幡一流　東有木村　某」とあり、文政十年（一八二七）に雨乞いのため八幡宮とともに龍王宮のお祭りをしていたことが分かります。龍王山の山頂に龍王山城が西向きに建っていました。これを支えている巨岩が主として東部にあり、それを背に横幅約一三㍍奥行き約八㍍の平地が、前方に高さ約八㍍の石垣を積んでできています。その平地の中央に小さな「八体（大）龍王宮」の祠が東向きに建っています。龍神は岩を神座としますが、この八体（大）龍王宮も巨岩を台座とし巨岩の屏風に守られています。平地の片隅に直径約二〇㌢の穴があり、その中は大きく広がる空洞があると伝えられます。龍が棲んでいたとのことです。

　昔は、ここで雨乞いの祭をし、麓から一升瓶に水を満たしたものを急斜面を持ち上がりお供えして、白旗を立ててお祭りをし、麓では盆踊りもしたと古老は話します。「奉　猪鼻山八幡宮八大龍王宮雨乞　東有木村　某」と書かれた長い和紙を何人か分つなぎ合わせて長い白旗を作り、それを龍のように空に舞い上がらせたことを想像させます。東有木村（日野郷）の人が、猪鼻山八幡宮と八大龍王宮のお祭りのために長い白旗を奉献しています。龍王山が西有木にあるため、西宮猪鼻山八幡宮とともに八大龍王をお祭りしたのでしょう。お祭りは夏の暑い時期、水枯れが起こりそうな時に、龍王山の麓の有木地域の日野郷か

龍王山山頂に築かれている石垣
（この上に龍王山城が聳えていた）

ら岩賀瀬《いわがせ》にかけての人たちと岡山県備中町の県境に近い平川の人たちが一緒に力を合わせお祭りしたようです。

ここ備後の中山の龍王山にも、古くから伝わる伝説があります。つぎは、古老から聞いた龍王山にまつわる伝説です。

**九龍《くりゅう》**

昔むかしのことです。その年は三カ月も四カ月も雨が一滴も降りませんでした。深刻な水不足のために、田畑を耕し作物を作ることもできませんでした。人々は飢え始め、餓死者が多く出るほどでした。大飢饉です。

日野山の北方にある龍王山には、龍が住んでいました。この龍たちも、食べ物もなく喉が渇き、危険な状態になっていました。ある日、龍たちは一匹の大きな龍を先頭に、列をなして山を降り始めました。丁度、そこに通りかかった人がそれを見つけ、後をついて行きました。二キロほど南に下がった国境の谷間に、龍たちはやって来ました。

先頭の龍がそこにあった大きな岩を動かすと、そこには水が湧いて出ていたのです。龍たちはかわるがわる頭を上下させて、喉を潤し元気を取り戻しました。龍たちは身体を絡み合わせ、一つの玉になって喜び合いました。数えてみると、八匹の龍が固まりになっているのでした。でも頭が九つあるのです。よくよく見ると、一匹は頭が二つ、胴が一つの奇形の龍でした。

巨岩を背に鎮る八大龍王の祠
(「八代龍王神社（地王様）」と書いてある)

お腹に水をいっぱい飲んだ龍たちは、龍王山へ帰って行きました。これを見ていた人は、里人にこのことを知らせ、里人はここで水を得て喉を潤し命を繋ぐことができました。里人は、龍王山の頂上に龍のために小祠を建て、龍のために住まいを造りお祭りをしました。今も直径二〇㌢くらいの口のある穴（中に広い空洞がある）が残っています。そして水が湧き出た谷を「九龍谷」と名づけました。

## 九龍谷の仏さま（抄）（『豊松の昔話』より）

有木の東の端の旧平川村（岡山県）に続くあたりに、九龍谷という所があります。これは人里離れた淋しい峠で、昔、盗賊が住んでいたと言われています。

昭和三年に県道改修工事があってそこを掘っていると、直径約六〇㌢、奥行き約四・五㍍の横穴があり、その奥に石を積み上げた仕切りがありました。その石を取り除くと、急に穴が広くなって、奥行が三㍍もある古墳があり、人骨と太刀が発見されました。

土地の人は、死者の霊を前のように安らかに眠ってもらおうと、人骨と太刀を瓶《かめ》に入れて埋め、そこに小さなお堂を建て丁寧に葬り死者の霊を慰めました。前に休み堂をも建て、これを九龍谷仏さまとして祀り、盛大な盆踊りをして慰霊しました。仏事をし始めてから、いろいろな病気を治す仏さまとしてお参りする人が多くなりました。

有木富士と言われる日野山頂上には、大変大きな岩が幅広く上下につながっている所があり、下段の岩前に高い（一〇㍍を超える）石垣を積んで、その上部に約五㍍四方の平地ができています。そこにはその昔、小祠を建て祀っていたと想像するに十分な環境が残っています。その造りが、前述の龍王山頂上の龍王宮と大変よく似ているのです。日野山の頂上にも龍王宮が祀ってあった可能性が十分あります。その場所より下がって麓から三合目辺りに、約七〇㍍四方の平地があり、そこにはかつて神社が建っていたと考えられます。正面に狛犬（狐か狼の像）一対があり石の手水鉢が残っています。その手水鉢には、木野山神社の文字が見えますので、木野山神と稲荷神が祀ってあったものと思われます。正面には参道跡が延びています。

日野山麓西側平地森の中に建つ狐の狛犬《こまいぬ》

　このようなことを考慮すると、日野山は有木富士であり有木霊山であると言ってよいと思います。それだけに有木地域の人は、日野山に特別な敬虔な気持ちを持っていますし、それに劣らず岡山県側の備中町平川の人たちもこの霊山に特別な愛着を持っています。まさに備後の中山です。

　岡山県高梁市備中町平川にあった旧平川中学校の応援歌に、「龍王山下に鍛えたる／我らが選手の行くところ／勝利の誉れ轟きて／真紅の旗幟《きし》は雅びやか」「砂塵を起こす鉄脚は／日野山の上へ雲を呼ぶ／戦い今ぞたけなわに／意気だ力だ我が選手」と龍王山と日野山が歌われています。

**備後の中山**　以上述べた理由により、この地有木は「備後の中山」であり、吉備の中山の写しであると考えられます。

吉備が三国に分かれた時、有木氏は吉備津神を福山市新市町宮内の地へ奉戴して祀り、神主の棟梁となりました。一方、別の有木氏は、吉備の中山から美作国の中山神社へ出向き、神社に奉仕しました。吉備の中山から美作の中山までの直線距離四十数キロを備中中山を起点として西へ直角に振った所に備後中山を造ろうと考え、山を分け入って見るとそこには秀麗な聖山、現在「日野山」と呼んでいる亀山がありました。彼らは素晴らしい所だとしてここに備後の中山を造ることを決め、この地に入って来たと思われます。その後、この地に土着した有木氏は、備後一宮吉備津神社に奉仕する有木氏と交流を持つようになり、こちらからも一宮へ出向き勤め、往来があったと考えられます。桜山慈俊が楠木正成と力を合わせ、義兵の旗を揚げた時、中山城の有木氏もこれに加勢して協力しました。

宝賀寿男（二〇一六）も、「備後の神石郡中山村（有木村）にも有木氏が居り、もと『有鬼』と言い」備中（賀陽郡の有木山、有木別所、有木神社の付近か）から来たもので、美作ではもと猟師であったと伝える」と言っています。

有木氏がこの地に初めて来た時、あの秀麗なる山は「亀山」と呼ばれていました。亀に似ているからです。亀は鶴と同じように縁起のいい動物です。中国でも亀山は蓬莱山であると信じられていました。日本には、各地に美しい山があって亀山と呼ばれるに相応しい山があちこちにありますね。有木氏がこの地に来てから、備後の中山を再現するのですから、山の名前も「中山」にしました。そうこうしている内に、中山の西に広がる人の住む地域が日野氏の支配下に置かれ、日野郷と称するようになりました。そしてあの霊山も「日野山」と称されるようになりました。有木氏もこれを受け入れ、今日まで日野山・日野郷と呼ばれてきています。有木氏がこの地で勢力を伸ばしてくるにつれて、これまでの中山という地名の代わりに有木氏の名前を採用し、地名を「有木」と称するようになったと推測されます。

## ポイント

薬師寺慎一（二〇〇八）は、古代吉備（備前・備中・備後・美作）における有木氏の分布と祭祀の役割について、つぎのように述べています。「古代吉備第一の聖なる山吉備の中山の麓に住んでいた有木氏は、備前・備中両国の一の宮の中間点に位置し、不動岩を磐座《いわくら》として吉備の中山に昇る冬至の太陽を祭っていました。有木氏の一部は備後に移り、その国の一の宮の神主を元禄の頃まで続けました。さらに、美作の一の宮では荷前祭主として重きをなしていました。まとめて言えば、有木氏は吉備全域に勢力を張った有力氏族ということになります。」

私は、この薬師寺説に更に一行加えたく思います。備前・備中の境に住んでいた有木氏の一

薬師寺慎一（2008）の図に、二重枠の部分を付け足しました

部が美作に移って中山神社の荷前《のさき》祭主を務めたように、それと対称をなす備後の有木の地にもう一つの中山を作り、有木神社を創建し有木氏の先祖を祀りました。有木神社は大社一宮ではありませんが、往古より備後の中山で小社ながら有木氏・有木地域の繁栄を祈ってきました。

## 有木の四つの山城

有木には、四つの山城があったと伝わります。

一つは、**中山城**。中山城は、渡辺源五郎（後の有木民部大輔吉兼）の時、備後の中山・日野山の麓に築かれました。備中から有木氏がこの地にやって来て、もう一つの中山を造ろうと考え、後の十四・五世紀頃にその拠り所として、山城というより館《やかた》というほうがいいかも知れない居城を、比較的低地の平地に築きました。現在もその土地が、小高い丘の上に、奥行き約三〇㍍、横行き約五〇㍍の草地になって残っています。以後、有木氏は、そこを中心として、吉兼を始め有木弥次郎頼成、有木弥次郎貴親、中務太夫頼嗣、同小次郎俊信、同弥次郎頼俊、同八郎頼久などが居城し、地方の豪族として活躍しました。頼成、頼久は、源頼朝より頼の一字を賜り、頼嗣は二千石を領したといい、尼子に従いまた毛利に従いました。源五郎吉兼の孫久親は、尾首城へ移りました。俊信は、永仁年中（一二九三―九八）、品治郡宮内村へ移り居城しました。

吉兼の後裔の有木能登守貴親は、日野日谷両郷を治め、城主として貢献、豊松庄領家職を仰せつけられ日野郷に、明応二年（一四九三）、尾首城主有木中務大輔久親とともに大願主として亀甲山八幡神社を創建しました。中山城は、有木氏の代々の居城です。明応年中に宮野家が改易となった以後、城を明け渡しました。中山城の一部とされる包含地が、亀甲山八幡神社の境内にあるとの記録もあり、かつては有木氏がそこに有木神社を祀り、祭祀を行っていたことは十分推測されます。また、神社の裏山の麓の細谷川を挟んで北側に対立する急斜面の山の頂上にかなり広い平地があります。ここに、例えば、出城を構築し、敵の来襲に備えたのかも知れませんし、武士の集合場所としても使えたことでしょう。

二つ目は、**尾首城**。初代城主は有木中務大輔久親で、尾首《おくび》（奥日、尾久比とも）城と言います。久親は、源五郎吉兼の孫に当たります。西有木に文亀元年（一五〇一）、玉泉寺城城主高尾越前守親信とともに、西宮猪鼻山八幡神社を大願主として創建しました。

城主初代は有木中務大輔久親、二代は有木民部大輔親忠、三代は有木弥太郎親宗で、「親」を通字として号し、知行高三百六十貫であったと言われています。城主が三世の親宗の時、戦いに敗れ亡びました。尾首城は、三方向が険しい山上に、平らな敷地を四段つくり、それを線状に配置していて、井戸の跡も残る山城です。城跡は四面がやや曲線に並んで残っており、先端部の平地は絶壁の上にあり、その後ろに幅約一六㍍長さ八〇㍍の本丸敷地跡が先端よりも約八㍍高く築かれています。その後ろに、一〇㍍下がって幅約一六㍍、長さ約二〇㍍の平地があり、その背後に一五㍍ばかり下がって幅約一五㍍、長さ一〇㍍の平地の上に石積みした径一・五―二㍍の井戸穴が口を開けています。麓西方丘上には、家老たちが警護したであろう土居館跡が上土居（北側に土塁がある）、下土居と二つあり、現在は畑になって残っています。尾首城の東側に仁吾川を挟んで向こうに猪鼻山があり、その頂上に猪鼻山八幡神社が鎮座しています。

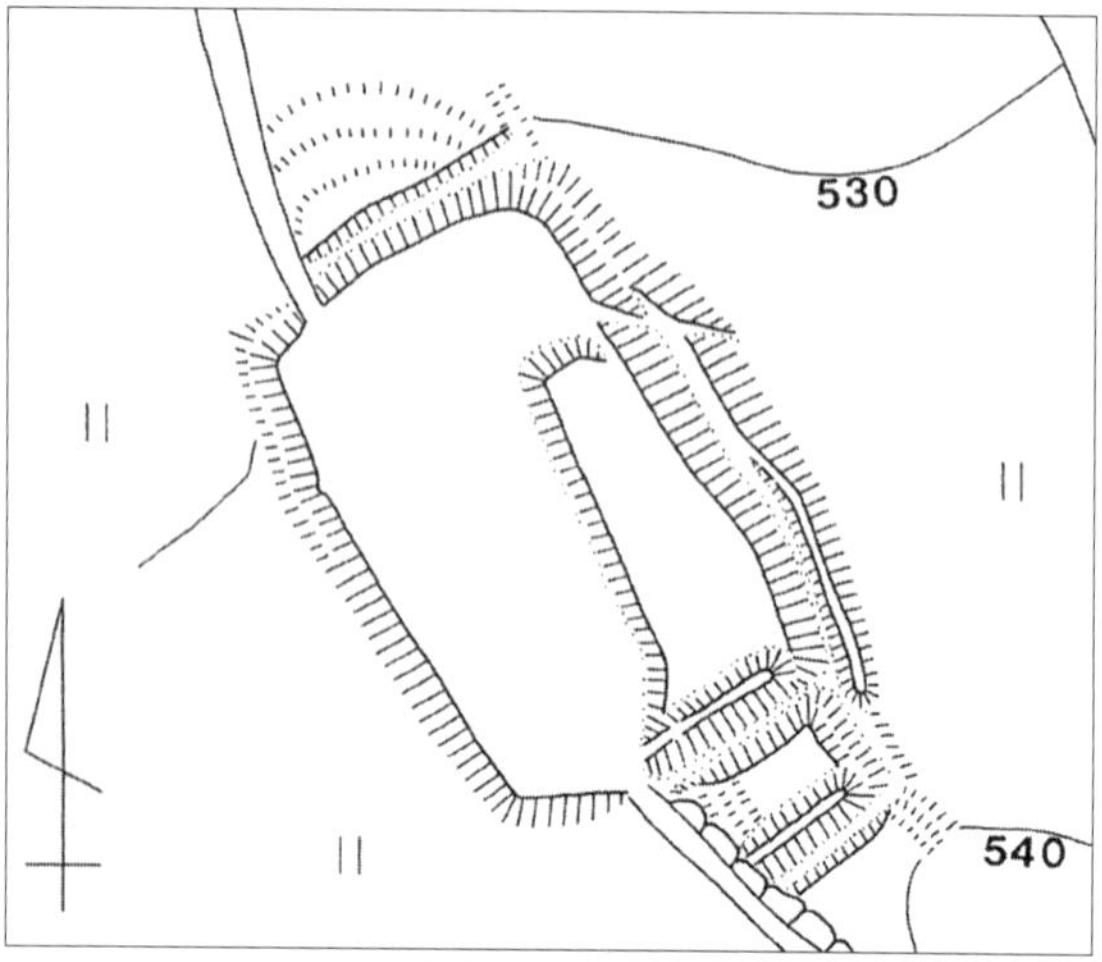


中山城跡略測図
広島県教育委員会（編）、1996より

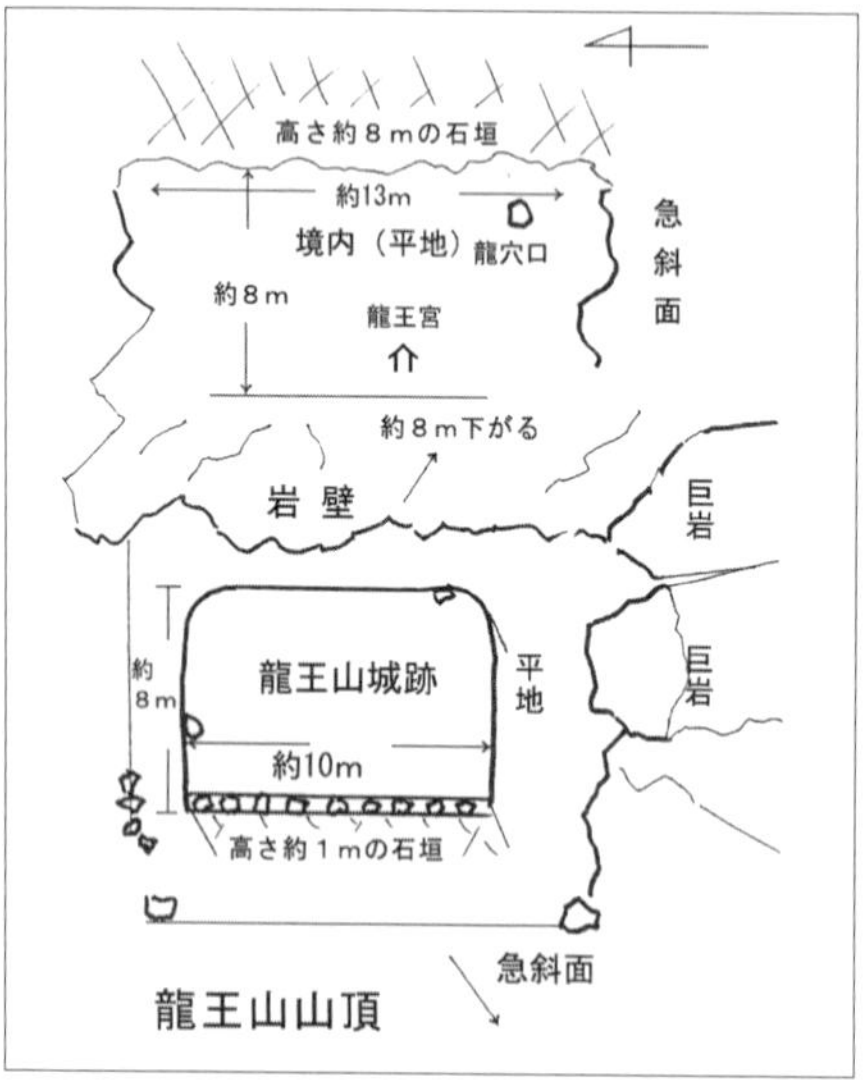


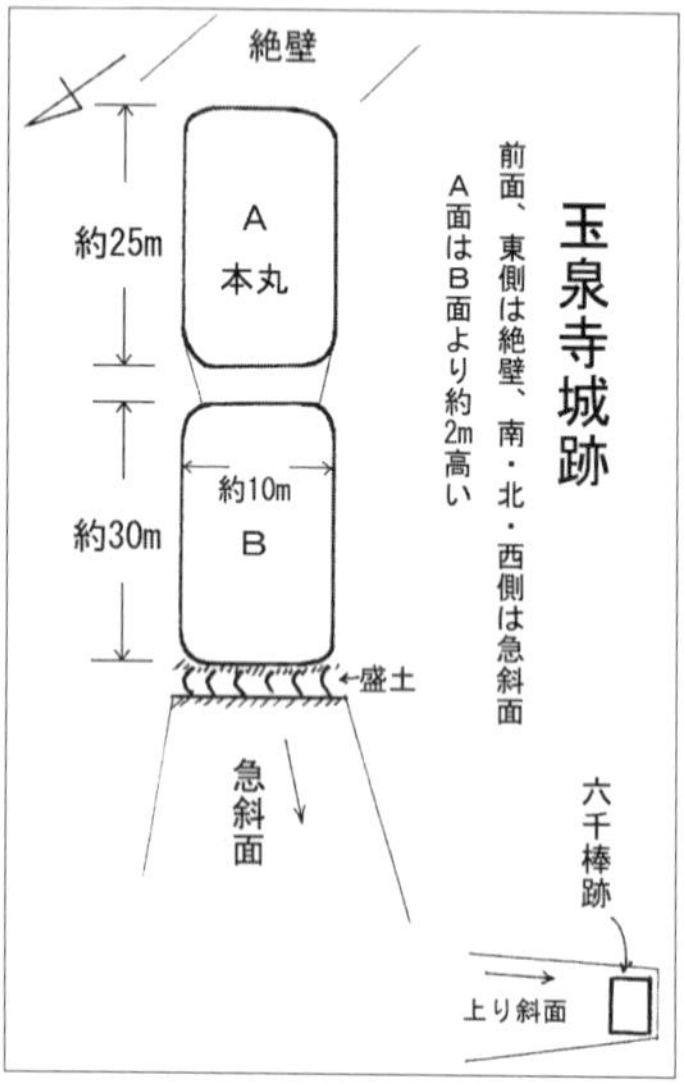

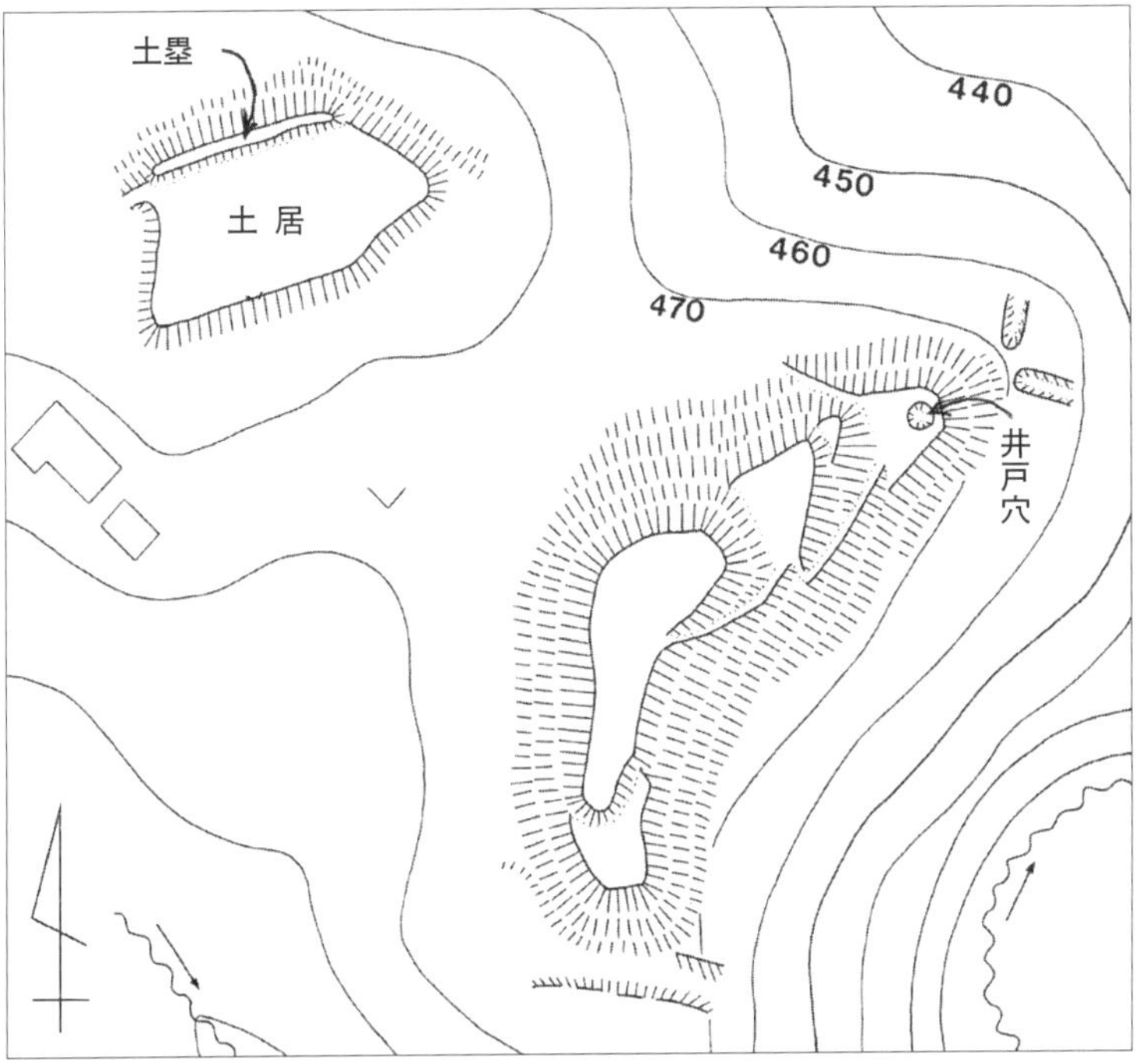


尾首城跡略測図
広島県教育委員会（編）、1996より（一部加筆）

龍王山山頂の巨岩

尾首城麓の下土居（向こう上段に上土居がある）

三つ目は、**玉泉寺城**。高尾越前守親信が居城した玉泉寺城です。前述のように、高尾越前守親信は、尾首城主有木久親とともに西有木に西宮猪鼻山八幡神社を大願主として創建した人です。親信の一族である高尾備前守元行入道は、神石郡福永の福永宮の城主でした（『備後叢書四』）。玉泉寺城は、字の名が六千棒（坊）という所にあり、前面・両脇の三方は絶壁の山上頂上に、平らな敷地を二段に設け、それを一直線に東向きに並べた跡が残っています。絶壁の先端部分に、幅約一〇㍍、長さ三〇㍍の本丸跡があり、その後ろに二㍍下がって幅約一〇㍍、長さ三〇㍍の平地があり更にその後部に盛り土がしてあって、後ろからの攻撃に備えています。そこに山城が聳えていたことでしょう。後方には、少し離れて六千棒寺の跡があります。一番奥に六、七㍍四方の宅地跡が前後に二つあり、礎石と思われる人の手を加えた石もあります。その前はなだらかな斜面が広がり、登り窯式の建物が建つことが可能な感じです。玉泉寺城の後ろからの敵の侵入の防御も兼ねた坊であったことでしょう。後の地元の人は、高尾越前守親信を慕い、高尾大明神とか越前明神として敬い祀りました。玉泉寺というだけあって、ここには清らかな水源があり、地元の有木小学校は長い間ここから飲み水を引いていました。

四つ目は、**龍王山城**。龍王山城は、広島県と岡山県の県境、有木の岩賀瀬の地にある龍王山山頂に、川上幸左衛門という武士が築いた山城です。龍王山城といい、八大龍王をお祀りしたと伝わります。

『豊松の昔話』「古武士、川上幸左衛門」によると、幸左衛門は、延文年間（一三五六―六〇）に、備中手荘村七地《ななち》の国吉城下の武士として働き、人柄よく武勇に優れ評判は遠くまで知られた人でした。足利幕府の管領斯波義将《しばよしまさ》の子の武蔵守義重《むさしのかみよししげ》に仕え度々手柄を立てたので、延文四年（一三五九）に義重から太刀一振り、槍一筋、馬一頭、兵学の書一巻を戴きました。後に、都から有木の地の岩賀瀬に来て、豪族として勢力を得、子孫は長くこの地に栄えています。

ある人の詠んだ歌が、同書に掲げてあります。

さかえにし　つわものどもの　墓荒れて　むかしを語る　松風の音

この龍王山の山頂に巨岩が並び立ち、それを基礎に横幅約一〇㍍（前部には石垣が横に敷き詰められています）、奥行き約八㍍の平地が広がっています。ここに龍王山城が西向きに建っていました。その平地から約一㍍下がって幅約三㍍の平地を縁《ふち》状に巡らし石垣で支えています。さらにその下に、敷地を支えている玄武岩らしき巨岩が主として東部にあり、それを背にして平地があり、前述の「八体（大）龍王」を祀る祠が建っていて、前方には石垣を積んで支えています。

現在も、有木の岩賀瀬に、川上幸左衛門一族の墓、五輪石の一群が径約三㍍の円形状をなして集められ祀られています。側には大きく太い柊《ひいらぎ》の木が立っており、墓地の前部には左右中央に榊《ひさかき》の木が植えてあり緑を添えています。ここで川上幸左衛門は、今何を考えているのでしょうか。

川上幸左衛門一族の墓
（神石高原町有木岩賀瀬）

# 第十三章　備後有木地域の二つの神社ほかと有木氏

現在の有木地区には二つの氏神社があります。有木村が、東有木村（日野《ひの》郷）と西有木村（日谷《ひだて》郷）の二つに分かれていた時代がありました。(注1) その東有木村（現在の日野郷）には東宮亀甲山八幡神社があり、西有木村（現在の中平、日野郷を除く有木・日谷郷）には西宮猪鼻山八幡神社があります。これらの神社を見ることによって、有木氏と有木という地域が昔はどのように関わっていたのかが、よりよく分かると思います。

始めに、現在の日野郷に鎮座する東宮亀甲山八幡神社から見ていきましょう。

## 東宮亀甲山八幡神社

当社は、第百三代後土御門天皇の御代の明応二年（一四九三）九月九日に勧請されました。勧請の発起をした大願主は、東有木村の中山城主有木《ありき》弥《や》次郎《じろう》貴親《たかちか》、西有木村の尾首城主有木《ありき》中務大輔《なかつかさだいすけ》久《ひさ》親《ちか》の二人の同族城主で、社人・神官は次重《じじゅう》出羽守《でわのかみ》高正《たかまさ》（息長米見の後裔で次重家の祖）であり、次

東宮亀甲山八幡神社

重家が明治末まで当神社の社人・神官として世襲奉仕しました。

思うに、二人の城主は共に有木氏であり、元々有木氏は先祖に神官を持つ家柄でありましたから、大願主が社人を兼ねることも出来たでありましょう。しかし、有木氏が城主でその地域の有力な豪族であり、先祖が神に仕える家柄であっただけに、本来の神祭りをよりよく心得ている人物を専属社人として迎えたいと考えたのでありましょう。

明応年間（一四九二―一五〇〇）の当時、有木地域には社人がいませんでしたので、有木氏兄弟城主は、聞こえの高い豊松庄米見山に住む鶴岡八幡神社の神官翁《おきな》家第四十一代翁忠豊に翁家の一人を新しく勧請する亀甲山八幡神社に奉仕する社人にほしいと、何度も相談に赴いたと考えられます。その結果、忠豊の子、翁家の身内のものを有木に翁の分家として差し出すことになったのです。その有木に分家した人が、次重家・屋号小滝を起こし、次重家の初代となり、次重出羽守高正と名乗りました。高正は、有木氏の願望と求めによく応え、有木氏ともよい関係をつくることが出来たのであろうと想像されます。八年後には、西有木尾首城主有木中務大輔久親と玉泉寺《ぎょくせんじ》城主高尾越前守親信が大願主となり、西宮猪鼻山八幡神社を社人次重出羽守高正と組んで創建しています。他の多くの神社の由緒を見ても、「大願主は地域の城主（あるいは、有力者某）」とだけあって、「大願主某、社人某」と併記されているものは、他に多くはありません。東宮と西宮の場合、大願主に加え社人次重出羽守高正を併記しています。有木氏が次重氏を大事に思って待遇していた証です。

なぜ有木神社を祀っていたであろう有木氏が、有木地区に二つの八幡神社を建てたのでしょう。それは時代の要請によるものと思われます。十四、五世紀の当時、日本の国の世情はどんな状況であったのでしょうか。年表を開いて見ても、一揆や乱が度々起こり、疫病なども流行し、六十年にもおよぶ南北朝時代を経て南北が合体しても乱や一揆が頻発しています。正中元年（一三二四）の正中の変、元弘元年（一三三一）の元弘の乱、元弘三年（一三三三）の鎌倉幕府滅亡、元中九年（一三九二）南北朝合体が成ったものの、応永六年（一三九九）応永の乱が起こり、正長元年（一四二八）には、正長の土一揆、永享十年（一四三八）には、永享の乱が起こり飢饉疫病がはやり、嘉吉元年（一四四一）には、足利義教が暗殺され乱が起こっています。応仁元年（一四六七）には、あの応仁の乱が起こり、文明九年（一四七七）に収束するまで十年を要しています。文明六年（一四七四）には加賀一向一揆が起こり、文明十七年（一四八五）山城国一揆、長享元年（一四八七）の加賀一向一揆が起こります。このような世情不安の中で、自衛の必要、武力の保持増強などを背景に、武運を祈る拠り所、武家の守護神が必要であったと思われます。

武家の守護神としては、当時、八幡神が広く受け入れられていました。奈良末期に和気清麻呂が宇佐八幡の託宣を受けて道鏡の皇位奪取計画を阻止した宇佐八幡託宣事件により、皇室の守護神としての性格が強まりました。貞観二年（八六〇）には僧の行教によって宇佐から石清水に八幡神が勧請され、都における八幡信仰の拠点となりました。石清水八幡宮は、伊勢神宮につぐ第二の地位を確立し、十一世紀末には伊勢とともに「二所宗廟《そうびょう》」と称えられ、皇祖神として位置づけられるようになりました。その性格に由来し、源氏の氏神ともなっていき、源義家が石清水八幡宮で元服したことで八幡太郎と称したことから武家の清和源氏の氏神という性格が前面に出て、平安末期には鎌倉に鶴岡八幡宮が勧請されました。中世には源氏の氏神から広く武家の守護神として発展を遂げ、各地に鎮守神として勧請されていきました（『神道事典』）。

さて、亀甲山八幡神社の勧請のことです。伊勢国鈴鹿郡亀山鳩峰に、豊前国の宇佐宮の御分霊（応神天皇）を勧請しお祀りしている亀山正八幡大神社という神社がありました。有木貴親《ありきたかちか》が、その神社へ数度詣でて、八幡の大神を地元の有木の日野郷へ勧請し、社人共々奉祀することにしました。貴親は、類無き高名手柄を立てた自分の甲《かぶと》を郷土の氏神に奉納しました。そのために、当郷の神社名を鈴鹿の亀山、そして有木の霊山亀山の名の「亀山」の中に「甲」を入れて、亀甲山《かめこうやま》八幡神社と称しました。明応二年（一四九三）九月九日のことでありました。

当神社の大願主有木氏の祖先は、敏達天皇の春日皇子・妹子王子（小野妹子）の後裔小野朝臣平郡、姓を改め有鬼という吉備大臣の一の臣下で度々高名を立て比類なく仕え唐国までもお供仕え、備前備中の境の有木の別所細谷川辺りに鬼を従えており、それにより有鬼の苗字を賜りました。有鬼を有木とし、有木氏が誕生しました（注2）。

文中の「吉備大臣」とは吉備真備《きびのまきび》のことであり、「唐国までもお供仕え」とは遣唐使として吉備真備に随行したことを示しています。有木氏の中で遣唐使に随行した人には広成という人がいます。彼は吉備大臣の家臣で「天平五年（七三三）多治比ノ広成中臣ノ朝臣名代阿部仲丸遣唐使」と、古文書の由来説明があります。

## 古文書より

さて、吉備の中山に住んでいた有木氏の一族が当地に宮所を求めここに定住し、後に備後一宮と交流があったと考えられます。その後裔が亀甲山八幡神社の大願主、有木貴親・久親兄弟です。一方、有木氏は備後一宮に代々勤め宮野政信にも仕え、度々の卓越した働きによって政信より、吉備津神社の社領であった神石郡豊松庄日野・日谷を賜り知行したとの伝もあります。

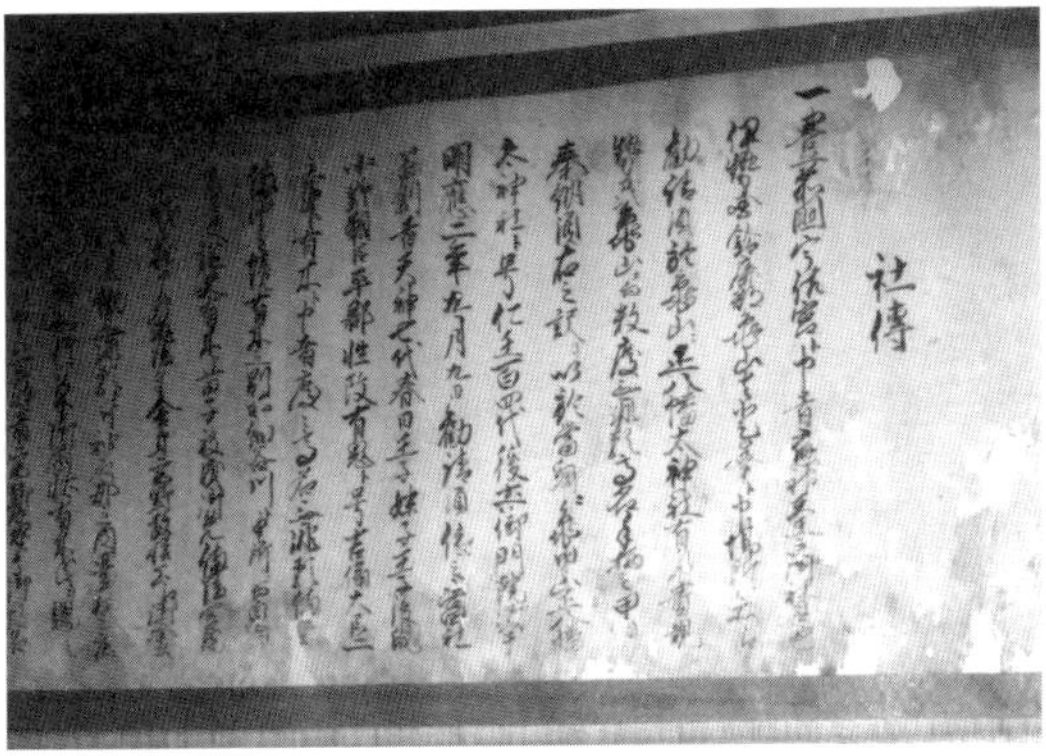
亀甲山八幡神社社伝記

勧請に当たって、古文書「社伝記」には大願主・社人の他に、当社社僧として「導師長命山長遠寺坊主」の記載もあります。この長命山長遠寺は、有木民部大輔兼吉が建立したものです。吉兼は、元の名は渡辺源五郎といい、宮野の旗本で、豊松庄日野・日谷《ひだて》を領しました。中山城を築いて居城、長命山長音寺を開山しました。行年百五歳の長寿でした。

寛永元年（一六二四）社中残らず焼失、有木弥治郎貴親奉納の甲も焼失しました。翌年（一六二五）、六本立の仮殿、御本殿一宇再建立、大願主平郡（有木）左近大輔橘朝臣義親、社人次重出羽掾藤原朝臣高充、導師は備中国川上郡湯野郷西山村青亀山長松寺坊主でした。

明和八年（一七七一）にも神社残らず焼失しています。天明三年（一七八三）、亀甲山八幡大神社仮殿・本殿一宇、大願主平郡（有木）周兵衛尉貴福、神司次重豊後守藤原朝臣高正でした。そして文化二年（一八〇五）、正殿造営の話し合いがなされた折、西宮猪鼻山八幡神社の氏子総代数名が当神社へ出向き相談に参加しました。このように東西両宮の総代が協力し助け合いして、文化四年（一八〇七）、本殿建立遷宮を執行しています。（有木氏は、時代によりまた人により平郡姓を名乗りました）。

亀甲山八幡神社は、勧請以来数度焼失したため古記旧記並びに神宝等悉く焼失し、現在の社殿は、文化四年（一八〇七）のものかと思われます。

文化四年（一八〇七）、玉殿一宇、有木貴親の末の孫が先大願主平郡勇兵衛重経、大願主平郡清左衛門貴福、平郡内蔵太裴貴、有木勇兵衛重経、社祠次重豊後正藤原高正、注連頭翁備前豊章、俗神主有木氏平郡氏他と「古文書」に見えます。

「古文書」によると、亀甲山八幡神社の末社に、稲荷大明神、丑寅大明神、龍王宮三社が境内地にあり、社人は次重豊後守藤原高正であったことが見えます。このうち丑寅大明神は、吉備津神のことで、この地が吉備の中山と繋がっていることを示すものです。また、龍王宮は、日野山の頂上に巨岩がありそれを磐座《いわくら》として祀り麓から拝んでいたものです。有木地域の北部の県境にある標高六五六メートルの龍王山山頂に祀られている八大龍王社の神霊を当神社の境内にお祀りしたと推定されます。

（注1）古文書に、「日野郷《ひのごう》神石郡東有木村、備後国神石郡東有木村庄屋清右衛門、備後国神石郡西有木村庄屋佐傳次、享和三年四月」とありますから、有木村が、日野郷（東有木村）と日谷郷《ひだてごう》神石郡西有木村、備後国神石郡（西有木村）に分かれた時期は、江戸時代後期の享和三年（一八〇三）を含んでいます。実は、江戸時代前半の元禄十二年（一六九九）に、備前検地によって、東有木村と西有木村に分村していました。そして明治二十二年、東西有木村が一村の有木村となり、明治三十年に有木村・下豊松村・上豊松村・中平村・笹尾村が合併して豊松村が誕生しました（竹内理三、一九八七）。

（注2）「当社草創者天神七代仁皇三十代敏達天皇春日王子妹子王子後裔小野朝臣平郡姓改有鬼ト号吉備大臣一之臣下有木ト申者度々高名無比類仕唐国迠茂御供仕附備前備中之境有木之別所細谷川ト申所ニテ鬼ヲ卒《シタガ》ヘ夫ヨリ有木ト苗字ヲ被成御免備後宮内ニテ代々勤申候」（古文書より）。

## 西宮猪鼻山八幡神社

つぎに、西宮の猪鼻山八幡神社について見てみましょう。

当神社は、第百四代後柏原天皇の御代、文亀元年（一五〇一）九月二十八日に勧請されました。大願主は、西有木尾首城主有木中務大輔久親、西有木玉泉寺城主高尾越前守親信で、それに社人は次重出羽守高正でした（以来、今日まで社人次重氏が世襲奉仕しています）。

中山城主の貴親は当神社の大願主になることを控え、弟分の尾首城主久親と玉泉寺城主親信に大願主を任せています。貴親のバランス感覚の良さと寛容さを感じさせます。

西有木仁吾に高尾越前守親信が築城し、玉泉寺城と呼びました。その字の名は六千棒で、六千棒寺も建てられました。土地の人には、玉泉寺と六千棒が何となく似ているので、玉泉寺城のことを六千寺城と言う人もいます。高尾越前守親信は、最後は備中の細谷川で討ち死にしたと伝わります。

神石町福永上市の恩定寺は、天和年間（一六八一―八三）、玉泉寺城主高尾越前守が福永中谷に曹洞宗の末寺として建立したのに始まります。その後、文化年間（一八〇四―一七）に火災に遭い焼失、その後再建されました。昭和四十三年、福永字中谷より、現在地福永上市へ移転しました（『神石郡誌続編（昭和編）』）。

西宮猪鼻山八幡神社の御祭神は、誉田別命（応神天皇）、息長足姫命（神功皇后）、仲津足彦命（仲哀天皇）で、京都石清水八幡神社の御分霊を戴いてお祀りしました。境内に建つ石碑にその由緒が刻まれています。

「當社元村社人皇第百四代柏原天皇文亀元年

九月廿八日京都石清水八幡宮御分霊勧請願主

尾首城主有木中務大輔久親玉泉寺城主高尾越

前守親信社人次重出羽守藤原高正奉鎮斎也宮司次重春雄敬書」

当時、西有木には、尾首城（城主は有木《ありき》中務大輔《なかつかさだいすけ》久親《ひさちか》）と玉泉寺城（城主は高尾《たかお》越前守《えちぜんのかみ》親信《ちかのぶ》）の二つの城がありました。その二人の城主が大願主となり、有木氏が豊松庄米見山麓に住む社人翁家からこの地に迎えた社人次重《じじゅう》出羽守《でわのかみ》高正《たかまさ》を、この神社の社人・神官として、社殿を建てて奉斎しました。神社名は猪鼻という地名を採用し、西宮猪鼻山八幡神社と称しました。東宮亀甲山八幡神社に後れること八年でした。両者は、いわば、兄弟神社と言えるでしょう。新しく当神社を建設するに当たって、神社建築・神社運営の経験が大願主にも社人にも生かされていると思います。

元禄十一年（一六九八）、次重伊豫守高恒が祠官の時、本殿の修復をしています。また享保三年（一七一八）、次重筑後守高平が祠官の時、本殿の再建をしています。こうした社殿の修復や再建に際しては、氏子総代が中心になって工事が展開されましたが、東宮亀甲山八幡宮の氏子総代の力添えがあったに違いありません。東宮と西宮とは、大願主・祠官ともに共通であり、当初から氏子総代も協力しあって発展してきました。

西宮猪鼻山八幡神社

その後、文化八年（一八一一）、次重豊後守高正が祠官の時、本殿屋根葺き替えがなされ、天保十五年（一八四四）、次重能登守高輝が祠官の時、本殿屋根修復がなされ、弘化四年（一八四七）、本殿屋根葺き替えがなされました。また、明治二年、次重文語高明が祠官の時、本殿修復、明治十五年、平郡瑞穂が祠官の時、本殿葺き替え、明治二十四年、次重岩登正高知が祠官の時、鳥居再建がなされました。明治四十五年、平郡清麿が社掌の時、本殿屋根葺き替え、昭和十一年、土居司一が社掌の時、本殿屋根葺き替えが、昭和三十四年、次重春雄が宮司の時、本殿屋根銅板葺き替え、平成八年、次重寛禧が宮司の時、本殿屋根銅板葺き替えがなされ現在に至っています。

こうして見ると、社殿の修復や屋根の葺き替えが度々行われ、神社護持のため先人たちの多大な努力が懸命に払われてきていることがよく分かります。

西宮猪鼻山八幡神社拝殿から東南に向かうと、鳥居の向こう側に有木富士・日野山（中山）の美しい姿が眺望できます。神社創建に当たって、大願主の有木氏と高尾氏、それに社人次重氏の先祖は、この猪鼻の地に立って、真向こうに見える日野山の雄姿を目の当たりにし、この地が神鎮まります聖なる地にふさわしく素晴らしい所であると感じたに違いありません。

○日野山に　差し昇りたる　初日の出　鳥居にかかりて　齋庭《ゆにわ》を照らす　（寛水）

神社の東方の山中に猪鼻山八幡神社の磐座《いわくら》があります。神社が建立される以前から人々はこの磐座を祀り、拝んでいたと思われます。この磐座がある地名は、「山ノ神」です。山の神を祀り、春には山の神が前に広がる田んぼに降りて来て「田の神」となり、秋の収穫が終わると山に帰り「山ノ神」として冬を越すと考えられたのです。

鳥居にかかる初日
（正面に見える山が日野山）

「猪鼻」の地名は、その地域の地図上の形に由来するという説があります（次重春雄、一九八八）。それも頷けます。猪《いのしし》の鼻は、頭部先端が特徴的に突き出しており、牙と鼻の強力な力で土を掘り餌を探します。突出した部分を「鼻」「猪鼻」と言うのでしょう。

日本地図を広げて見てみましょう。鹿児島県南九州市の南端の長崎鼻、福岡県北九州市の北西端の遠見ノ鼻、愛媛県西予市の西端の大崎鼻、香川県さぬき市の北端の馬が鼻など、海に突き出た所をその形から「〜鼻」と名付けられている所が多く発見できますね。新潟県の佐渡島を見てください。南端の野崎鼻と沢崎鼻、真野湾の台ヶ鼻、外海府海岸の千本鼻と、少なくとも四カ所はあります。

「猪鼻」という地名は、静岡県引佐《いなさ》郡三ヶ日《みっかび》町の猪鼻湖に見られます。その湖は、浜名湖の北西部にはみ出していて奇岩と松による景色で知られますが、奇岩が猪の鼻に似ているところからそう呼ばれると言われます。そして同町に武甕槌《たけみかづち》命を祀る猪鼻湖神社が建っていますが、この神社は延喜式内の古社です。

猪鼻峠は、香川県と徳島県を結ぶ讃岐山脈を越える標高五四三㍍の峠です。古くから阿波池田と琴平間の交通路として重要な峠でした。この猪鼻は、一段高い所を通り抜けるのに交通上の障害となるところから、その名がついたとする考えもあります。

さて、猪鼻山八幡神社の場合は、地形もさることながら、その社地の古い地名が「井の花」であることから、湧き出る清水の始まりという意味が入っているのではないかと推測します。「井の花」とは、水源の端・始まり・大本のことを意味しているのではないでしょうか。現在、神社に引いている水源地の大本を辿ると、現在の御旅所の裏山辺りに至ります。生活にとって最も大事な清き水が湧き出す、大本を守っていただいた神がおられる（た）ことであろうと思います。因みに、何処の地域でも、現在は、共同水道をつくり豊富な水を使用していますが、この猪鼻地区では、未だに各戸に井戸・水源・豊かな湧き水があり、共同水道を設置する必要がないのです。

私は「猪鼻」は、その地形による呼称であるとともに、山が生み出す清い水の大本「井の花（端）」の意味を持っているのではないかと思っています。

神社の鎮座する猪鼻山の頂は、標高四九一㍍で、前述したように、山の裏表の山下には山に帯を掛けるように表細谷川と裏細谷川と呼べる細い谷川が年中絶えることなく清い水を流し、日野郷川と仁吾川に流れ落ちています。

なお、広島県福山市郷分町井ノ端内には、井《い》の《の》端竈《はなこう》神社があります。「井の端」は、猪鼻＝井の花（端）と同じような意味を持っているのではないでしょうか。

西宮猪鼻山八幡神社が創建された当初は、現在御旅所になっている所に、現在のものよりも小規模の社殿が猪鼻八幡社として建てられ、後に現在の地に移転し社殿を現在の規模に拡大した可能性も考えられます。その理由は、御旅所がある土地の古い名前が「井鼻八幡社」であり、現在の本殿社殿が建っている所の名前が「井ノ花」であるからです。有木氏と高尾氏が大願主で、次重氏が社人で、猪鼻山八幡神社を最初に創建しようと計画した時、もともと地主神を祀っていた「井ノ花」現在の御旅所に八幡社が建てられて「井鼻八幡社」とし、後に、現在の地に社殿を移動し規模を少し拡大して再建したのかも知れません。これはあくまで一つの推測であり、定かではありません。

猪鼻山八幡神社は、東南に面し、有木富士、日野山が正面に見えます。東方の山の中腹に、磐座《いわくら》があります。真四角な二十九平方㍍の土地一杯に巨岩が横たわり、眼下に段々と続く田んぼを見おろしています。西宮神社創建（文亀元年、一五〇一）以前から先祖はここに山の神を祀り五穀豊穣を祈ってきたと思われます。また、神社の北側遠方には、岩肌を隆々と顕にし怒っているように見える高丸山が眺望できます。その山の岩屋に鬼が住んでいたのかも知れません。そんな感じを与える山です。

明暦年中（一六五五―五八）、当時の神主の家屋が焼失し、関係の古文書がすべて灰燼《かいじん》に帰し、また次重岩登正高知《いわとのかみたかとも》は、明治二十九年北海道開拓団に加わり渡道し、同年その地において大水害に見舞われ古文書すべてを流失しました。ために古を知る資料が皆無の中、次重春雄（一九八六）は努力を尽くし資料収集に心血を注ぎました。

猪鼻山八幡神社御旅所

次重春雄（一九八六）によると、尾首城・玉泉寺城の両城が落城後、享保年中（一七一六―三六）、西有木村庄屋小坂佐伝次が発起して、猪鼻山八幡神社の境内地に杉・檜の植樹を始め、種々当神社に貢献するところ大きく、爾来小坂氏は当神社の大願主または大総代となってきています。現在の本殿正面に掛かる扁額《へんがく》「八幡宮」は大願主小坂主一の寄進になるものです。後裔の小坂正夫は、当神社の大総代を三十一年間、小坂正夫の孫の小坂圭一郎氏は責任役員を三十四年間務め、神社護持運営のため多大な貢献をしてきました。現在は、小坂正夫の曽孫の小坂佳敬氏が責任役員に就任しています。

## 文化発祥の啓蒙学舎

次重春雄（一九六九）によると、猪鼻啓蒙学舎が創立される前、幕末期の教育の場について、寺子屋を開設した人はいませんが、教場として宝全寺・龍興院・次重旧神官宅などがあったとしています。明治維新当時、龍興院の矢野哲元和尚に教えを請う者が多く、高田定太郎校長も夜学で子弟の教育をしました。また、次重能登守は、物知りで達筆家でもあり広く神職の子弟をはじめ、一般人にも読書や手習いを教えました。明治末葉から大正時代にかけて、有木トラ女史は、読書・歌道を教え、橋本みやの女史は有木小学校併設の補習学校講師として裁縫・作法を教え、次重キョウ女史は絹糸を紡ぎ機を織り裁縫を教えました。

猪鼻山八幡神社の境内地に、有木簡易学舎・啓蒙学舎跡があります。明治五年の学制発布により、有木中平学区民が協議を重ね、明治六年四月に、学舎を境内に創設し、猪鼻啓蒙学舎と称しました。読書、そろばんを教え、夜学も行いました。この神社境内は、まさに「郷土文化発祥の地」だったのです。明治六年四月一日開校、明治三十一年、准訓導として内藤語一が就

有木校旧址の碑

猪鼻啓蒙学舎

任、翌年、内藤語一は退任して佐伯郡大塚尋常小学校訓導となりましたが、明治三十三年七月、氾濫した川に児童が橋から転落するという事故が起こり、救助しようと危険も顧みず飛び込み溺死しました。内藤語一については、後述します。

明治三十四年四月より校長職がおかれ、初代校長に高田定太郎がなりました。

＊高田定太郎校長の自詠の歌一首＊

○千早ぶる　神代ながらの　年明けて　今朝降る雪の　のどかなるかな

明治十九年、小学四カ年が義務教育となり、四十年には義務教育が六カ年に延長されました。同年八月に、校舎の老朽化と校地不便のために、校舎移転が図られ、別の地の仁吾に移転することに決定しました。時の校長は、小坂正夫でした。

明治四十一年、校舎が仁吾に移転し、同年十一月開校式が行われています。猪鼻学校時代の学校管理者は、建設当初戸長の小坂重次兵衛、明治十五年頃は戸長の有木亮之助、明治二十年頃は戸長の有木脩平、明治二十五年頃は戸長の小坂主一、明治三十五年五カ村合併後は豊松村長でした。有木中平学区内の勤務教師は、校長小坂正夫、訓導有木基太郎、有木次郎、内藤語一、小坂友一、江草義美ほかでした。猪鼻学校時代は三十五カ年でした。

## 仁吾学校

明治四十一年、仁吾学校開校、校長は小坂正夫。明治四十三年、有木尋常小学校六年課程となり、昭和十六年、有木尋常小学校時代三十二カ年が終わりました。そして昭和十七年、有木国民学校と改称し（有木国民学校時代は六年間）、昭和二十三年、有木小学校と改称。昭和三十一年、有木幼

仁吾学校（昭和10年頃）

旧有木小学校校舎・現ビレッジ仁吾川宿泊施設

稚園開設。昭和四十二年三月、村内児童数減少により村内の四つの小学校が統合して豊松小学校となり、有木小学校は閉校、以後一カ年、豊松小学校有木教場となりました。仁吾学校時代六十一カ年の幕を下ろしました（次重春雄、一九八八）。現在、旧校舎は「ビレッジ仁吾川」宿泊施設として活用されています。

右の引用から、明治十五年頃の戸長は有木亮之助であり、明治二十年頃の戸長は有木脩平であったことが分かります。なお、訓導に有木基太郎、有木次郎の名が見えます。有木一族の人達です。また加えて、あの溺れる教え子を助けようとして、自らの命を賭した内藤語一の名も有木簡易学舎の訓導の中に見えます。

仁吾川の八幡大橋の端に立つ注連柱に刻まれた文字「中心帰一」と「報本反始」は、後述の有木春来女史の揮毫になるものです。これらは、有木春来女史が東京で開学された国本学園の教育の基本、考えの基です。女史の語録の中に、そのことが反映されています。いくつか掲げましょう。

「中心帰一」
中心の確立なくして事は栄えぬ。
世の中に中心の無いものは存在しない。

「報本反始」
本《もと》あって末《すえ》生ずる事を忘れてはならない。
親を根とし、子孫は栄える。親を大切にすることが、運命の上に重大なる役割がある（国本学園、一九九二）。

猪鼻山八幡神社創建時の大願主の一人、尾首城主有木中務大輔久親の末裔、有木基の妻が有木春来女史です。有木春来女史については、章を改めて記します。

## 内藤語一伝

次の文は、『神石郡誌』「先賢」の項に掲載されている文章と、『歴史と伝説　豊松の昔話』「内藤語一先生の殉職」をもとに、分かり易く書きかえたものです。

内藤語一先生は、神石高原町有木の中平の地で明治十年六月に生まれ、性格は極めて温厚な人で

有木春来女史揮毫「中心帰一」「報本反始」仁吾川八幡大橋の注連柱（この参道を上った所に氏神社がある）

した。教師の道に身を捧げ、児童生徒をわが子のようによく世話をし面倒を見ました。郡内の有木・安田・油木の小学校に勤務し、保護者を始め一般の人々の信頼と尊敬を受けていました。

明治三十二年五月、佐伯郡大塚尋常高等小学校へ准訓導として赴任しました。その学校に奉仕中のことでした。明治三十三年七月十一日、児童の一人、藤田ヨシノという女の子が学校付近の川の橋の上から誤って転落するという事故が起こりました。丁度、梅雨の時期で何日も降り続いた雨のため、川は大水となって濁り水がしぶきを上げて流れていました。連日の雨で濁った川水が氾濫状態にあり、女の子はあっと言う間に呑み込まれ押し流されて行きました。

「藤田ヨシノが川に流れたー」

川に近い小学校の教室で、児童と一緒に弁当時間を過ごしていた語一先生は、その声を聞くなり、

「あっ、しまった」と気も動転しました。

みるみる顔は真っ青になって、先生は川の方へ走り出しました。そして、詰め襟の洋服のボタンを引きもぐように脱ぎ捨て、シャツ一枚になって叫び声をあげながら走り、浮いたり沈んだりしてもがいている女の子をめがけてザンブと川に飛び込み、抜き手を切って近づこうとしますが、物凄い水の勢いはともすれば語一先生の姿を呑み込もうとします。

岸から見守っている児童たちは、手を握りしめて、

「先生危ない、危ない」

と大声で叫ぶのでした。先生は、飲んだ濁り水を吐き出し吐き出し、少しずつ女の子の方へ近づきました。そして、もう少しという時、幸いに女の子は他の人によってぐったりとなったまま救いあ

げられました。これを見た先生は、安心されたせいか、力が尽きたためか、水の勢いのままに、凄い速さで浮いたり沈んだりしながら、下流へ下流へと流されて行きます。川岸に立つ人たちは、驚きの異様な声をあげながら見守るうちに、飛び込んだ所から三百㍍ほどの下流に、わずかに見え隠れしている川柳を、うれしや先生はしっかりと掴んだのでした。

喜びの声があがりました。しかし――それは束の間のことでした。その命の綱は実は頼りないものので、次の瞬間には、根こそぎ流されたのでした。柳に掴まりながら、片手をあげた姿、それが先生の最後の姿で、あっと言う間に、柳も先生も濁流の中に没して見えなくなりました。岸に立っていた人たちは、呆然として見ているほかはなかったのでした。

しかし、子どもたちは、「先生」「先生」と口々に叫びながら追って走ったのでしたが、先生の姿は誰の目にも入りませんでした。

捜索隊が作られて下流を捜したのですが、見あたりません。三日後に、はるか下流の広島市の工兵橋で、変わり果てた姿の先生が発見され、数日後に、遺体を迎えて、悲しくも痛ましい学校葬が営まれました。先生は二十四歳でした。

死体が発見されて、一時、広島市尾長山の墓地に仮に埋葬された時、父である善兵衛さんは、いたんだ死体にとりすがり、

「おお、語一、よく死んでくれた」

と繰り返されたといいます。善兵衛さんは、帰ってからも、いつも

「息子語一は、天皇陛下の赤子《せきし》一人をお救いすることができた。たとえ、自分はその職で命を失っ

たとしても満足である。語一の霊に対して、家族はお互いに行動を慎んで、彼の徳を傷つけないようにしよう」

と言っておられたということです。

救助された藤田ヨシノさんは、後にアメリカに行っていましたが、先生の記念碑建設の時、涙ぐましい手紙と、多額のお金を送ってきたということです。

後に、昭和四年（一九二九）四月、佐伯郡水内村（現広島市佐伯区湯来町下）明法寺の境内に、先生の「殉難記念碑」が建てられました。その碑文には、「……溺死セントセル吾校女児ノ状ヲ見ルヤ……挺身濁流ニ投シ百方救助ニ務メルモ滔々タル水勢ハ遂ニ闘力ヲ奪ヒ哀レ殉職ノ美名ヲ残シ其身ヲ永久ニ葬リ又此ノ純情勇敢ノ士ヲ誰トナスコレソ元佐伯郡水内村大塚尋常小学校訓導内藤先生其人ナリ……」とあります。

その子のことを思う一念で身の危険も顧みる暇もなく激流の中に飛び入り、その子を捜し出そうともがきましたが、他の人に救けられたことを知った先生は力が尽き、逆巻く激流にどうしようもなく翻弄されついに溺死したのでした。

この教え子に対する熱愛・責任・犠牲の心意気はひとり教育者のみならず万人の模範とすべきだと当時の人々の心を打ったことでした。広島県教育会や神石郡教育会は広く義金を募って、慰霊したと伝わっています。

有木出身の教育者の中に、内藤語一のような教え子のために自分の命をかけて職責を全うした方がいることを大変誇りに思います。

内藤語一の墓は、有木中平の小高い丘の上の内藤家の墓所にご両親の墓と一緒に建っています。

内藤語一の慰霊祭は、関係者によって行われてきました。佐藤養吾作詞作曲の「内藤先生追悼会の歌」に、「思えば悲し尽きぬは涙／昔のままに清水は流る／ありし師の君影はたいづこ／せめて伝えん今日の君祀り／真心捧げて弔わん／蓮葉の国から聞こしめせ」とあります（『大正・昭和・平成のふるさと神石郡資料編』）。内藤語一のことは、後世に伝えて行かなくてはなりません。

内藤語一の墓

以上述べた亀甲山八幡神社と猪鼻山八幡神社の二つの神社が、この有木氏及び有木地域と密接な関係があることがお分かりになったと思います。

現在の有木地域ではありませんが、かつて日野郷に属していた花済に「竹迫山八幡神社」という神社があります。この社の大願主も有木氏であり、社人として次重氏が関わっています。また、上豊松に天《あま》田《た》山《やま》稲干《いなほし》神社があります。この神社の建立にも有木氏が大きく関わっています。

## 竹迫山八幡神社（現、広島県神石高原町花済鎮座）と有木氏

第百代後小松天皇の御代、応永十二年（一四〇五）、有木家大願主、元九田原山上にあった社を現在の地に奉遷し、後に次重家の奉仕神社となり明治・大正まで勤めました。旧高市郷鎮守として応永十二年（一四〇六）竹迫に勧請と伝えられます。寛永十三年（一六三六）九月、本願主別当赤木三郎右衛門平忠光が、現在の地に奉遷しました。

享保十九年（一七三四）四月、祠官次重筑後守藤原高平の時、再建しました。文化八年（一八一一）十二月、祠官次重豊後守藤原高正の時、屋根を再建立しました。天保三年（一八三二）十一月、祠官次重能登正藤原高輝の時、屋根の葺き替えを行っています。

## 天田山稲干神社（神石高原町上豊松に鎮座）と有木氏

有木地域ではありませんが、天田山稲干《あまたやまいなほし》神社も有木氏が関わっているようですので触れておきます。官幣大社稲荷神社（京都市伏見区草薮之内町）の御分霊を勧請し、天田山稲干神社を創建しました。祭神は稲倉魂神《うかのみたまのかみ》（福徳を授け稲穀を播く神）、保食神《うけもちのかみ》、豊受比売とも言われます。

竹迫山八幡神社（神石高原町花済鳥居前に立つ筆者）

享保（一七一六―一七三五）の初年上豊松一帯に大凶年が三年続き田畑の収穫も皆無、村人の生活惨状は目にあまり、村人は議論の末、五穀の守護神を戴くことにしました。今の御旅所の森の中に小祠を建て斎《いつき》祀り、日夜兼行で祈願百日の結果、翌年麦米とともに豊かに稔り村人たちは大いに喜びました。慶応二年（一八六六）、井上寛右衛門、三城和作、横山要兵衛、井上栄蔵、赤木佐助、土居儀右衛門の六名が発起、現在の本殿を竣工しました。

有木亮之助・井上官左衛門・三城和作・真壁要兵衛らは申し合わせ、慶応三年（一八六七）、伏見稲荷の御分霊を祀ったことに始まりました。有木亮之助が申し合わせ人の中にいました（『神石郡誌続編（昭和編）』）。有木亮之助は、神様崇敬の念が厚く、上豊松村の庄屋も務めたことがあり、上豊松の人々のために尽力したい気持ちが強くあったと思われます。

天田山稲干神社（神石高原町上豊松）

**ポイント**

備後の中山において、有木氏は東宮亀甲山八幡神社・西宮猪鼻山八幡神社をはじめ、竹迫山八幡神社、天田山稲干神社の創建に大願主あるいは発起者として大きくかかわってきています。

祖先に神々を祭る人々を持つ有木氏が、後世においても熱心に神祭りを先頭に立って進めてきたのです。

# 第十四章　八ヶ社と八ヶ社神楽

## 八ヶ社について

八ヶ社とは、豊松《とよまつ》庄の鶴岡八幡宮、日野《ひの》庄の亀甲山八幡宮、日谷《ひだて》庄の猪鼻山八幡宮、篠尾《ささお》庄の荒日山八幡宮、花済《はなずみ》庄の竹迫山八幡宮、只原《ただばら》庄の只原八幡宮、油木《ゆき》庄の亀鶴山八幡宮、それに川手《かわで》庄の糸崎八幡宮の八社からなり、豊松庄の鶴岡八幡宮を八ヶ庄の総鎮守とするもので、注連頭《しめがしら》（神官の棟梁）を鶴岡八幡宮の神官翁《おきな》氏が務めました。

以下に、八ヶ社を簡単に紹介します。

**（一）豊松庄　鶴岡八幡宮**（総鎮守）（現、神石高原町下豊松鎮座）

康平年間（一〇五八―一〇六五）相模の国、鎌倉鶴岡八幡宮より、豊松村米見山に御分霊を勧請し、治暦元年（一〇六五）、今の和部山に勧請しました。

本家の鶴岡八幡宮は、鎌倉市雪ノ下にあり、元国幣中社です。祭神は応神天皇、比売神、神功皇

鶴岡八幡神社
（広島県神石郡神石高原町下豊松）

后で、康平六年（一〇六三）、源頼義が石清水八幡宮の分霊を鎌倉の由比郷鶴岡に勧請し、治承四年（一一八〇）に、源頼朝が今の地に移して旧名を受け継ぎました。源氏の氏神として、尊崇されました。

当宮の神官翁氏は、第九代開化天皇五世の孫の息長《おきなが》日子王から大船足尼《おおふねのたるに》を経て、初代息長米見《よなみ》が生まれました。息長日子王の息長を姓とし、息長米見が息長・澳名・翁氏の始祖になりました。豊松庄の霊山米見山《よなみやま》は、国見山とも呼ばれていましたが、息長米見がその山麓に住むようになってから、米見山と称するようになったと伝わります。

「国見」と呼ばれる山は、日本のあちこちにあります。領主などが国の形勢・状況を高いところから望み見ることを意味します。『新古今和歌集』巻第七に載っている第十六代仁徳天皇の御製、貢ぎ物を納めることを免ぜられたために国が豊かに富んだことを見ての歌「高き屋《や》に　登りて見れば　煙《けぶり》立つ　民のかまどは　にぎはひにけり」（高殿に登ってみると、炊煙が盛んに立っている。民のかまどはにぎやかになったものだ）があります。「天皇が高殿より見ると国の中に煙が立っていない↓三年間の課役を免除する↓煙が立つようになる↓民は豊かになる」の伝説を思い出します。

旧豊松村の中央に聳える米見山（標高六六三㍍）は、昔より住人の心の支えをなしてきた霊山です。旧豊松中学校（広島県神石郡神石高原町下豊松）の応援歌に、「進め豊松の健男児／米見《よなみ》の山のいや高く／天田《てんだ》の川の水清く／これぞ我らの鏡なり／進めや進めいざ進め」と米見山が前章で触れた天田山稲干神社の麓を流れる天田《てんだ》川とともに歌われています。

　さて、十六代息長國麿の時ですが、息長《おきなが》の姓を澳名《おきな》としました。二十八代澳名刑部は、康平年中（一〇五八―一〇六五）、豊松庄の米見山に勧請した八幡宮を後に近村の者たちが申し合わせ、治暦元年（一〇六五）八月に現在の地、和部山に遷し鶴岡八幡宮としました。

　四十一代澳名忠豊の時、明応年中（一四九二―一五〇〇）、澳名家から分家し有木に居を定めた次重出羽守高正《じじゅうでわのかみたかまさ》が次重家「小瀧」を興しました。四十九代和泉掾豊定は、寛文二年（一六六二）、京都神祇管領より翁の姓を賜りました。豊定が白髪の老人でしたので、管領から「あなたは本当に翁ですな。これから姓を翁に変えたらどうですか」と言われ、それ以来姓を翁と書くようになったそうです（『豊松の昔話』）。また五十八代翁豊春は、第百二十一代孝明天皇の御代、外国から開国を迫られ、攘夷《じょうい》の決定、連合艦隊の下関砲撃などがあった中、文久二年（一八六二）天皇自ら加茂神社、石清水八幡宮へ行幸し、攘夷の祈願をするなど、内憂外患《ないゆうがいかん》、未曾有の国難に遭遇しました。その折に、特に、豊春は京都に召され、国家非常の時「天下泰平、人心一和、外夷掃攘《がいいそうじょう》、万民安堵《ど》、宝祚長久《ほうそちょうきゅう》、武運長久」を祈願するよう御沙汰書を拝受し、郷国でも同様に祈念するよう仰せつけられ、また後に天皇に拝謁の上、御病平癒を祈祷し、恐縮のうちに玉体に加持を行いました。五十九代翁宗春もまた丹誠を込め、ご祈願の上、御神札御撫《な》で物を献上するなど、国家護持と国難克服の祈祷に当たり忠勤の誠を捧げました（次重春雄、一九八六）。

　翁家は、現在、第六十二代の当主ですが、内三十代もの当主が「豊」の字を自分の名前に用いています。「豊」が翁家の通字の一つです。初代から十一代までは「米見」の「見」を用いています。「船」「足」もよく使われましたが、先祖の大船足尼から採られたのでしょう。

**（二）日野庄　亀甲山八幡宮**（第十三章で詳述）（現、広島県神石郡神石高原町有木鎮座）

**（三）日谷庄　猪鼻山八幡宮**（第十三章で詳述）（現、広島県神石郡神石高原町有木鎮座）

**（四）篠尾庄　荒日山八幡宮**（現、広島県神石郡神石高原町笹尾鎮座）

仁治二年（一二四一）、大森長右衛門尉が山城国の石清水八幡宮より御分霊を受け、豊松の人澳《おき》名《な》左衛門が大鹿山に勧請し、大鹿山八幡宮と称したと伝えられます。その後、元亀元年（一五七〇）、現在の荒日山の地へ奉遷し、荒日山八幡宮と称しました。創建以来、明治の初年まで翁家が社人を務めました。現在の本殿は、享保二年（一七一七）に新築されたものです。

**（五）花済庄　竹迫山八幡宮**（第十三章で詳述）（現、広島県神石郡神石高原町花済鎮座）

**（六）只原庄　只原八幡宮**（現、広島県神石郡神石高原町忠原鎮座）

往古より只原山に八幡神社が鎮座していたが、その後、廃退しました。しかし文禄三年（一五九四）、氏子中に悪疫が流行し、氏子一同が深安郡山野村の塩川神社に参拝したところ、「元八幡神社の荒廃が甚だしい、神罰がある、帰って鎮座地を見よ、光る石があろう」との神託がありました。村に帰って調べてみると光る石があったので、社殿を再建したと伝えられます。

**（七）油木庄　亀鶴山八幡宮**（現、広島県神石郡神石高原町油木鎮座）

延喜二年（九〇二）、社人佐伯宮内が総代とともに豊前に行き宇佐八幡の御分霊を請い、亀鶴山の地に社殿を築き鎮齋しました。後に神宮寺も置かれました。その後、火災に遭い灰燼に帰し、長元五年（一〇三二）、神宮寺の周伯が再建しました。境内地亀鶴山は吉備津神社社地を含め三万坪に上り、県の天然記念物に指定されています。

**（八）川手庄　糸崎八幡宮**（現、岡山県井原市芳井町三原鎮座）

承徳二年（一〇九八）備中後月郡川手庄（今の笠岡市芳井町三原）を右七社に加え、八ヶ社としました。

森に囲まれた糸崎八幡神社（岡山県井原市）

『井原市芳井町史』（平成二十年）によると、糸崎八幡神社は、寛正二年（一四六一）に備後国の現広島県三原市の糸崎八幡宮を勧請したと伝えられています。八幡宮勧請の際、それまで川手村と呼ばれていた村名を三原村に改めたといいます。このことは、十五世紀頃の自治共同体的な村の成立やその精神的支柱となった神社の創建を偲ばせてくれます。

安永七年（一七七八）、西三原村の糸崎八幡神社で、田辺筑前と笹賀村（現、笹賀町）の池之坊が争い（寺社の論争）、氏子寄進の鳥居の上棟祭遷宮に別当である自分が立ち会うべきと池之坊が主張、一方筑前は、別当などとは聞いたこともなく、池之坊が檀家の多い東三原村の者たちを抱き込んで神社を奪い取ろうと企んでいるとして寺社奉行に訴えたのです。また注連《しめ》頭《がしら》であった神石郡豊松の神官翁淡路も「往古棟札にも社人の名前だけで別当など記されていない」と主張し、結局、池之坊が別当であるという書類が見つからず、池之坊は別当ではなく社僧として立ち会い、遷宮棟札とも社人田辺筑前の取り扱いとなったということがあったそうです。

八ヶ社の内、亀甲山八幡宮、猪鼻山八幡宮、竹迫山八幡宮の三社は、有木氏が大願主で次重家が社人となっていました。

## 八ヶ社神楽の由来

「八ヶ社」とは、八つの神社（豊松四社、油木三社、備中一社）によって組織され、豊松鶴岡八幡神社の祠官によって統率され、氏神の祭礼に、神職により、神前に出雲系の神事を中心として神楽を奉納するようになったのが、そもそもの始まりとされています。その始まりの時期については、諸説があって特定はできませんが、長い間、神職のみによって舞われ伝統を継承してきました。

鶴岡八幡神社境内入り口に建つ「八ヶ社神代神楽之碑」

文化・文政の頃（一八〇〇年代初期）、備中の国、現在の高梁市日名の国学者の西林国橋《こっきょう》が『古事記』や『日本書紀』の中から、日本誕生にまつわる神代史の一部を取り入れ創案した「岩戸開き」「國譲り」「大蛇《おろち》退治」などの神話劇に、備中神楽の要素を加えて、八ヶ社神楽は芸能色の強い神楽へと生まれ変わりました。

しかし、明治中期頃、神職が神楽を舞うことが禁止されて以来、一般人の中からいわゆる神楽太夫が専門に舞うようになり、芸は錬磨され郷土芸能として伝承されるようになりました。

最近では、各地に「八ヶ社神楽」以外に、神楽同好会や保存会、子供神楽団が組織され、神楽は「神が楽しむものから、人が楽しむものへ」と、郷土芸能としてますます充実発展し変遷しつつあります。

神役《じんやく》は、昭和三十四年、神能《じんのう》は平成二年、広島県無形民俗文化財の指定を受けて、古くて新しい八ヶ社神楽は、郷土神石の伝統芸能として、人々に愛され続けています。

以下、『八ヶ社神楽史』、「八ヶ社神楽社中資料」をもとに、八ヶ社神楽の概要を述べましょう。

## 神能八ヶ社の成立

古来、八幡宮の神職は、豊松庄五戸（翁・岩神・分翁・平郡・橋本）、油木庄四戸（三城・上佐伯・前佐伯・森岡）、日野庄一戸（次重）、日谷庄一戸（次重）、只原一戸（田辺）、川手庄一戸（田辺）の社家から成っていました。天保十年（一八三九）、鶴岡八幡宮祠官翁長門守豊章は大宮司の御裁許を賜り、八ヶ社の注連頭となり宮中七種舞《ななくさまい》および伊勢神楽榊舞《さかきまい》を取り入れて七座《しちざ》神役《じんやく》をつくり、八ヶ社神代神楽は名実ともに完成したのです。

## 八ヶ社神楽の特色

八ヶ社神楽は、出雲神楽、備中神楽、伊勢神楽、宮中七種舞《ななくさまい》などの芸風を巧みに取り入れ、独特の神楽を創り出したところに特色があります。「静と動」「緩急」「高雅軽妙」「軽快」「力動」「滑稽」

「物語」などの娯楽的要素が実に巧妙に組み合わされて、すべての観客を長時間楽しませるところに魅力があります。

近年、豪華絢爛な衣装を着けるようになり、全体として荘厳のなかに、勇壮、典雅、明朗な神楽は、人々の心をとらえています。

**舞の種類**

舞の種類には、神役《じんやく》と神能《じんのう》があります。前者には、曲舞《きょくまい》（一人または二人舞い）、榊舞《さかきまい》（二人舞い）、指紙舞《さしがみまい》（二人舞い）、茣蓙舞《ござまい》（一人舞い）、勧請舞《かんじょうまい》（二人舞い）、神迎ひ《かみむかい》（四人舞い）があり、後者には、猿田彦悪魔祓い、大社の能、八田ヶ坂（祇園《ぎおん》）の能、龍宮《りゅうぐう》の能、吉備津の能、八幡の能などがあります。

**神殿の構造**

道場に南面して四面に神棚をつくり神殿の四方には注連《しめ》縄を張り巡らし、四つの角には注連子《しめのこ》と称して銭をさげます。

御棚の中央には勧請幣《へい》をはじめ、荒神《こうじん》幣・土公《どこう》幣・水神《すいじん》幣・各種御神幣、神籬《ひもろぎ》、両端には随神幣《ずいじんべい》を、合わせて六十六本の弊を四方に立て巡らします。

供物《そなえもの》は、紅帛《こうはく》四反・白帛《はくはく》四反・掛鯛《かけだい》八組・五穀各四升・鏡餅紅白八重ね・神酒・野山物若干。掛《かけ》鳥《どり》（雄雌四羽）、福餅十二俵などです。

神殿の中央には天地人をかたどった白開《びゃっかい》と呼ぶものを吊り下げ、千道《ちみち》を張り巡らします。神遊びによって、神々は白開より千道を経て、神殿に御降臨《ごこうりん》となります。

白開は、天井から吊す天蓋で、形は大きく、その動きも大きいです。千道を四方に張り渡した天井から、三段に、八角形、六角形、四角形の木枠が吊り下げられ、それに十二支や鶴亀、松竹梅などを写した切り紙が張りつけられます。白開の中心には、一升二合の白米と十二銅（閏年には一升三合の白米と十三銅）を入れた布袋を下げて、錘《おもり》とします。この錘を囃《はや》して稲霊の誕生を促すのです。神職の奏上する「神降ろし」の祭文に合わせて、神職の一人が引く綱によって、白開は振り動かされますが、次第にその動きが大きくなり、終わりには上下、左右、前後に激しく飛び交います。切り紙はそのためにすべて振り落とされ、座に散乱して、この神事は終了します。元来、白開は天神七世を祀るものと言われ、「紙が下りる」ことによって「神が降りる」を象徴したものとされています。（真下三郎の「豊松の神楽」）

庭前には、斎燈《さいとう》という篝火《かがりび》をたき、道場の入り口には巻き藁《わら》でつくった大蛇《おろち》を置きます。

神歌によって、神殿の大要を述べましょう。

あなおもしろの斎祀殿かな。神殿に立ち寄りつらつら拝み仕れば東に撞木《しゅもく》の風吹き、西には光道新月明らかに照らしおわします。南は海上まんまんとして、北は甘草染め出で、中央の御棚を拝し奉れば白開白緑《びゃくろく》切り下げ、千道八幡《ちみちやつはた》十六のひなの道場豊かなりけり

白開（天井からの吊りもの）と千道（天井から四方へ傘状に十六本張りめぐらされた紙の切り細工）（神代神楽八ヶ社）

東方の御棚を拝し奉れば青帝青龍王木の御祖久久能智《みおやくくのち》命現れて立ち給う
南方の御棚を拝し奉れば赤帝《しゃくてい》赤龍王火の御祖火具土《かぐつち》命現れて立ち給う
西方の御棚を拝し奉れば白帝白龍王金の御祖金山彦《かなやまびこ》命現れて立ち給う
北方の御棚を拝し奉れば黒帝黒龍王水の御祖水波売《みずはのめ》命現れて立ち給う
中央の御棚を拝し奉れば黄帝黄龍王土の御祖埴安姫《はにやすひめ》命現れて立ち給う
王龍の御棚を拝し奉れば、当所氏神大小神祇別しては天照大御神六十余州一宮三千一百三十二神八百万神現れて立ち給い、上には綾の天井をはり、下には錦の莫蓙を敷き、白金《しろがね》の幣帛三十三本、黄金《くがね》の幣帛三十三本合わせて六十六本の幣帛を磨き立て、かほど豊かの神殿に一首なくてはかなうまじ。一首を詠じばやと存じ候。

「神殿に　奉りて拝めば　神降り　いかに氏子は　笑《え》ましかるらむ」

## 神殿遷りの式

大神楽当日、大当番の宅では、早朝より前神楽（小神遊び）を行います。

まず大当番の家の奥の一間に道場をつくり、四方に注連を張り千道を引き巡らし、紅帛、白帛、米、籾《もみ》、神酒、野山物、鏡餅紅白二重ねなどの供物をします。

修祓《しゅばつ》の後、降神《こうじん》を行い、後述の神役《じんやく》が続きます。御斎神帳によって、氏子各戸に祀る神々の名を読み上げ、小神遊びの舞を舞って天神地祇八百万の神を請じます。

総祓・祝詞を奏上して、斎主は神歌で神を神楽が行われる神殿へ送り出します。

「立つままに　霞の千早《ちはや》を　重ね着て」

祭官は下の句をもって御幣を受け取ります。

「花の下紐　今や解《と》くらん」

神殿の入り口に立ててある迎弊を、祭官はそれぞれ一本ずつ取り持って、神殿に入ります。

神殿に居る祭官は、殿内を祓い清めて、今や遅しと待ち受けます。

送り来た祭官が「注連の内　まだ入りまさぬ　神あらば」と言いますと、迎える祭官が「黄金の御注連を　越えてましませ」と応じます。

**神殿祭（神役）**

やがて修祓・御座入・曲舞・榊舞・指紙舞・茣蓙舞・勧請舞・神迎え・総祓・勧請と進行します。

斎主をはじめ四人の祭官が背中合わせに、東西南北の御棚に向かって、斎神帳を読み上げて、天神地祇八百万神を勧請します。

つぎに奉幣・白開の神遊び、そして祝詞《のりと》奏上となり、斎主をはじめ大当番・各荒神持ちは玉串奉《たまぐしほう》奠《てん》をして（ここまでを神役《じんやく》といいます）、それから神能《じんのう》に移ります。

**神能の大要**

神能には、猿田彦悪魔祓い、大社の能、祇園の能、龍宮の能、吉備津の能、八幡の能などがありますが、ここで「猿田彦悪魔祓い」と「吉備津の能」を例にそのやり取りを掲げてみましょう。

○　演題　　**猿田彦命悪魔祓い**

演出役名　　猿田彦命

［太鼓の楽にて舞い出す］

猿田彦　「そもそもこの神前に舞出でし某《それがし》をいかなる神とや思うらん　某は諸神の真先に進み出でたる猿田彦命とはそも某がことなり　今日のこの所にいかなる悪魔が目入りをなすとも東西南北に打ち払い十二支五性玉の氏子を守護なさばやと存じ候」

太鼓打　「あーら恐ろしきまた有り難き大神にましますぞや」

猿田彦　「東方南方に向かって悪魔ありや」

太鼓打　「悪魔なし」

猿田彦　「御崎《みさき》ありや」

太鼓打　「御崎なし　ところがための神ぞまします」

猿田彦　「西方北方中央黄龍堅牢地神《けんろうじしん》に向かって悪鬼悪魔諸々の罪咎《とが》ありや」

太鼓打　「諸々の罪咎なし」

猿田彦　「いよいよなければ一得二危三妖四殺五鬼六害七曜八難九曜の星」

太鼓打　「年月日時災禍消除と舞を収める」

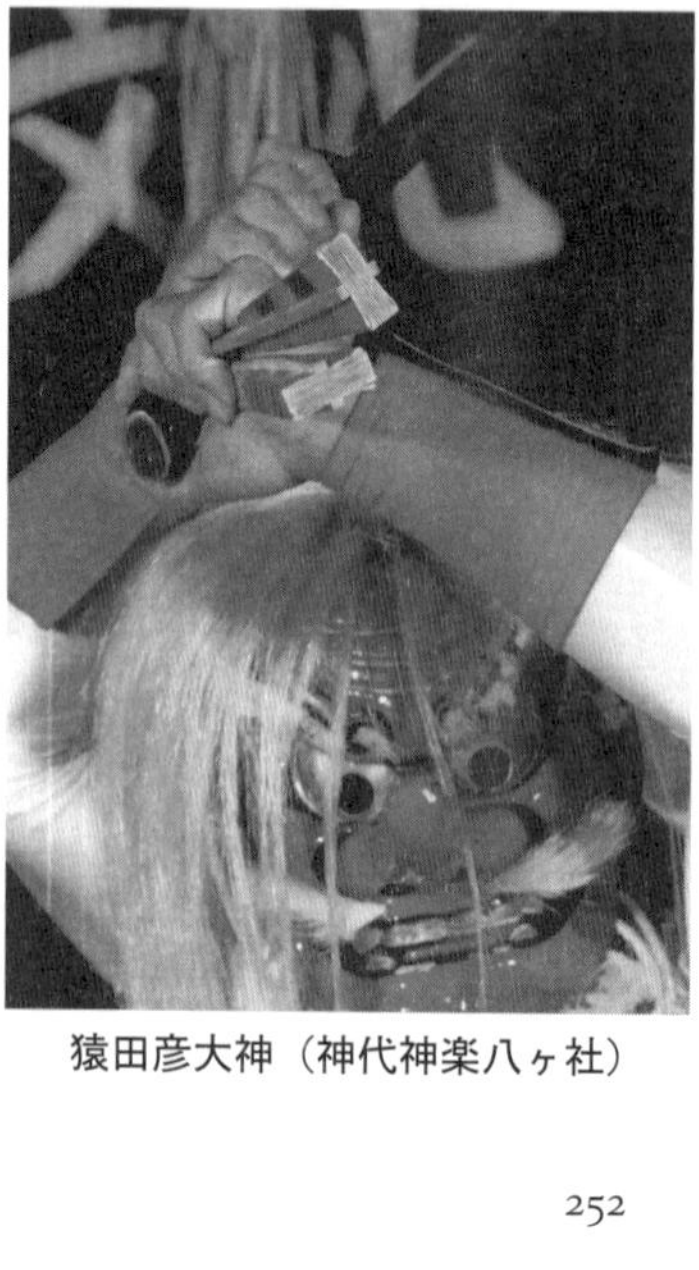

猿田彦大神（神代神楽八ヶ社）

○　演題　**吉備津の能**

登場人物
岩山明神
八十狭芹彦命
内宮姫
小鬼
温羅

岩山（幕出）「国を守るの我なれば、万民世上を守らん。」

岩山「そも神前に舞出す某《それがし》を如何なる神とや思うらん。我なるは当国の主岩山明神とはそも我がことなり。さて、我が庁は六十六ヶ国と定められ備州三ヶ国吉備の中山に宮造りなし当国を治めばやと存じ候。

八十狭芹彦命の面
（平田行雄氏作）

しかるに今度西北戌亥に当たり新山と申す所に鬼神禍叉《かしゃう》温羅《ら》数多く立て籠もり民を悩ますにより、住吉明神の御告げにより、これを退治せよとのことなれど、我一力にしては退治がたし。これより孝霊天皇第三の皇子、八十《や》狭《さ》芹彦命《せりひこのみこと》は征夷大将軍と承り候わば、この神を頼みかの温羅を安々と退治申さん。」

八十（幕出）「皇君の詔《みことのり》をかしこみ、真金吹く吉備の中山指して急ぐらん」

八十「そも神前に舞出す神を、如何なる神とや思うらん。我なるは神皇《じんのう》第七代孝霊天皇第三の皇子、八十狭芹彦命とはそも我がことなり。さて、今度当国の主岩山明神の御告げによれば、備州三ヶ国吉備の中山に鬼神禍叉温羅数多く立て籠もりて民を悩ますにより、これを征伐せよとのことなれど我一力にしては退治がたし。これより内宮姫を頼み謀《はかりごと》をなし、神通力をもち鬼神禍叉温羅を安々と退治なさばやと存じ候！」

内宮（幕出）「真金吹く　吉備の中山　帯にして　細谷川の　音のさやけさ」

内宮「そも神前に舞出す自《おの》を如何なる神とや思うらん。これなるは内宮姫とはそも自がことなり。」

八十「それに舞給うは内宮姫にましまさんかの。」

内宮「なかなかのことに有り。」

八十「神の御告げは如何にて候やの。」

小鬼の面（平田行雄氏作）

内宮「さんそうろう、ここに天《あま》の加護《かご》弓、天の破魔《はま》矢有り。一番の矢は温羅が矢と喰い合って落ちたり。此を矢喰《やぐい》の宮と名付くべし。二番の矢にて温羅を射止められようずるにて候！」

八十「これはしたり、これはしたり。ここに天の加護弓、天の破魔矢有り。一番の矢は温羅が矢と喰い合って落ちたり。これを矢喰いの宮と名付くべし。二番の矢にて温羅を射止められようずるにて候かの。」

内宮「なかなかのことに有り。」
八十「しからば内宮姫は細谷川に毒酒を流して謀をなし給えやの。」
内宮「心得申して候。」
〔弓矢と御幣を取り替え舞う〕
八十「鶯が　鳴くにつけても　真金吹く　吉備の宮人　春を知るらん」
〔八十狭芹彦命は幕がかり、やがて幕の内に温羅出る。「おのれ！」。白木綿《しろもめん》一反を神殿へ斜めに張り渡し細谷川にかたどり、内宮姫は毒酒を流す。それを小鬼が飲み毒酒に酔った所作をする。温羅、舞出し鬼の舞を舞って休む。〕
八十「いかにも大悪鬼と見受けいたすが、その名を語り給えやの。」
温羅「おおー、我こそは吉備禍叉温羅とは我のことなり。あくまでも天皇に背《そむ》き申さんぞ。」
八十「さようなやつは一人たりとも生かし帰し申さんが返答は何とするか。」
温羅「某の望むところなり。この細谷川を間に置き、一層の陣争いになり申さんぞ。」
八十「しからばこの細谷川を間に置き、一層の陣争いくらべ

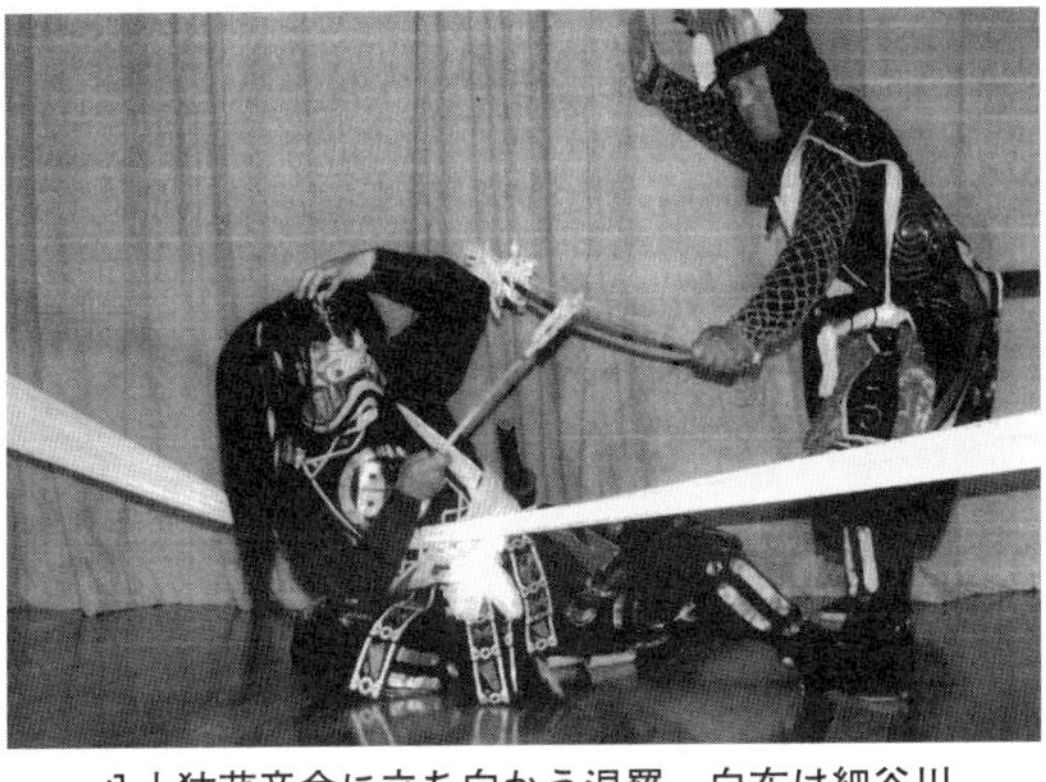
八十狭芹彦命に立ち向かう温羅、白布は細谷川
（神代神楽八ヶ社）

申すか。しからばいざ、いざ、いざ参らん。」
［追いかけ逃げる。弓矢で狙う。一番の矢を放ち合う。次に二番の矢を放ち合い、それが温羅の胸に当たり倒れる。舞台の細谷川に見立てた白木綿を取り、川は無くなる。］
八十「一番の矢は温羅の矢と喰い合って落ちたり。此を矢喰の宮と名付くべし。二番の矢にて温羅、確かに射止めたと存ずれども返答はなんとするか。」
温羅「ううん。されば一番の矢は命の矢と喰い合って落ちたり。これを矢喰の宮と名付くべし。二番の矢にて確かに射止められたと存ずれどもこの細谷川を渡り来たり。剣を抜き合って一層の陣争いくらべ申すか。」
八十「しからば互いにこの細谷川を渡り来たり。剣を抜き合って一層の陣争いくらべ申すか。」
温羅「某の望むところなり。しからば、いざ、いざ、いざ参らん。」
［真剣の仕合。温羅は命の真剣を取る。命は長剣にて仕合。互いに長剣の仕合となり、最後に温羅は敗れる。］
八十「長剣ともに奪い取ってやったが返答は何とするか。」
温羅「ううん。無念なり。残念なり。命ばかりは助けやのー。」
八十「これにて静まるならば御釜の鳴動と祝い申す程に、吉備三ヶ国の系図を渡し給えやのー。」
温羅「しからば吉備三ヶ国の系図を渡し申さん。」
［温羅が巻物を広げて命に捧げる。］　（神代神楽八ヶ社『吉備津の能』、一九八七より）。
八十狭芹彦命は、勿論、五十狭芹彦命のことであり、内宮姫は内功姫とも言われます。

## 翌日の神事

神能を終われば再び総祓いを行い、荒神遊びをします。これは覆水と称して各荒神社毎に大杓・小杓を用意し、大杓には飯、小杓には濁《にご》り酒を入れて供えます。そして藁《わら》で「ユグリ」という輪をつくり三種の神宝（カワラケ・御米・幣）を入れて、各荒神を舞い収めます。こうして荒神持ちへ御洗米を頒布します。

それが終わって綱入《つない》り（蛇遊び）があります。各荒神社毎に巻き藁でつくった長さ二間半（約四・五㍍）の大蛇は、各荒神持ちに連れられて神殿に押し掛け歌問答の末、大刀《たち》を持つ祭官に「うろこ落とし」をされて神殿に入ります。

### 綱入り（蛇遊び）

蛇　「神のます　鳥居に入らば　この身より　日月の宮と　明らかにする」
「神殿に　参る心は　山の端《は》に　月まちえたる　心こそすれ」
「あな面白の神殿かな　参りてつらつら拝見仕れば　空には白開　白緑《びゃくろく》をひるがえし　地には万畳の八重の畳　錦の莫蓙を敷き並べ　先ず東方は　がんとうの月高く染め出で　南は浪まんまんたる現れて　六星相清く光るなり　西には光道新月明かにして幣帛などの秋を照らし　北に撞木《しゅもく》の風吹かば　嵐もうぞうの夢を相覚まさせおわしますなり　案内申す宮の内　子細頼もう神殿の内」

楽官　「今朝の夜の　ほのぼの明けて大門さし過ぎ小門のあたり　いかめしき姿をなし案内・子

細と宣《のたま》うは、いかなる神の機嫌にましますかな」

蛇　「そもそもこれなるは当苗《みょう》式殿本山荒神の眷属《けんぞく》部類の神にして　天に千年　海に千年　河に千年　合わせて三千年の齢を経たる蛇にて候が　此度当番本山荒神の年季迎え遊びの御神楽と承り　これより神殿に通り　山海の珍味饗応相受け　又の年季の迎え遊びまで十二支五性玉の産子を守護なさばやと存じ候」

祭官　「さあらば何々の歌を詠じて　この神殿に入り給え」

楽官が神歌の上の句を詠めば、これに下の句をつけ得た大蛇が神殿に入ります。

つぎに昇神行事が行われ、終わって灰神楽があります。

**灰神楽**

灰神楽《はいかぐら》（竈遊《へっつい》びとも）では、氏子の神前に供える餅を焼く神職（ヒョットコ）がいます。そしてこれを杓子ですくい取って逃げようとする人（オカメ）がいます。餅を焼いていた神職は、すりこぎを持ってこれを打ち落とします。餅は灰の中に落ちます。笑いが起こります。このように面白く餅の取り合いをして灰神楽を行います。灰神楽は、火の神、竈《かまど》神、すなわち荒神へのお祭りなのです。

やがて荒神を送りおさめて、大蛇を荒神社の御扉に巻きつ

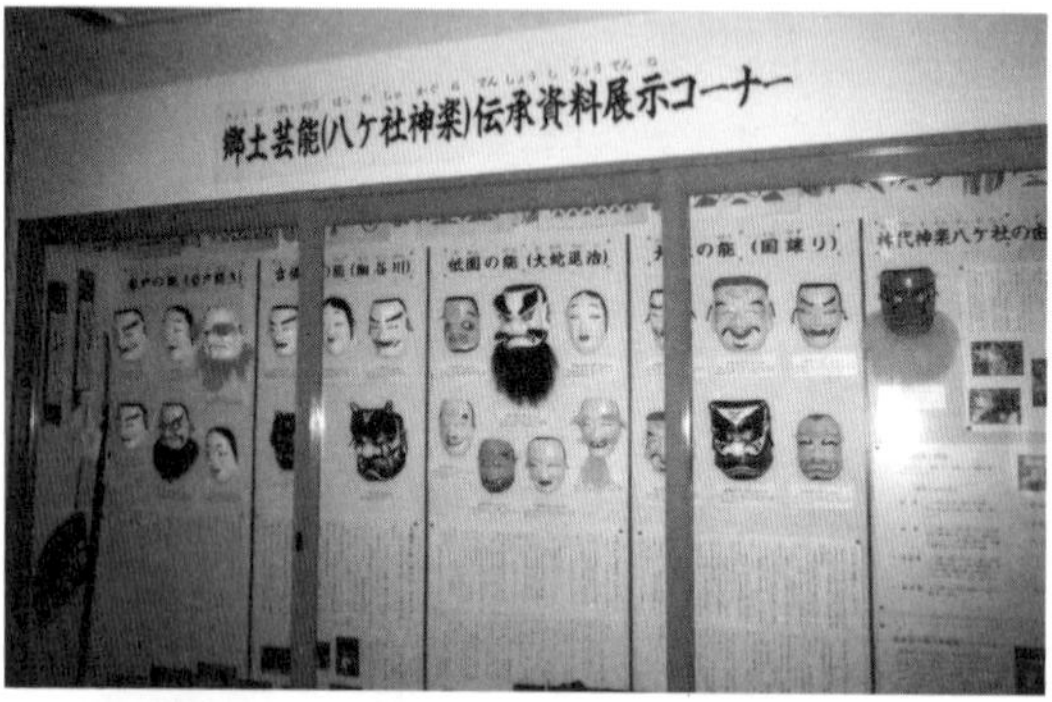


郷土芸能（八ヶ社神楽）伝承資料展示コーナー
神石高原町井関「くるみふれあいプラザ」内に平田行雄氏製作の神楽面ほか資料が展示されている

け、荒魂《あらみたま》を鎮め目出度く大神楽が終わります。

大神楽より三年の後には「御扉開き」（御扉に巻きつけた大蛇を解き御扉を開いて荒神を招き行う神楽）、七年の後には「地主《じぬし》の舞」という神楽があります（豊松村教育委員会・郷土史会『八ヶ社神代神楽史』、一九五八）。

八ヶ社神楽には、「吉備津の能」があるなど、吉備神楽・備中神楽の要素があります。

## 荒神神楽

荒神神楽は、荒神さま、即ち、素盞嗚尊をはじめとする神々、またその地域の祖霊神を御祭神とする荒神社の祭礼の時、春か秋に舞われる神楽です。

豊松の荒神神楽は、当番の家、「荒神持ち」の家が決まると、その家で

一、綱入れ　二、五行《ごぎょう》の舞　三、荒神遊び　四、荒神納め　五、灰神楽

の順序で、神事や神楽が行われます。

「綱入れ」は、藁で作った長い蛇体を氏子たちが担いで田に出ると、そこには注連縄を張って神殿に模した場所で荒神側の神職が待ち構えています。神殿に入って「よりまし」になろうとする蛇側とそれを妨げる神職側との間で長い問答が行われ、結局入殿を断られた蛇側が、無理矢理中に押し入り、荒神側の神職を追い回します。「五行の舞」は、舞はほとんど無く、登場者の問答に終始します。「荒神遊び」は、託宣舞で荒神神楽の本命です。「よりまし」になって田から上がってきた蛇は、神前に戻り神職が刀で蛇体を叩く「鱗《うろこ》打ち」をします。神託を受けようとする「神柱《かみばしら》」が白

布を身体に巻きつけ、走り回る蛇に触れているうちに、次第に神懸かり自らも走ったり暴れたりするうちに、その場に倒れ人事不省となって神託を受けます。「荒神納め」は、神託を受けて荒神神楽の神事が終わった後、神職たちは蛇体を祠に巻きつけ、神酒を供え祭文を奏します。「灰神楽」は荒神神楽の最後の行事で、ヒョットコとオカメの両名が登場して滑稽なしぐさをしたり、いろりで餅の取り合いをして灰を濛々と立てたりして、賑やかな笑いのうちにこの行事が終わります。

真下三郎によると、豊松の地には古くから「八ヶ社神楽」と「荒神神楽」とがあって、並び行われてきました。「八ヶ社神楽」は、江戸時代の末頃か明治時代の初め頃に、備中神楽を招来して、毎年秋の例祭日に八ヶ社において、神職によって舞い継がれてきたものです。「荒神神楽」は毎年春か秋に、苗《みょう》で舞われて現在に及んでいます。神社では、八ヶ社神楽が氏子や参拝者のために舞われ、一般農家では苗で荒神神楽が行われ、村の人々の心の大きな支えとなってきました（真下三郎「豊松の神楽」）。

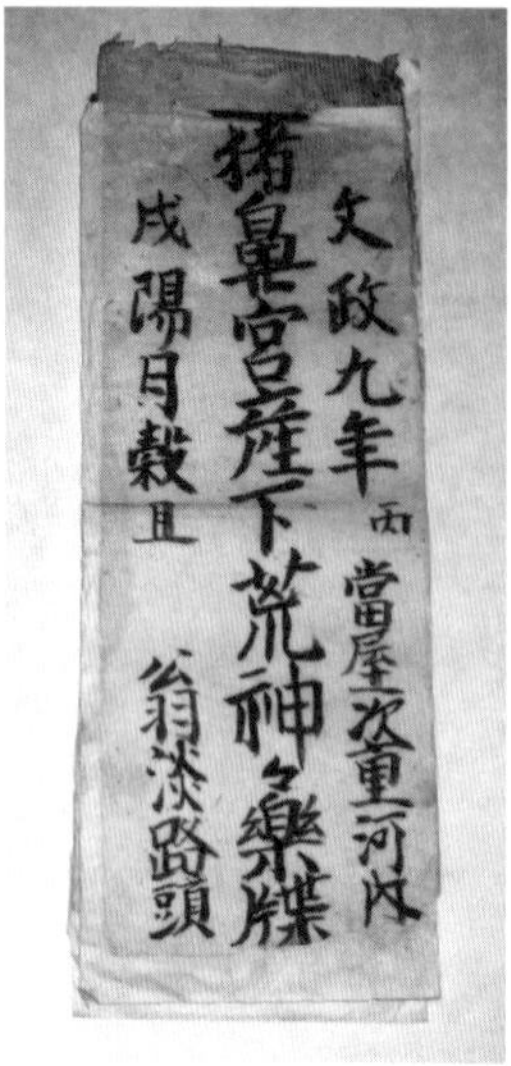

猪鼻宮産下荒神神楽牒

牛尾三千夫（一九八五）は、中国地方の中でも最も信仰習俗の古風を残しているのは、備後の比婆・神石の両郡地帯ではないかと述べ、神石郡については旧油木町京羅迫と旧豊松村上豊松の荒神信仰について報告しています。そして、荒神神楽は新霊が祖霊に加入するための儀式と捉えています。新霊らが祖霊荒神の列に加わるためには、鎮魂の神遊びが行われなければならなかったのです。

神楽の綱入れ神事（龍押し）は、新霊と祖霊との対決であり、鱗打《うろこう》ちにより新霊の龍蛇の穢《けが》れはひときわ清浄な霊魂と化すのです。神楽の後、龍蛇の頭部を白開に結びつけるのは、それにより真床《まとこ》襲衾《おうふすま》（悪魔退散をなし外界を離れ、心身の平静清浄を整える床）に入り生まれ浄まるとするのです。

八ヶ社神楽が完成する少し前の荒神神楽行事を、手元の古文書から読み取って、参考のために掲げておきましょう。

「文化十二年（一八一五）乙亥十一月十一日、当屋次重豊後、翁備前、『拾九社三宝大荒神御神楽牒』より」

○　前神楽行事

・座清め
・祓い
・榊

・太祝詞《ふとのりと》
・神卸《おろ》し
・大王《だいおう》

・后《きさき》
・久久之智《くくのち》
・軻遇突智《かぐつち》

・金山彦《かなやまびこ》
・水波能女《みずはのめ》
・中黄《ちゅうおう》

○　本神楽行事

・解除《げじょ》
・榊
・指紙《さしがみ》
・祓い
・莞筵《いむしろ》
・太祝詞

・猿田彦
・奉幣《ほうへい》
・本舞
・白開祝詞
・山ノ神
・神勧請

・荒神能
・祇園能
・天神能
・牛若能
・大王
・后

・軻遇（突智）
・金山（彦）
・水波（能女）
・中黄
・門せん
・綱入《つない》（り）

・哥津摩《うたつま》――・剣舞《けんばい》――・久久（之智）――・同請取
・山卸し

前神楽と御神楽行事の中に、「大王」「后《きさき》」「久久之智《くくのち》」「軻遇突智《かぐつち》」「金山彦《かなやまびこ》」「水波能女《みずはのめ》」「中黄」がありますが、これが神楽の主要部分です。

山根堅一（一九七二）によると、「大王」とは五行でいう万古大王のことで天地万物を主宰し、春夏秋冬と土用の月日を掌務し、五色の長幡をそれぞれの意味に合わせて分け与える神です。五行とは、天地万物のすべてのものは、木・火・土・金・水の五つの要素から成り立っていると説くものです。

寿命の限度（二百五十歳）を間近に迎えた大王は、太郎、二郎、三郎、四郎の四柱の子どもに、遺言として五行思想に従って、月日性の分掌をします。神楽の中で出てくる久久之智命が太郎に当たり、東の座に坐り、春の季、木の性徳を持ち、青幡を授かります。

二郎は、軻遇突智命のことであり、南の座に坐り、夏の季、火の性徳を持ち、赤幡を授かり、三郎は金山彦命のことであり、西の座に坐り、秋の季、金の性徳を持ち、白幡を授かります。また、四郎は、水波能女命のことであり、北の座に坐り、冬の季、水の性徳を持ち、黒幡を授かります。

万古大王が五色の幡を手に舞いながら出ます。

大王「この所にわが子四柱の神を呼び集め、月日の掌務配当をなさばやと存じ候」

### 幡分け

太郎「さん候《そうろう》、ただ今の御声《みこえ》は父神万古大王様の御声とうららかに承り、とるものもとりあえず、直ちに参上《さんじょう》仕《つかまつ》り候。何のご用仰せたもうかな」

大王「汝は未だ無掌務の王子にして、面《おもて》を見れば春の季に生まれ、東、木の性徳《しょうとく》を持つ汝なれば、幡をも青く染めなして、……これより東の方《かた》に八棟《やつむね》造りの御所の内裏《だいり》を建て、甲乙《きのえきのと》木性男女《なんにょ》を守護なし給い、春の三月を領知なし給え。父の形見として青き御幡を授け申さん……」

太郎王子へ青色の幡を渡す。太郎王子と大王の間に、名残を惜しむやり取りがあって、互いに別れの歌を詠じ合う。

太郎「さんや、賜りし父の恵みのこの御幡幾世久しく立てて拝する」

大王「おお、見ても知れ嬉しと思えその幡を甲乙《きのえきのと》は春を領知ぞ」

次に、二郎、三郎、四郎の三人の王子を呼び出し、二郎の王子には夏の季、南、赤幡火性丙丁《ひのえひのと》を、三郎の王子には秋の季、西、白幡金性、庚辛《かのえかのと》を、四郎の王子には冬の季、北、黒幡水性、壬《みずのえ》癸《みずのと》を守護させます。

大王は、「母后の宮の体内に七月半の嬰児《みどりご》がある。男女とも分からぬが、男子ならば弟《おと》五郎埴安《はにやす》の命、女子ならば埴安姫の命と名づけ、もう一本黄色《おおしき》の幡を后に預けておくほどに、出生の暁この幡を持って訪ねて来たら、みんなの兄弟として、土の徳を掌務させ、春夏秋冬四季の中から、それぞれ土用を割いて与え、中央に宮造りをなさしめ丑未辰戌《うしひつじたついぬ》の方位を守護させ、兄弟仲睦まじく五行相生《そうしょう》をなし（木から火を、火から土を、土から金を、金から水を、水から木を生じるように）森羅万象事務整然たることを守りたまえ」と遺言します。

大王と入れ替わりに、黄色の幡を手にした五郎埴安の命が舞いながら出て来ます。幕の内の舞、歌ぐら、「埴安が黄色幡《おおしき》を差し立てて　下界が島へ天降るなり」と舞い出し曲舞を簡単に舞います。
五郎は、先ず、太郎の王子を訪ねます。

　五郎は、父の遺言によって訪ねて来たので、自分の掌務の分配をしてくれと言います。太郎は、自分一人の考えでは即答しかねるので、弟たちと相談するから待つようにと言って、四人へ相談を持ちかけます。四人の意見はまちまちで、身元がはっきりしないから五郎埴安命と確認できないのを理由に分配を断ります。そこで、五郎と四人の王子との間に、激しい論争が始まります。

　論争は激論の末、取っ組み合いの乱闘になろうとする時、おどけ役の修行者堅牢神《けんろうじん》が飛び出し取り鎮めます。四人へ天の御中主命の命令を伝え、月日の掌務を分配します。四人の王子はそれぞれ春夏秋冬の季から、土用として十八日ずつ取り除き、合わせて七十二日を五郎の王子へ与えます。さらに、五節句の分配をして、五行相生《ごぎょうそうしょう》の舞い上げをします。

一同「東青《ひがしあお》、南は赤く西白し、北黒ければ中は黄色《おおしき》」
五郎に黄色の幡を預けて、四人は幕に入り、五郎だけが残って舞い上げます。
五郎「青黄《せいおう》や赤白黒《しゃくびゃっこく》が和合して　氏子豊になるぞめでたや」

　八ヶ社神楽でもこれは「五行（幡《はた》分《わ》け）」として演じられており、広島県無形民俗文化財の指定を受けています。

**剣舞**　つぎに、山根堅一（一九七二）をもとに剣舞《けんばい》について補足しておきましょう。
剣舞は、舞い納めの神事の一つです。白の鉢巻、白衣に袴、手に刀を持った四人（太郎の王子から四郎の王子まで）に太鼓叩き一人、五郎王子のもう一人の神職が脇に坐って控えます。

神前に向かい、横に四人並んで座拝をします。

「さんや、この御座に参る心は天地《あめつち》の　開き始めの心なるもの」

「立ち舞わば霞の千早重ね着て　花の下紐今や解くらん」

一同立って「東方木徳霊神聞こし召せ　聞こし召せとや申すなり」

続いて同様に、南方火徳霊神、西方金徳霊神、北方水徳霊神、中央土徳霊神……と唱え、つぎに語りながら回ります。

「さって、大麻《おおぬさ》は齋部《いつきべ》の遠つ祖《おや》、天の児屋根《こやね》の命の始めなり。この麻を持って舞うことは、猿女《さるめ》の君の遠つ祖、天の鈿女《うずめ》の命の始めなり」

さんや、〃麻《ぬさ》立つる斎垣《いがき》の内に声立てて　早なす業にわれぞ向かわん〃

「さって、神代四弓と言えば……邪神の弓、初合《はつごう》の弓、治世の弓、護寿の弓……」

さんや、〃真鹿護弓《まかごゆみ》　真弓《まゆみ》　槻弓《つきゆみ》　梓弓《あずさゆみ》

　神代四弓とこれを言うなり〃

「さって、神代四つの太刀とは、……荒正《あらまさ》の剣、唐佐比《からさび》の剣、羽波切《はばぎり》の剣、羽矢切《はやぎり》の剣、……一切諸難を払い退け　常盤堅盤《ときはかきは》に、祭事常に怠ることなかれ」

さんや、〃手に触れし小太刀の紐を解く時は　一切諸神もあらせとや打つ〃

向き合って「エイ」の掛け声で刀を抜いて構えます。つぎに剣先へ紙を巻いて持ち、柄《つか》を足の指に挟んで、右へ跳び左へ戻り、四方へと飛びます。

〃東方へ東方へ、剣《つるぎ》の剣舞まいらしょうや〃
同様に、南方へ、西方へ、北方へ、中央へ……
「さって大の当番始め十二支氏子の、屋敷を固めに、固めておかねば法の名折れや、神の名折れや、大願立つる神殿や、諸願成就に降《お》りたまえ、大願立つる神殿や……（繰り返す）」
剣を四角につなぎ合い、右へ回り左へ回る。二回。
〃つなごうや、つなごうや
東方へ参りましょう　南方へも（西方へも、北方へも）〃
つぎに剣を四角に交えたまま下へ置き、真ん中へ御神酒《おみき》を置きます。神職は唱えごとをしながら混ぜ、一同はやします。つぎに神職が御神酒開きをして神前へ供え、四人へもつぎ分けます。神酒開きが済むと、四角に交わした剣を両手で取って四人立ちます。そのままの形で剣を持って、くぐったり、飛び越えたりします。

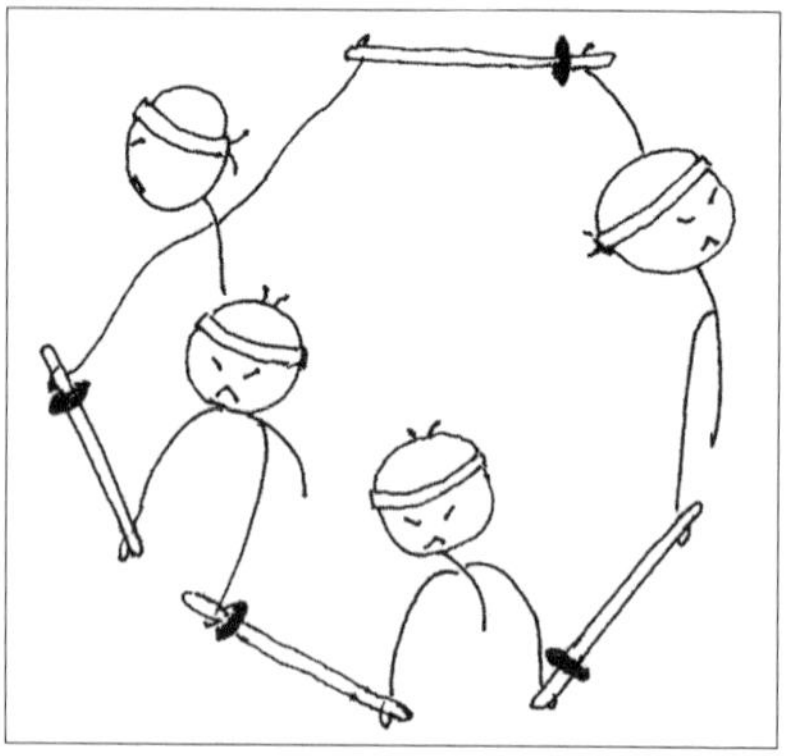
剣舞の一場面（イメージ）

大願立つる神殿や、諸願成就に降りたまえ、降りたまえ、
〃東方へ参りましょう
南方へも（西方、北方、中央へも）
東西南北中央の十二支氏子の屋敷固める〃（くり返す）
「善と言えば善、悪と言えば悪。うち違え暁起きて空見れば、紫雲が西へ行く。西へはやらじとここでとどめん」

剣を振って斜めに切り合いながら、互い違いに入れ替わります。二回。

つぎに神前に向かって横に並び、坐って拝をして終わります。

八ヶ社神楽では、「布舞い」「託宣」の行事はかつては行われていましたが、現在は普通は行われません。現在もこれを行う地方もありますので、参考までに山根堅一（一九七二）をもとに簡単な説明を追加します。

**布舞**

神楽の最後に、神がかって、荒神のお託宣をするもので綱舞とともに託舞と言います。夜通しの神楽で、荒神の御魂を和らげ、最後に神意を聞くのです。

「さって、悪事の神は当家福殿の屋敷を遙かに遠く退くものなり。そもそも神は諸法の根源なり。万行の源……（神を称える）……式年の御祭り仕え奉りて大神の御心和め奉らんとして、大前を祓い清めて、千代の神饌《みけ》神酒《みき》種々の味物《たなつもの》を供え奉りて、願うところは家内安全、寿命長久、身体堅固、五穀豊熟、商売繁栄、牛馬安全、万難退除の守護に叶い幸えと、もはや結願成就の御座なれば、御機嫌伺い託宣御神楽仕え奉る様を、平《たい》けく安《やす》らけく聞こし召したまいて、何事も願いのままに感応成就あらしめたまえと……それがしの冠の上をば高天《たかま》の原と思し召され、早々御鎮座影向《えいこう》垂れたまいて、吉凶禍福のお教えを垂れたまえと畏《かしこ》み畏み申す……」

手にして舞っていた一反の白木綿の布を捧げて四方を拝し、舞い手と太夫とが上下を取り合いつつ唱えます。

〝このほどに願うて参るぞ宮川の　この橋渡りて伊勢へ参らん〟
〝荒神御《ご》神は荒神ぞ　布にかかりてしなやかに舞え〟

**託宣**

やがて、一反の白布を解いて、端が床に着かぬように、上下、前後、左右に振り、続いて、くるくると輪に回しながら、右へ左へと激しく回ります。その時、太鼓を急調子に鳴らし「ごうや、ごうや、ごうさま……」とはやし立てます。舞い手は次第に無我夢中に舞い狂い、やがて神がかりの状態になります。頃合いを見計らって、他の太夫数人が出てきて、無理矢理に取り押さえ、神殿の中央へ坐らせます。あえぐ太夫へ布を巻きつけ、神体幣を持たせ燈明を上げ神酒を供え、はずむ息の静まるのを待ってお託宣を受けます。やがて神がかりが解けた太夫は、布をおさめながら、舞い上げをして終わります。

後の行事として、「荒神送り」があります。お迎えした諸神を、それぞれ元の社へお送りし荒神神楽が終わります。

**ポイント**

八ヶ社神楽の神髄《しんずい》は、「神人和楽」の境地です。そしてそこには吉備の文化が色濃く流れているのです。

# 第十五章　有木の昔話と有木の方言

『豊松の昔話』より「強力《ごうりき》の富田吉兵衛」「三度栗とうなぎ」「刀匠驍邦《たけくに》と邦光《くにみつ》」という有木の三つの昔話を取り上げ、できるだけ有木地域で話される言葉・方言で語ってみましょう。



## 強力の富田吉兵衛

徳川の四でー（代）将軍の家綱のころ（一六五一―八〇）のこてー（こと）、有木のにげー（仁《に》吾《ご》に）、富田《とんだ》吉兵衛ちゅう（という）、背の丈（身長）が七尺もあってのー、筋骨たくましー十五人力もあろーと（あると）いわりょーた（言われていた）力のつえー（強い）おせ（大人）がおったんよー（おりました）。

そのとーじなー（当時）、福山の水野の殿様がのー、芦品郡の姫谷の大けな（大きな）いきょー（池を）造ることん（ことに）なってのー、りょーねー（領内）から　ぎょーさん（大勢）にんぶー（人夫を）集めた時ん（に）のー、吉兵衛も　ぶえきゅー（夫役を）務めるこてー（ことに）なったんよー（なった）。ある日のことなんじゃ（ことなのです）、ふつー（普通）のもん（者）じゃよー（とっても）持てん（持てない）五十貫ちゅー（という）大けな（大きな）げんのー（玄翁）をへーき（平気）で持ち上げてのー、せーで（それで）、ひゃくすーじっけー（百数十回）もいきゅー（息を）つかんこーに（つかないで）つづきょーて（続けて）振り上げてのー、どてょう（土手を）たてーて（叩き）しめたんじゃ（しめました）。

普請奉行の神谷部長次が、とーく（遠く）からこのよーすー（様子を）見とって（見ていて）のー、珍しゅー（珍しく）大力者じゃと（だと）ひどー（たいそう）感心してのー吉兵衛をそべー（側に）呼んでのー

「おめー（お前）はてーした（大した）力持ちじゃ（だ）のー、その力にゃ（には）たまげた（驚いた）。望みがありゃー（あれば）ゆーてみー（言ってみよ）。ひょっとすりゃー（ひょっとすると）かねーて（叶えて）やるけー（やるから）」

とゆーちゃったんじゃ（と言われた）。吉兵衛はのー、うれしゅー（嬉しく）なってのー、

「せーなら（それなら）言わーてつけー（言わせてください）。てーまつ（豊松）のぶえきゅー（夫役を）けーからー（これからは）免除してつかーさらんかのー（くださらんか）」

とゆーたんじゃ（言ったのです）。そーしたらのー（そうしたら）奉行は、

「よーしゃ（ようし）、分かった。てーまつ（豊松）だけじゃのーて（だけではなくて）、神石郡のぶえきゅー（夫役を）免除してやらー（やる）」

とゆーた（と言った）ゆーことじゃ（ということです）。

またのー（また）、ある時のことじゃ（です）が、吉兵衛はのー、うめー（馬へ）にもつー（荷物を）つけて木綿橋ゅー（木綿橋を）渡りかきょーる（かける）とのー、わりーこてー（悪いことに）でーみょー（大名）のぎょーれちー（行列に）行きおーて（逢って）のー、せもーて（狭くて）どがーにも（どんなにも）できゃーせんよーになったんじゃ（できなくなりました）。そーしたら（そしたら）のー、吉兵衛は、とっさのこてー（ことに）、にもつー（荷物を）つけたまんま（まま）うまー（馬を）「よっこらしょ」とかけごよー（掛け声を）かけてのー、りょー（両）手で抱き上げてのー　橋のそてー（外へ）突き出すよーに（ように）して　よきょーて（よけて）、

「やれやれ　手がだりー（だるい）のー、はよーとおーて（はやく通って）つけー（ください）」

とゆーた（言ったと）ゆーことじゃ（いうことです）。

吉兵衛の住んどった（住んでいた）富田やしきゃー（屋敷は）、いまー（今は）畑になっとるが（なっていますが）のー、有木のしゅー（衆）は、いまーに（今に）そのかいりきゅー（怪力を）たてーて（称えて）褒めとるんじゃ（褒めています）。

（富田《とんだ》吉兵衛は、正しくは殿田《とんだ》吉兵衛と書くのだと、古老の話で伝わります。）

殿田吉兵衛の墓（神石高原町有木藤植兼弘氏宅近くの旧墓地）

## 三度栗とうなぎ

有木のひのげー（日野郷《ひのごう》へ）越える道筋になー、「坂の頭《さかのかしら》」ゆう（という）人里離れたとこ（所）があるん（あります）よ。

昔な、こーぼーでーし（弘法大師）が　さいごくー（西国を）ふきょー（布教）で　まわってお
らりょうーた（おられた）時にな、ここー（ここを）とーて（通って）道ん（の）側の木の根ー
（根に）こしゅー（腰を）おれーて（おろして）休んでおらりょーると（おられると）むこー（向
こう）の栗山でな　子どもが二、三人　こしー（腰に）びくー（びくを）つけてなー　おもしろげ
（そう）に　何かはなしゅー（話を）しーしー（しながら）栗のみゅー（実を）ひろーとるんが
（拾ってるのが）見えたんよ。

でーしゃぁ（大師は）、てーくつ（退屈）じゃったけー（だったから）子どもたちゅー（たちを）
呼んで　あれーこれー（あれこれ、いろいろ）おもしれー（面白い）はなしゅー（話を）しちゃっ
て（されて）なー

「そりゃー（それは）うまそーな（美味しそうな）栗じゃなー。一つわしん（私に）くれんけー
のー（くれないか）」

ゆーちゃったん（と言われました）よ。そーしたらなー（そしたら）子どもらー（子どもらは）

「ええで（食べてもいいよ）。おーけーのー（大きいのを）取ってつけー（お取り下さい）」

ゆーて（と言って）、みーンな（みんな）こしん（の）びくー（びくを）はじーて（はずして）

差しでーたん（出しました）よ。でーしゃぁ（大師は）、無邪気ん（な）子どもらーの（らの）差しでーた（出した）びくん（の）中から　おーけー（大きな）くりゅー（栗を）よって（選んで）かわー（皮を）みーで（むいて）たべちゃった（食べられました）んよ。

その栗がのー、ひどー（大層）うまかったんで（美味しかったので）ことのほかー（ほか）喜ばれてなー　子どもらに
「こりゃー（これは）うめー（おいしい）栗じゃ（だ）。れー（礼）にな、ほーりきゅー（法力を）つこーて（使って）年に（一年に）三度実がなるんよーに（ように）してあぎょー（あげよう）」ゆーて（と言って）行っちゃった（立ち去られた）んよ。

それいれー（以来）、ここん（の）くりゃー（栗は）年に三度、はなー（花を）つけて三度実がなるンよーになってな、誰ゆーこたーなー（いうことなく）ここん（ここの）くりゅー（栗を）「三度栗」ゆーて（というて）呼ぶよーに（ように）なったんじゃ（なりました）。

せーから（それから）でーしゃぁ（大師は）、たにー（谷に）下りてなー、岩のえーだ（間）から流れ出よーる（出ている）しみずー（清水を）のもー（飲もう）と　さりょーたら（されていたら）なー、どーした（どうした）わけか、突然にな、穴ん（穴の）中から　うなぎが出てきて　みずー（水を）にげーて（濁して）しもーたん（しまいました）よ。でーしゃぁ（大師は）たまげてな（びっくりして）、そのうなぎゅー（うなぎを）しかりつきょーちゃったんじゃ（しかりつけられました）。せーからー（それからは）な、この谷川にゃー（には）うなぎゃー（うなぎは）すまん（棲まない）よーに（ように）なったんじゃって（なったのですと）。

## 刀匠驍邦と邦光

有木のなかでーれぇ（中平《なかだいら》に）たけくにちゅー（驍邦という）刀鍛冶《かじ》が住んどったんじゃ（住んでいました）。たけくにゃー（驍邦は）なめーが（名前が）坂谷荒治ちゅーて（といって）、茂助ちゅー（という）人ん（の）長男でなー、天保年間（一八三〇—四三）なかでーらむら（中平村）で生まれたんじゃ（うまれました）。大きゅーなって（成長して）刀鍛冶のべんきょー（勉強を）してなー十二俵切りちゅー（という）めーとー（名刀を）作ってなー、ごよー（御用）鍛冶ん（に）なってなー、備後、備中にゃ（には）並ぶもなー（者は）おらん（いない）ちゅー（という）ことじゃけー（ことですから）ひどー（大層）じょーずじゃったんが（上手であったのが）わからーなー（分かりますよね）。

めーじいしん（明治維新の）ときにゃ（時には）、なかでーらちゅー（中平という）せー（姓を）もろーて（もらって）めーじん（明治の）十二年、四十七で　のーなったんじゃ（亡くなりました）。今も驍邦ん（の）銘のある刀が見られるけーど（けれど）、まこてー（まことに）立派じゃけー（だから）きょーどん（郷土の）誇りじゃけー（だから）てーせつに（大切に）保存されとるんじゃ（されています）。

驍邦ん（の）弟子になー　橋本邦光《くにみつ》ちゅー（という）人がおったんじゃ（いました）。

邦光ぁ（は）　なおのじょーん（直之丞の）三男でなー、はたちん（二十歳の）ころ、なかでーら（中平）驍邦《たけくに》ん（の）弟子《でし》ん（に）なってなー、のちん（後に）播磨《はりま》やおーさか（大阪）でなーぎじゅつー（技術を）みげーて（磨いて）　にげー（仁吾《にご》へ）帰って、とーけん（刀剣を）作っとったんじゃ（作っていました）。職場にゃー（には）よーじん（用事の）ねー（ない）もなー（者は）出入りしちゃーいけんちゅーて（してはいけないと言って）せーしん（精神を）しゅーちゅーして（集中して）打ちこんどったんじゃ（うちこんでいました）。こん（この）ちほーで（地方で）せーりょくん（勢力の）あった有木亮之助《ありきりょうのすけ》でもなー、うらぐちゅー（裏口を）出入りしとったちゅーことじゃ（していたということです）。備中こーやま（高山）ん（の）権現じんじぇ（神社へ）かけとってん（かけてある）しれー（白い）さやづくりん（鞘作りの）刀ぁ（は）邦光ん（の）寄進《きしん》ほーのー（奉納）したもんちゅーことじゃ（したものということです）。

邦光ぁ（は）、めーじいしん（明治維新の）後、こーやま（高山）村ん（の）よしもてー（吉本へ）よーしん（養子に）へーて（入って）、てーしょーねんかん（大正年間）（一九一二―二六）（の）初め、七十六せーで（歳で）のーなったんじゃ（亡くなりました）。

## 有木方言の音声

### ・連母音の発音は、短母音の長音化になる

［アイ］↓［エー］［例］台［ダイ］↓［デー］、回［カイ］↓［ケー］、
　大した［タイシタ］↓［テーシタ］
［オイ］↓［ウェー］［例］青い↓アウェー、追いつく↓ウェーック、置いて↓置ウェーて
［ウイ］↓［イー］［例］食いつく↓キーック、寒い↓［サミー］、だるい↓［ダリー］

［オウ］→［オー］［例］王［オウ］→［オー］、負うて→オーテ

［エイ］→［エー］［例］英語［エイゴ］→［エーゴ］、警察［ケイサツ］→［ケーサツ］、平気だ［ヘイキダ］→［ヘーキダ］

［イイ］→［エー］［例］いい具合→エーグエー、いい湯→エー湯

・ですが→ジャガ、でしたが→ジャッタガ、それから→セーカラまたはヘーカラ、ちょっとは→チーター、こんなに→コガーニ、そんなに→ソガーニ、あんなに→アガーニ、どんなに→ドガーニ、ばっかり→バー、という→チュー（富田ちゅう）、なんで（ドウシテ）→ナシテ、ところ→トコ（音の脱落）。道の中→道ン中（の no の o が脱落しン n になる）

## 助詞と音韻変化

○目的を表す助詞

目的語の前に来る助詞「を」の表現について

**・「あ」「う」「お」で終わる語を目的語にする場合、目的語を表す助詞「～を」の代わりに、目的語の最後の音を延ばして表す**

［例］かわー（川を）渡る、みずー（水を）飲む、ふろー（風呂を）わかす

**・「い」「え」で終わる語を目的語にする場合は、目的語を表す助詞「～を」が目的語の最後の音と同化して別の音になり長音化する**

［例］めしゅー（飯を）食う、くすりゅー（薬を）飲む、きゅー（木を）切る、ふよー（笛を）吹く、いよー（家を）建てる、みよー（見栄を）張る、なよー（苗を）植える、みゅー（実を）拾う

**・目的助詞の「が」は、省略できないし音変化もない**

飴がほしー（ほしい）、水が飲みてー（たい）、麻が要るけー（から）

○主語を表す助詞「は」の表現

**・主語を表す助詞「は」は、しばしば、主語の最後の母音を延ばすか、その拗音《ようおん》を延ばして表す**

［例］あんたー（あなたは）、わしゃー（私は）、うちゃー（うちは）、きみゃー（君は）、おどりゃー（おどれは）、てみゃー（手前は）

**・主語助詞「は」は、しばしば、主語の最後の母音と主語を表す助詞「は」が結合・脱落・同化して別の音になり長音化する**

［例］おたー（音は）聞こえん、うみゃー（海は）あえー（青い）、すみりゃー（スミレは）紫

**・主語を表す「が」は、省略できないし音変化もしない**

［例］蚊がおる、石が転ぶ、鳥が鳴く、家がひれー（広い）、竿がなげー（長い）

○所属の助詞「の」や否定の「ない」がしばしば「ん」になる

［例］口ん（の）中、ここん（の）栗、山ん（の）陰、棲まん（ない）よーになった、廊下はしらんで（走らないで）

○方向の助詞「へ」の場合

・方向名が「い」音で終わる時は、それを長音化して方向を表す

［例］にしー（西へ）、ひがしー（東へ）、えきー（駅へ）行く、こっちー（こっちへ）来い、あっちー（あっちへ）行く。

・方向名が「あ」音で終わる時は、「あ」音を「え」音に変化し長音化して方向を表す

［例］きてー（北へ）、てー（田へ）、やめー（山へ）。

・方向名が「う」音で終わる時は、「い」音に換え長音化して方向を表す

［例］べっぴー（別府へ）、おーちー（大津へ）。

・方向名が「え」音で終わる時は、「え」音を長音化して方向を表す

［例］いえー（家へ）、ふねー（船へ）。

・方向名が「お」音で終わる時は、名詞の最後の音の子音に「え」音をくっつけて長音化して方向を表す

［例］おでー（小戸《おど》へ）、さでー（佐渡《さど》へ）、そてー（外へ）。

## 機能別文末句・文頭句

・叙述　「〜です」「〜でした」などの叙述断定は、「〜じゃ」「〜じゃった」で表す

［例］そーじゃ（そうです）、そーじゃった（そうでした）

「〜している」「〜していた」などの進行形は「〜しとる」「〜しとった」

［例］そーしとる（そうしています）、そーしとった（そうしていた）

形容詞・形容動詞が文末にくる場合の叙述・断定は、音変化させて、またはそのまま使う

［例］はなー（花は）あけー（赤い）、みゃー（実は）あうぇー（青い）、荷がおもてー（重たい）、しんでー（しんどい）、やげろーしー（うるさい）。

「～しておられる」「～しておられた」など、敬語を使う場合は、**「～しとって」「～しとっちゃった」などを用いる**

［例］すわっとって（坐っておられる）、ゆーちゃった（言われました）、なふだーつけとって（名札を付けておられる）、なふだーつけとっちゃった（名札を付けておられた）

**・疑問**

**一般に文尾を上げる上昇抑揚で表す**

［例］もう出ちゃった？（　）、もちゅー（餅を）食べた？（　）

**疑問詞のある文は文尾を下げる下降抑揚または上げる上昇抑揚で、しばしば最後に「ん」をつける**

［例］どっちがええん（よいの）？、なにゅー（何を）け（か）ーたん（何を書いたの）？、どがーにするん（どんなにするの）？

**「～しないのか」のように否定疑問の場合は、疑問助詞の「のん（か）」をつける**

［例］書かんのん（か）（書かないのですか）？、飲まんのん（か）（飲まないのか）？

**・意志**

**語尾に「～おー（で）」「～けー」をつけて意志を表す**

［例］贈ろう → 贈ろー、払おー（払おう）、はろーで（払うよ）、そーするけー（そうするから）

**・否定**

**「～ない」「～していない」「～ではない」「～ないのです」の否定表現は、「～ん」「～ん**

**のん（よ）」「～とらん」「～とらんのん（よ）」「ねー（なー）」「なー（のー）」「じゃーねー（のー）」「じゃーねー（なー）」などをつけて表す**

[例] 持てん（持てない）、持っとらん（持っていない）、知らん（知らない）、知らんのんよ（知らないのです）、そーじゃーねー（なー）（そうではないです）

否定の表現

| 肯定（標準語） | 否定表現（方言） | 否定表現具体例（方言） |
|---|---|---|
| 知る | ～ん<br>～んのん（よ） | 知らん<br>知らんのん（よ） |
| 知っている | ～とらん<br>～とらんのん（よ） | 知っとらん<br>知っとらんのん（よ） |
| うまい | ～ねー（なー）<br>～なー（のー） | うもーねー（なー）<br>うもーなー（のー） |
| 蜂です | ～じゃーねー（なー）<br>～じゃーなー（のー） | 蜂じゃーねー（なー）<br>蜂じゃーなー（のー） |

**・命令**

**語幹の長音化、語幹に「えー」「てみー」「ねぇ」「てくれぇ」「てつけぇ」などの添加で命令を表す**

[例] そーせー（そうしろ）、食べー（食べよ）、みー（見よ）、そーしてみー（そうしてみなさい）、そーしねぇ（そうしなさい）、そーしてくれぇ・そーしてつけぇ、（そうしてく

ださい)、そーするんじゃ(そうするのです)

**・禁止**

**「～すな(するな)」「～ちゃーいけん(～してはいけない)」「しちゃーいけるもんか(してはいけない)」「～しなんな(～しないで)」「～したらこらやーせんぞ(～したらゆるしはしないぞ)」などで禁止を表す**

［例］走るな↓走っちゃーいけん、走りなんな、走っちゃーいけるもんか、走ったらこらやーせんぞ

**・勧誘**

**「～しませんか」「～しようよ」の勧誘は、「～せん」「～せんか」「～しょうやぁ」で表す**

［例］そーせん、そーせんか、そーせんかのー(そうしません(か))

そーしてくれんけーのー(そうしてくれませんか)、そーしょーやぁ(そうしようよ)

**・嘆願**

**「～てぇ」「～でぇ」などで嘆願を表す**

［例］そーしてぇ、そーしてつけぇ、そーしてぇな(そうしてくださいな)、読んでぇ

**・推量**

**「～じゃろう」を添えて推量を表す**

［例］そーなるじゃろー(そうなるでしょう)

**・感嘆**

**「ひどー」「すげー(すごく)」「えろー(えらく)」などを形容詞・形容動詞・副詞の前に置いて感嘆を表す**

［例］ひどー(なんと)きれーじゃのーぉ(なんと綺麗なことですね)

**・接続**

［例］せーで(そして)、じゃが(だけど)、せーから(それから)、～じゃったけー(～だったから)、そーさりょーたら(そうされていたら)、～しとるえーだ(～している間)、～

しとる時にゃ（〜している時には）、〜じゃけー（〜だから）、〜なんで（〜なので）、〜だけじゃーのーて（〜だけではなくて）

**・間投　「〜なー」「〜のー」「〜（ん）よー」などを文末や語句間に挿入して、調子を整え、相手に訴える気持を表す**

［例］例　せーでなー（それでね）、せーからのー（それから）、飲んでしもーたんよー（飲んでしまったのよ）、してくれぇなー（してくれなさい）、そーじゃのー（そうですね）

## 有木方言と語彙

### 名詞

ちょびっと・ちぃと・ちびっと（ほんの少し）、ようまつ・じなくそ（戯れ）、ごっつお（ご馳走）、ぎょうさん・えっと（沢山）、にんげつ（悪さ）、ねき（傍ら）、どべた（地面）、へーとう（乞食）、べち（子牛）、こってえ（雄牛）、でんぱち（笠）、おせ（おとな）、かばち（端）、おなごんこ（女の子）、おとこんこ（男の子）、あにゃん（お兄さん）、ねーやん（お姉さん）、ばーやん（お婆さん）、じーやん（お爺さん）、おとんぼ（末っ子）、あべんこ（小川で泳ぐこと）、ぎっちょ（左利き）、きにょー（昨日）、いきのーに（行く途中に）、ぐり（かたまり）、けんけん（片足飛び）、ぶげんしゃ（財産家）、てご（手伝い）、てしょー（小皿）、よーさ（夜）、よけー（沢山）、ゆんべ（昨夜）、どべ（競技で一番最後）、そべら（刺《とげ》）、こーこー（漬物）、でこ（人形）、くじ（不平）……

## 動詞

どやす（叩く）、はぶてる（機嫌が悪い）、すける（載せる・置く）、あずる（うまく出来ない）、めぐ（壊す）、むでる（蒸す）、こける（倒れる）、えぞーかす（からかう）、さばる（引っ張る）、やこう（身体を大事にする）、へこたる（往生する）、ごねる（不平不満無理難題を言う）、いぬる（帰る）、いわえる（結ぶ）、うがす（剥がす）、いがる（叫ぶ）、いがむ（曲がる）、くべる（火に入れる）、ぐれる（素行が悪くなる）、せく（急ぐ、咳く）、ちびる（すり減る）、腹がにがる（腹が痛い）、はしる（痛む、傷がはしる）、たう（紐・縄などが達する、届く）、こさげる（器の中のものを残らないようにこすり取り出す）、けずむ（大便を出そうと力む）、ぬかす・たれる（言う、下品な言葉）、えろうがる（しんどそうにする）、となげる（片づけしまう）、しごーする（言って聞かせる）、かやる（倒れる）、そくう（束ねる）……

## 形容詞・形容動詞

すっちょうな（不誠実な）、いなげな（悪い・変な）、こうへえな・えらそーな（自慢げな）、えりぇー（苦しい）、きょーてー（怖ろしい）、ごちー（強い）、じりー（ぬかるんでる）、なりー（たいらな）、いたしい（難しい）、のふーぞーな（傲慢な）、ややこしー（複雑な）、まめな（元気な）しんでえ・ぐすうなぁ（辛い）、はがいー（じれったい）、やっちゅうもなー（やってもつまらん）、やげろーしー（うるさい）、ひずらしー（まぶしい）……

### 副詞

どひょうし・ひどー（非常に）、たんびゅー（度々）、あがーに・そがーに（あんなに・そんなに）、なして（何故）、よっぽど（余程）、はあ（早くも）、へーから・せーから（それから）、いっこに（同時に）、えろー（大変）、おとちい（一昨日）、しぎょー（密に）、しゃんしゃん（しっかり）、でーしょー（多少）、よりおーて（共同で）、ひどー（強く）、そろっと（そっと）、じきに（間もなく）、つめて（ずっと続けて）、どーなりこーなり（やっと）、ひさに（長いこと）……

### 独立表現・語句若干

ほぼろー（籠）売る（離縁する）、かばちゅー垂れるな（文句を言うな、下品な表現、喧嘩の時使われる）、やっちゅーもなー（やってもつまらん、面倒臭いな）、いけるもんかー・いけりゃーせん（いけない、目的がかなわない、良い状況ではない）、しもーたなー（しまった）、むってんなこって（予期しないことが起きて大変なことです）、やげろーしいなー（うるさいなぁ）、どんどがちーてねららゃーせんかったのー！（わくわくして寝られなかったなぁ）、くじゅーゆーな（わがままを言うな）、しごんならんのー！（角に置けないなぁ）……

## 有木方言について

以上、有木方言について言えるであろうことを、音韻の変化・言語機能・語彙を中心に述べてきました。

有木方言に限らず方言について、一般的網羅的に記述することは極めて困難です。話す人や聞く人の年齢・性別・親密さ・置かれた環境などによって、微妙に変化するからです。一つだけ言えることは、有木方言は、備中で話される方言の影響を多分に受けているということ、有木方言は備中方言の中に含まれるのかもしれないということです。同じ神石郡内でも、南部の小畠や西部の神石に行くと、有木方言とは微妙に違っていることに気がつきます。

竹内理三編（一九六六）によると、江戸後期の数字ですが、有木の住人の入籍の三分の一は、隣村の岡山県高梁市備中町平川の出身者であったということですから、有木方言が備中方言の影響を強く受けたのは当然でした。現在でも、平川を中心にした備中地方から有木地方へ（またはその逆）縁故のある人が少なくありません。

有木を訪問すると、「よう来ちゃったなー。何にもねーが（ないが）けーでも（これでも）つまんでー（食べてください）。うまーこたーなーが（美味しいことはないですが）」と美味しいあんび（あん入り餅）が出されるかも知れません。

**ポイント**

有木で話される言葉・方言は、備中のそれに大きく影響を受け、大変よく似ています。

# 第十六章　有木と有木氏の人々



## 「有木」の地名の由来

下中邦彦（一九八二）は、『西備名区』をもとに、有木の地名の由来について「備後一宮吉備津宮の別当（祠官）有鬼（有木）氏が備中より来住し、旧称中山を有鬼（有木）に改めた、あるいは当地は古来吉備津宮の神領であったため新市（福山市新市町）の宮内に住む有木氏の支配下に置かれ、有木に改称されたという」と述べています。私の推測では、「有鬼（有木）氏が備中より来住し」、備中から移ってきた有木氏がここに吉備の中山を造ろうとして、この地と現在日野山と呼んでいる霊山を中山と呼び、有木氏が勢力を拡大してくるに従って有木氏の有能さや人柄が住民にも受け入れられ、後に地名の中山を有木と呼ぶようになったとするのが自然ではないかと思います。この地に住み始めた有木氏が、備後一宮吉備津神社の有木氏と交流があり、この地に住む有木氏の何人かが備後一宮吉備津神社へ出向き住んでいたことは、記録にも見えています。また下中（一九八二）は、備中下道《しもみち》郡山田（現、岡山県総社市）の鬼身城《きのみ》に有木冠者という強者がいましたが、吉備津彦命の副将巨智麿が征伐し、巨智麿は有鬼の姓を授けられ吉備津宮の神主棟梁となり、その巨智麿の居館が備後・備中国境の日野山（六六九㍍）にあったといい、その山麓である当地を有鬼（有木）と呼ぶようになったとも伝えられていると述べています（『備中府志』）。確かに、「巨智麿の居館が日野山にあった」可能性はあります。この地では日野山の麓に立派な古墳があり、被埋葬者は巨智麿とその妃の内攻姫との古老の話もあります。日野山の麓の有木は勿論、豊松、油木の一部を含めたかなり広域を日野郷と称し、日野郷の中に有木村があり、「日野郷有木村」という古文書に見る表示が生まれました。更に、下中（一九八二）の「旧称中山は、日野山を備前・備中の境にある吉備の中山になぞらえてここでも中山と称し、同じく細谷川が流れていることから、当地を中山と称したと伝えます。当地と有木氏の関係には深いものがあります」との説明は受け入れられます。ただ、「地名と氏姓のいずれが先かは決しがたい」と言っていますが、有木氏が先にあって地名をも有木にしたと考えるのが自然でしょう。なおまた、下中は、日野山は山容秀麗で自然崇拝の対象としての霊山の趣をもっていて、あるいは古代は狼火山《のろしやま》であり、そのため日野山と呼ばれるようになったとも考えられるとしていますが、日野氏の所領であったことが、日野郷、日野山の名称に繋がったんだろうと思います。

近世有木村は元和五年（一六一九）の備後国知行帳に高九百石余りとあり、元禄中期まで一村でありましたが、元禄十二年（一六九九）の備前検地で、東有木村（高五百七十八石余）・西有木（三百五十一石余）の二村となっています（天保郷帳）。享和三年（一八〇三）には分村名の記録があります。そして明治八年に東西有木が合併し、有木村一村になるまで続きました。

## 「有木」の読み方と発音

これまで見てきたように、有木はもともと有鬼（鬼が有り）でした。備中の有木山などは、「ありき」と読み発音します。それは、備中の有木山を読み込んだ和歌や俳句を見れば、はっきりします。

「阿利木山　今ありきとも　君こそは　かぞえもしらめ　松のちとせを」
「ここに鳴け　山あり木あり　ほととぎす」

阿利木山は有木山です。この場合、有木は阿利木《ありき》と読まれ発音されています。「山あり木あり」も「ありき」でないと歌になりません。有木別所も「ありき」別所でしょう。有木という土地の名前は、「ありき」と発音されています。その土地に住んだ有木氏も、「ありき」氏でした。備後の吉備津神社の氏子下に有木氏があり、その昔は有木町がありましたが、この有木も姓は「ありき」、土地名は「あるぎ」です。現在でも、有木が姓の場合は、特に、「ありき」と読んだり発音するのが普通のようです。

ところが、島根県隠岐郡に有木という所がありますが、この読み方・発音は、「あらき」です。しかし、その地方に住む有木氏は、「ありき」氏と「あらき氏」の両方があります。

福岡県宮若市には、上有木《かみあるき》・下有木《しもあるき》という地方があります。有木が「あるき」と読まれ発音されるのです。また、千葉県市原市に海士有木というところがあり「あまありき」と発音されます。土地名でも「ありき」です。

私の郷里の有木は、現在は「あるぎ」と読まれ発音されています。ところが文政の頃（一八一八―二九）の古文書に有木を「阿リギ」と書いたものがあり、その頃は「ありぎ」と言っていたことが分かります。そうすると、当初は地名として有木氏の「ありき」を採用し、それが時代の流れとともに江戸時代中・後期頃には「ありぎ」となり、明治に入る頃からか「あるぎ」と変化していったのでしょう。この地方に住んだ有木氏は、「ありき」氏でしたが、地方の呼び方を用いて「ありぎさん」「あるぎさん」を有木《ありき》氏は容認していたように思われます。

これまでのところ、姓としての有木は「ありき」が主であり（「あらき」も一部ありますが）、土地・地域などの有木には「ありき」「ありぎ」「あらき」「あるき」「あるぎ」の少なくとも五通りの読み方と発音の仕方があることになります。

発音の上から言うと、「ありき」（ARIKI）の母音連続を見ると［A - I - I］となります。［I］音は、舌の前部上辺で唇を平たくして発音する緊張音です。緊張度が高い音が［- I - I］と連続し、発声エネルギーを要する発音になります。そして「ありぎ」は「ありき」の「き」が「ぎ」に、即ち［KI］の無声音［K］が［GI］の有声音［G］になっています。一般に、無声音より有声音が少ない発音エネルギーで済みます。「ありぎ」は「ありき」より少ないエネルギーで発音されます。一方、「あらき」（ARAKI）の母音連続を見ると［A - A - I］で、最後に緊張音の［I］音があるものの、その前は［A - A］音は、舌の下部中央で発音するもので、その音が連続しても発音エネルギーは軽減されやや緊張が緩和されます。

「あるき」（ARUKI）の場合、連続母音は［A - U - I］ですが、この［U］音の発音は舌の奥の方で口をあまり開かないで発音でき少ない発音エネルギーで済みます。

「あるぎ」（ARUGI）はどうでしょうか。これは直前の「あるき」の「き」が、「ぎ」に変わっただけのことです。母音連続（A - U - I）で同じです。最後の「き」の無声音［K］が「ぎ」の有声音［G］に変わっているだけのことです。無声音より有声音のほうがより楽に発音できます。従って、五者の中では「あるぎ」が一番少ないエネルギーで発音できます。

まとめますと、五者は、「ありき」「ありぎ」「あらき」「あるき」「あるぎ」の順で、エネルギー消費量が少なくなります。人は、一般に、できるだけ楽に発音できる仕方をついつい選ぶのです。但し、姓の場合は、楽をするよりもエネルギー量がかかっても、正当な発音を堅持することを選ぶのだろうと思います。私の郷里の有木「あるぎ」は、五者の中で一番少ないエネルギーで発音するものなのですね。現在の福山市新市町宮内に、かつては有木町《あるぎまち》がありました。現在も、宮内に何軒か有木《ありき》氏が住んでいます。土地名は「あるぎ」、姓名は「ありき」と発音されていて、私の郷里の有木の場合と同じです。

## 有木氏の家系・有木氏の人々

### 備後一宮吉備津宮と有木氏

吉備津彦命の副将の**巨智麿**は、有木冠者を退治して大功があり、有鬼の姓を賜り神官有木の祖神となりました。

推古天皇の九年に、**有鬼氏**が備中より、備後の国品治郡宮内虎睡山麓に来て宮所を定め、三つの神殿を起こし建て、下津磐根に動きなく高天原に搏風《はふ》高しりて、宮社を営みました（『西備名区四』）。

備後吉備津宮の神部であった**有木民部**は、備後一宮吉備津宮の神職頭であって、位階高く鳶尾山城主となりました。そして永仁五年（一二九七）、有木郷を賜るとの記事があります。これから見ると、有木民部は神石郡日野郷をいただき、日野郷有木と備後一宮吉備津宮との関係がここでも生じていることが示されています。

備後一宮の吉備津宮神官は有木民部でしたが、戦国の世であったため、備後一宮の衰敗の頃に亡命し、その跡絶えました。福山城主水野の時、有木氏は神宮寺の別当となりました。

その昔は、備後一宮の神領は多くありましたが、福島正則は、国中の寺社領を悉く没収し、吉備津宮社務どもは、江戸幕府に訴えるようなことまでありました。その結果は、福島正則に不利に流れ、訴えた社務側に有利の状況であったので、福島はこれを聞いて密かに闇討ちに討ち果たさせたとか伝わります。

**有木小次郎俊信**は、永仁年中（一二九三―一二九八）、神石郡有木より品治郡宮内村に移り鳶尾城に居城し、備後一宮吉備津宮の社務を務めました。鳶尾城には、社務の有木氏が代々居住したといいます。俊信は、元桜山慈俊家老で、桜山慈俊の没後、自立してその地を領しました。

鳶尾城に居城した人物として、**有木五郎俊雄**のあと数世代あって、**有木藤左衛門尉盛安**（文明年中、一四六九―一四八七に没）に続き、**有木民部丞忠宗**（盛安男）（永正年中、一五〇四―一五二一に没）などの名前が見えます。（『備後叢書四』）

## 神石郡有木日野郷の有木氏

有木春来（一九六八）の中で、赤木勇夫（郷土史家・元広島県民俗資料調査員）が示している敏達天皇から始まる「有木氏の家系」をもとに、その中から注目すべき有木氏の人たちをつぎに挙げて、他の資料からの補足説明を加えてみたいと思います。

**小野妹子**　有木氏の家系の先祖に、小野妹子がいます。生没年は不詳です。飛鳥時代の遣隋使で、推古天皇十五年（六〇七）、聖徳太子が隋と国交するにあたり、第一回遣隋使となり渡海しました。数十人の学問僧を伴い、国書「日出ズル処ノ天子、書ヲ日没スル処ノ天子ニ致ス。恙《つつが》無キヤ」を随の煬帝《ようてい》に渡します。煬帝は、この文書を悦びませんでした。妹子は、翌年帰国しましたが、同年再び隋に渡りました。そしてその翌年に帰国しました。その後、功績により身分が昇進しました。小野妹子の子どもに小野朝臣毛人《えみし》という人があります。毛人は、天武朝に仕え、太政官刑部大卿《ぎょうぶだいきょう》に任ぜられ、その墓が天武六年（六七七）に営まれたことが出土墓誌から分かっています。

**小野篁**　小野妹子の後裔に、平安前期の貴族・文人で小野篁《たかむら》という人がいました。彼は、仁明天皇の御代、承和六年（八三九）、遣唐副使に任ぜられましたが、大使の藤原常嗣の横暴な振る舞いに腹を立て、病と言って命令に従わなかったので、嵯峨上皇の怒りにもふれ隠岐に流されました。彼は閻魔王宮《えんまおうきゅう》の役人とも言われ、昼は朝廷に出仕し、夜は閻魔庁に勤めていたという奇怪な伝説を持っています。後に本土に召還され、参議となり、博学で詩文に長じました。百人一首の「和田のはら　八十島《やそしま》かけて　こぎ出でぬと　人にはつげよ　あまの釣船《つりふね》（大海原を多くの島々へ向けて漕ぎ出して行ったと、都にいる懐かしい人に告げておくれ、漁夫の釣船よ）」の歌で知られています。この歌は、『今昔物語集』巻二十四、第四十五話に見えます。そこには明石の宿で眠れぬ夜の明け方に、船が島々の陰に隠れて見えなくなるのを哀れに思って詠んだもう一つの歌が載せてあります。「ほのぼのと　明石の浦の　朝霧に　島隠れ行く　船をしぞ思ふ（ほのぼのと夜が明けた明石の浦の朝霧の中、島陰に隠れ行く船のわびしさがしみじみ思われることだよ）」と言って泣いたと書かれています。

小野篁は、仁寿二年（八五二）に没しました。この人が隠岐の有木氏の祖ではないのでしょうか。その後裔に隠岐小太郎守秀がいますし、またその五代後裔に有木兵衛尉維義という人がいて、維義は隠岐半国の王となり、その子の維範は大学頭で隠岐の判官を務めています。また有木兵衛尉維義の縁者に有木経兼という人がいて、童名を隠岐の鬼若丸といい、後に横山野太夫と名乗り、軍功のために武蔵国横山郡と相模国下足柄郡を源義家から賜り、横山千と名乗りました。鬼若丸などの名称は、有木氏でこそ意味を持つ名前と言えましょう。隠岐には、有木《あらき》神社がありますし、有木《ありき・あらき》を名乗る人たちが現在も生活しています。

島根県の隠岐島は、本州の北約五〇キロメートル沖にある島で、隠岐最大の島である島後《どうご》と島群である島《どう》前《ぜん》から成っています。島後の池田に隠岐国分寺があり、その境内に後醍醐天皇の行在所《あんざいしょ》と伝えられる黒木御所があります。傍には「八尾川」が流れています。その東方に、西郷町大字有木《あらき》に有木《あらき》神社があります。主祭神は、大山咋《おおやまぐい》命、建御名方《たけみなかた》命、大己貴《おおなむち》命、保食《うけもち》神、逸玉男《いつたまお》命、伊弉册《いざなみ》命で、これまで隠岐郡の有木地区内にあった小社八神社を合祀して、大正元年に新しく創立した神社です。

現在残っている棟札の中で一番古いものは、合祀された元有木字前田にあった野木神社の元和五年(一六一九)のものです(島根県神社庁発行の資料による)。有木地区には有木川が南下しています。この有木の名前が有木守秀や維義などの有木氏に由来すると断定はできませんが、その可能性は大いにありそうです。島前の西ノ島の西側にある国賀海岸北部には「鬼ヶ島」があり、鬼ヶ城と俗称される奇岩怪石洞穴の景勝地があります。

**平郡広河左近**　小野妹子の後裔に平郡広河左近という人がいて、大和国平郡庄に住みました。功績により平郡美濃守と称し、備中の国の賀陽郡の一郷、百六十貫を賜り住み移り、大宝元年(七〇一)に没しました。備中の有木別所有木山青蓮寺に墓所があります。生まれが平郡庄ですので、平郡姓を名乗りました。有木氏の先祖には、平郡姓を名乗った人が多くあります。

**平郡広成**　広河左近の後裔の広成は、吉備大臣(吉備真備《きびのまきび》)の第一の家臣で、養老元年(七一七)、吉備真備にお供して阿倍仲麻呂遣唐使の一員として唐に渡っています。また天平五年(七三三)には、広成は朝廷の祭祀を担当する中臣の朝臣の名代も務めています。亀甲山八幡神社由緒古文書に「吉備大臣一之臣下唐までもお供仕り」とあるのは、この広成のことかと推測されます。

## 吉備真備と和気清麻呂

ここで、吉備真備と和気清麻呂について、少し触れておきます。両者とも有木氏出身ではありませんが、吉備国と大変関係がある人たちです。

**吉備真備**（六九五―七七五）は、奈良時代の政治家であり学者です。吉備の豪族下道朝臣《しもつみちのあそん》国勝の子で、霊亀二年（七一六）、遣唐使留学生となり、翌年入唐しました。阿部仲麻呂《あべのなかまろ》とともに唐で名声をあげました。天平七年（七三五）帰国しました。十九年も唐で勉学に励んだことになります。唐礼百三十巻、暦書、音楽書、武器、楽器、測量具などを持ち帰り、朝廷に献上しました。また、東宮学士に任ぜられ、阿倍皇太子（後の孝謙《こうけん》天皇）に『礼記《らいき》』『漢書《かんじょ》』などの講義をしました。そして天平十八年（七四六）、吉備朝臣の姓《かばね》を賜りました。天平勝宝三年（七五一）遣唐副使となり、翌年再び唐に入り、天平勝宝六年（七五四）に帰国しています。天平宝字八年（七六四）、藤原仲麻呂の氾濫鎮定に功をたてました。参議、中衛大将《ちゅうえのだいしょう》、中納言、大納言を歴任し、天平神護二年（七六六）には右大臣に昇りました（『日本大百科全書』）。

吉備真備の生誕地は、大和の地藤原京です。父の下道国勝は、備中国下道郡の出身。国勝は備中国下道郡を離れ、中央政府で働く下級律令官人でした。大和の国宇智郡の豪族八木氏の娘と結婚して、真備をもうけました。真備が大和の地で生まれ、そこで成長したとしても、備中の地と全く無関係ではありませんでした。右大臣であると同時に、下道郡の大領をも務め、先祖の地の郡司でもありました。在地（下道郡）の豪族が強く推薦して、形だけの大領になったのでしょう（中山　薫、二〇〇一）。

**和気清麻呂**（七三三―七九九）は、奈良末期から平安初期の公卿《くぎょう》で、備前国藤野郡（和気郡）の人です。神護景雲三年（七六九）、太宰主神習宜阿曾麻呂《だざいのかんづかさすげのあそまろ》は、道鏡に媚び宇佐八幡の神教と偽って「道鏡を皇位につければ天下太平になるだろう」と奏上したのです。称徳女帝は大いに迷い、清麻呂を召して姉法均《ほうきん》に代わって神教を確かめるように命じました。その出発に当たり、道鏡は清麻呂に「私に不利な奏上をすれば厳罰に処す、有利な奏上をすれば大臣に取り立てる」と、威嚇と懐柔の二策を前もって言い渡しました。道鏡の儒学の師、路豊永《みちのとよなが》は、道鏡即位せば我は今日の伯夷《はくい》たらん（隠棲する）と哀訴しました。意を決した清麻呂は宇佐から帰るとすぐに、「天つ日嗣《ひつ》ぎは必ず皇儲《こうちょ》（皇統に連なる人）を立てよ。無道の人は宜しく早《すみやか》に掃《はら》い除くべし」との神教を奏上しました。激怒した道鏡は清麻呂の官爵を削り、名も別部穢麻呂《わけべのきたなまろ》と改め、大隅（鹿児島県）に配流しました。翌年女帝が崩じ光仁天皇が即位すると直ちに清麻呂は召還され、ついで本位従五位下に復し、宝亀五年（七七四）和気朝臣《あそん》を賜りました。その後、長岡造京や平安京造営の功により昇進して従《じゅ》三位《さんみ》にまでなりました。この間平安遷都を建議し、摂津の大夫《だいぶ》として大和川を西に通じて難波の洪水を除こうとしました。延暦十八年（七九九）に没して正三位を贈られましたが、降って嘉永四年（一八五一）、正一位護王大明神の神階神号を授けられ、明治十九年京都上京区の護王神社に祀られました（『日本大百科全書』）。

話を有木氏の人々に戻します。これまで見てきたように、有木氏の遠祖には、文人・学者・高級官吏がいましたし、遣隋使や遣唐使など広い世界に目を向ける進取の気性を持った人がいました。

**平郡広親**　さて、この広親は前出の広成の子で中納言、その子広守、その孫広雄もともに中納言、その後裔の広仲は右京大夫、春雄は仁和三年（八八七）右京介・備後介、広親は掃部介《かもんのすけ》でした。春雄のほかは、「広」が通字でした。

**有木対馬守親盛**　有木氏の後裔の対馬守親盛は、康平年中（一〇五八―六五）、前九年の役で高名を立て軍功があったので、大和国平郡と安房《あわ》国平郡の両所を源将義家（一〇三九―一一〇六）より賜り、平郡姓を名乗りました。有木氏は、源氏と良い関係を保っていたと言えましょう。前九年の役とは、源頼義・義家父子が奥州地方の豪族の阿倍頼時とその子の貞任《さだとう》らを討伐した戦役のことです。平定した康平五年（一〇六二）まで、十二年にわたって断続しました。有木対馬守親盛は、この役で軍功があったのです。義家は、戦功のため陸奥《むつ》守（出羽守とも）兼鎮守府将軍となり、東国に源氏勢力の根拠を固めた武将で、あの八幡太郎です。

**有木弥八郎頼久**　有木弥八郎頼久は、備中から来て別所を建て住んだ備後一宮吉備津宮別当の先祖です。頼久はその子有木弥次郎頼成とともに、源頼朝より頼の一字を賜りました（『備後叢書四』）。

**有鬼親経**　後裔の有鬼親経は、童名を鬼若丸といい、後に有鬼弾正太夫と称し、有鬼の元祖となりました。備前備中の境の有木別所の細谷川で鬼を従え、これより有鬼と名乗ったと伝わります。隠岐に鬼若丸がいましたが、親経も童名を鬼若丸と称しました。有鬼氏ならではの名前であると思います。親経の祖父が親盛、父が親国、子が親成、孫が兼親と続き、「親」が通字となっています。

隣村笹尾（神石高原町笹尾）に、高松城がありました。平川弥次郎政定入道、同弥次郎秋政、平郡雅楽兼親、同八郎左衛門入道秋陶、同太郎秋助、同弥三郎秋信が居城しました。政定は足利義経方で当郡司でした。秋陶は知行三千余石で、長州大内氏の臣でしたが、天文年中（一五三二―五四）

この笹尾に移ってきました。後に毛利に属し、長州府中に子孫があるといいます（『神石郡誌』）。

**平郡雅楽正兼親**　右の高松城に居城した人の中に平郡雅楽正兼親がいます。彼は有鬼親経の孫ですが、先祖苗字平郡を名乗り備後国神石郡豊松庄笹尾村の高松城に住みました。戦功により宮野家より感状を賜っています。笹尾の東福寺を開山したとも伝わります。

**有木左衛門尉兼盛**　有木左衛門尉兼盛は、兼親と兄弟で、備後宮内に住み、備後宮内有木氏元祖であると伝わります。このように、当地有木から備後一宮宮内へ移住した人たちがいます。

## 忠親、吉兼、貴親、久親

**有木治太夫忠親**　有木治太夫忠親は、宮野家の旗本で、神石郡日野郷の有木氏です。日野郷には、すでに有木氏の人たちは住んでいたと思われますが、今日知られている日野郷の有木氏の大本でありましょう。

**有木民部大輔吉兼**　有木民部大輔吉兼は、鬼の片腕を切り落としたという伝説を持つ**渡辺綱**（渡辺党の祖）の後裔かどうかは分かりませんが、元の名は渡辺源五郎です。綱の元の名前は源次でしたし、綱の後裔の名前に小源次とか源五とか源の字を用いた人が散見できます。源五郎は養子縁組したのでしょうか、忠親の後を嗣いでいます。宮野の旗本で、豊松庄日野・日谷《ひだて》を領しました。日野山の西麓に中山城を築き居城し、文和年中（一三五二―五五）、長命山長遠寺を開山しました。行年百五歳の長寿でした。長遠寺は今は跡地だけしかありません（現在、岡山県高梁市備中町に移り存続しています）が、古くは亀甲山八幡神社の社僧も務めたと伝わります。

神石郡油木町花済鎮座の竹迫山八幡神社には、「元豊松庄花済の里九田原の山上にあり。応永十二年（一四〇五）、今の地に移せり」との伝えがあります（『郡誌』）。大願主は有木氏と伝えられ、創建年から見て、有木民部大輔吉兼の可能性が高いです。

**有木弥次郎貴親**　有木弥次郎貴親は、後に宮野家より能登守の称号を賜り、遠祖を有鬼巨智麿とし、細谷川で鬼を従え戦い勲功により有鬼と名乗ることを許され、その後裔は備後宮内で代々勤め来た者がおり、吉備大臣（吉備真備）の第一の臣下である広成が出た平郡氏・有木氏の出身で、宮野筑後守舎弟宮野政信公の旗本になり、数度の比類なき勲功により神石郡の内豊松庄日野郷を知行することを許され、中山城に居城しました。明応二年（一四九三）、公より御感状を賜りました。弟分の久親とともに亀甲山八幡宮創建の大願主となり、次重出羽守高正を社人として請い建立しました。また、永禄年中（一五五八―七〇）、備中国川上郡西山村長松寺二世の俊沢を請い、日野郷に一寺を建立開山し、曹洞宗妙光山宝全寺と称しました。宝全寺は、現在まで檀家の崇敬を集めています。同寺は、明和年中に火災に遭い、記録を焼失し由緒が明らかならないところがあるということです。

西宮猪鼻山八幡神社「百寿庭園」に建つ有木吉兼の石碑

**有木中務大輔久親**　久親は、有木民部大輔吉兼の孫です。勲功があって日谷郷《ひだてごう》の尾久比城（尾首城）に居城を許され、二世有木民部大輔親忠に引き継がれ、その子の有木平内大輔親宗まで三世にわたり居城の末、戦乱で亡びました。久親は、文亀元年（一五〇一）、有木の玉泉寺城主の高尾越前守親信とともに大願主となり、次重出羽守高正を社人として請い、西宮猪鼻山八幡宮を創建いたしました。久親は、八年前に同郷の東宮亀甲山八幡宮を兄貴分の貴親とともに建立しており、猪鼻山八幡宮創建にあたってその経験を生かすことができたと思われます。永禄年中（一五五八―七〇）毛利輝元の旗本になり務め励みました。

久親は、文禄三年（一五九四）に、毛利輝元より「尼子との戦いにおいて忠功を尽くしたので、代々所領三百六十貫、外郡においては四百貫を指し遣わす」との感状を受けています。久親も長寿であったのでしょう。

**有木民部大輔親忠**　親忠は、久親の次男です。幼年、弥十郎といいましたが、後に、民部大輔忠親と称しました。軍功があり、日野郷・日谷郷を治めました。慶長年中（一五九八―一六一五）、日野郷の中山城に居城し、大和国の平郡にも住みました。

**弥右衛門尉勝忠**　有木氏後裔の弥右衛門尉勝忠は、寛文三年（一六六三）没、その子六郎兵衛重忠は、元禄十二（一六九九）没、その子助五郎尉義忠は、元禄十五年（一七〇二）に没しています。

**伴右衛門尉重義**　重義は、義忠の子です。寛永元年（一六二四）焼失した亀甲山八幡宮の本殿を、

宝全寺　門と鐘楼

元禄十一年（一六九八）建立の時の大願主でした。正徳五年（一七一五）没しています。

助十郎貴則は、宝永二年（一七〇五）没、その子清三郎貴冠は、元文四年（一七三九）没、その子市郎兵衛尉貴信は、寛延元年（一七四八）没、その内室は豊松庄油木に住む岡喜四郎義正の娘、貴信の子（平郡）銀右衛門尉貴尚は、安永七年（一七七八）没し、内室は油木に住む岡長兵衛義久の娘でした。貴尚の子（平郡）吉之助尉義貴は、寛延三年（一七五〇）没し、平郡家の跡目が無いため杉氏の円蔵尉重政が後を継ぎました。重政は、備中国阿賀郡村社郷鬼山城主杉右衛門尉重国の末孫で、同国誓多郡之内石蟹郷矢戸邑に住む杉源五右衛門貴品の五男です。重政は、つぎに見るように、亀甲山八幡宮の四本立社仮殿建立の大願主になっています。

**有木周兵衛尉貴周**　重政の養子の周兵衛尉貴周（後の有木清左衛門貴周）は、宝暦六年（一七五六）に生まれ、文政年間に七十歳で他界しています。亀甲山八幡宮が明和八年（一七七一）焼失したので、翌年、四本立社一宇を建立しました。その時の大願主は平郡円蔵尉重政でした。文化四年（一八〇七）に本殿が再建されました。貴周は、その時の大願主でした。男子が無いため平川直左衛門尉満偶の三男が入縁しました。

宝全寺裏山の有木氏墓地には、「有木清左衛門貴周」夫妻の墓があります。妻は、天保二年に七十七歳で他界しています。

**有木丹蔵裴貴**　丹蔵裴貴は、安永八年（一七七九）生まれ、実父は備中国川上郡穴門郷の平川邑紫城主平川掃部介《かもんのすけ》源高親末孫の平川直左衛門尉満偶の三男です。

古文書によると、東宮亀甲山八幡宮は、明和八年（一七七一）、神社残らず焼失したため、天明三年（一七八三）、仮殿建立遷宮、文化七年（一八一〇）、本殿一宇を大願主平郡清左衛門貴周とその子の平郡丹蔵裴貴、社司次重豊後藤原朝臣高正で、本殿建立正遷宮を執行しています。

宝全寺裏山の墓地に「有木丹蔵裴貴」の墓があります。文政八年（一八二五）に四十七歳で他界しています。妻は、安政六年（一八五九）、七十三歳で他界しました。

これで分かることは、貴周も裴貴も古文書では平郡姓で登場しますが、墓誌には有木姓になっています。平郡と有木の両者を使い分けていたか、同時並行的に両者を使っていたのでしょうか。いずれにしても、平郡姓と有木姓は密接な関係であったことが、このことだけ見ても分かります。

亀甲山八幡神社創建の大願主有木弥次郎貴親以来、「貴」が有木氏の通字の一つとなっています。

## 近世・現代の有木氏・平郡氏

有木春来（一九六八）の赤木勇夫「平郡（有木）氏系図写」は、丹蔵裴貴で筆が止まっています。この後がどう続いているのか知れる範囲で、その主な平郡氏・有木氏の人々を補っておきましょう。

**有木宗碩貴義**は、安政四年（一八五七）に五十三歳で他界しています。宝全寺裏山有木氏墓地に墓があります。

**有木亮之助**は、東有木村の庄屋で、戸主（後の村長）も務めました。前述したように、有木亮之助、井上官左衛門、三城和作、真壁要平衛らは、申し合わせ慶応三年（一八六七）、伏見稲荷の御分霊を祀り、神石郡上豊松村に天田山稲干神社を創建し、願主となりました。当時の西有木の庄屋は、小坂十郎兵衛でした（『神石郡誌』）。東有木村の庄屋の有木亮之助が同神社の願主であった理由は、神官を祖先に持つ亮之助は神への崇敬の念が厚かったこともありますが、亮之助は上豊松村の庄屋も務めていた関係上、上豊松住民の気持ちがよく分かり、その人たちの願いのために尽くしたいとの気持ちが強かったのだと思われます。有木亮之助貴範は、明治十八年に七十三歳で他界しています。

**有木助五郎**は、虎蔵から助五郎に改名し、東有木村の庄屋を務めました。

**有木脩平**は、戸長（後の村長）に明治九年、明治十七年になりました。

『豊松の昔話』「城主有木氏」には、「有木氏の子孫は、甲屋《こうや》という屋号の大きな邸を構え幣《さつ》を発行して栄えましたが、幕末の頃から次第に衰え、今は、屋敷跡だけが残っています。しかし、明治になって殖牛社《しょくぎゅうしゃ》という会社を作り、神石牛の改良に尽くした有木亮之助、有木脩平という人も出ました」と紹介しています。有木脩平貴義は、明治十九年に他界しました。

**有木薫**は、戸長（後の村長）を（明治十七年、明治二十一年）務めました。その妻が、後述する有木トラ女史です。

**有木基太郎**は、有木猪鼻学校の助手として勤務しました（明治二十年頃）。**有木次郎**は、有木猪鼻学校の准訓導として、明治二十三年から明治三十年まで勤めました。

隣地笹尾に平郡《へごうり》という地域があります。地名からして、つぎに述べる平郡氏と関係を持つ地域ではないかと思われます。

**上豊松の平郡氏**　隣村笹尾の高松城に居城し、東福寺を開山した平郡雅楽正兼親の後裔に、平郡隼人という人がいました。広島県神石高原町上豊松に、**平郡隼人**夫婦之墓（天保十四年（一八四三）三月の建立）をはじめ、平郡家の墓があります。『享和三年（一八〇三）猪鼻宮産下荒神神楽帳』によると、隼人は翁備前守、次重豊後守とともに三十名を超す関係者からなる神楽団を率いて、荒神神楽を奉納しています。

神官**平郡伯耆守**という人がいます。この人の三男が次重家に養子として入り次重家を支えた次重能登守高輝です。能登守高輝は、寛政十一年（一七九九）の生まれで、次重家家長として、猪鼻山八幡宮本殿屋根の修復をなし、弘化四年（一八四七）、本殿屋根の葺き替えをしています。また学者として郷土の人々や神職子弟を広く教育しました。明治十四年没、享年八十二歳でした。

**平郡越前正藤原正継**は、つぎに触れる瑞穂の父です。

「**平郡瑞穂**夫婦之墓」には、「平郡越前正正継の長男で幼名を帯刀《たてわき》といい、後に瑞穂と改名しました。正直な性格で、神職を誠実に務めました。明治十一年以降、李・花済・時安・有木の各村社の社掌を務めた後、明治三十九年には油木村社社掌として奉仕しました。妻は、豊松村大字有木に住む杉武右衛門の長女でした」とあります。平郡瑞穂は、次重岩登が幼少であったため、代わりに猪鼻山八幡神社社掌を務めまし

西宮猪鼻山八幡神社拝殿前の注連柱
（「神威輝」「國體固」は平郡清麻呂の揮毫になるもの）

た。『文政九年（一八二六）猪鼻宮産下荒神神楽帳』によると、若い頃、帯刀は当屋の次重河内守、翁淡路頭とともに神楽団を率いて荒神神楽を奉納しています。

平郡瑞穂の後を**平郡清麻呂**が継ぎました。清麻呂は、父に続いて猪鼻山八幡神社の社掌に明治二十九年に就任して以来二十九年の長年にわたり社掌職を務め奉仕しました。次重春雄（一九八八）は、「思うに平郡清麻呂社掌は先代次重岩登が開拓団に加わり北海道に渡った後を受けて、長きにわたり崇高な人柄をもって誠心誠意神明に奉仕し、神社の営繕管理に意を注ぎ、氏子には温かく接し、よく家庭祭祀に尽くされた功績を称えるものです」と述べています。平郡清麻呂は神様のような人だったという言葉をよく耳にしたものです。昭和二十年二月四日上天、行年八十歳でした。諡《おくりな》は正輝清彦命です。

**平郡義彰**は、平郡清麻呂の長男です。昭和二年、神宮皇學館本科卒業後、佐賀県、石川県、兵庫県、広島県で教職に奉仕し、油木亀鶴山八幡神社の宮司、仙養村や豊松村社宮司を兼務、約三十年神職を務めました。

**ポイント**

こうして見てくると、有木氏も時代の波に揉まれながら、今日まで繋いで生きてきています。姓も、小野氏、平郡氏、有鬼氏、有木氏、渡辺氏、杉氏、平川氏などと関係を持ちながら、今日の有木氏に繋がっています。

# 第十七章　有木トラ女史と有木春来女史

有木氏を支えた偉大な夫人の一人に、慶応・明治・大正・昭和と生きた有木トラ女史がいます。どんな人だったのでしょうか。知っておきたいお方です。

## 有木トラ女史

有木《ありき》トラ女史は、慶応二年（一八六六）生まれ、昭和十七年に七十七歳で亡くなりました。

**甲屋と甲西**　有木氏は、代々庄屋で、屋号を甲屋と言いました。明治になって、いわゆる地域紙幣「甲屋札」を過分に発行したため倒産の止むなきに至り、ついにこの地を後に離村しました。

分家の甲西は、本家の西側に引っ付くように建っていました。

甲屋の広大な敷地

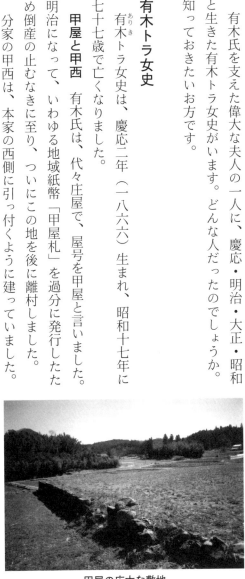

その分家の有木薫のお嫁さんに有木トラという人がありました。主人有木薫は戸長（村長）を務めるなど立派な人でしたが、父との死に別れから酒に溺れるようになり、家を空け後には放蕩生活に明け暮れしました。しかし、それにもかかわらずトラ女史は家をよく守り、村人からは節婦と呼ばれ敬愛されました。トラ女史は、有木小学校の卒業式や入学式には、度々来賓として出席し、みんなの前でよくお話をしました。トラ女史は、霞松《かしょう》という雅号を持ち、よく短歌を詠みました。

**孝子節婦**　有木トラ女史は旧豊松村大字有木に住んでいた有木薫の妻で、福山藩士井上利忠の末っ子です。慶応二年（一八六六）福山西町に生まれました。父は当時、阿部正桓に仕えた町奉行で、母は備中後月郡の所士の河合保二郎の四女です。

トラは明治八年に母を失い、翌年父を亡くしました。幼少より学ぶことが好きで和歌は父母の存命中に戯れに詠み、十歳の時すでに百首を詠んだほどでした。小坂正夫（一九一二）は、女史の幼少の頃について「同情厚く憐情《れんじょう》（他をあわれむ思いやりの心）に富み粗暴残忍の行動を最も嫌忌《けんき》し（忌み嫌い）小鳥・猫さては細かき虫類に至るまで哀れみ助けてこれを苦しめず……家にありて読書に耽《ふけ》り一心修学に熱中……十歳にして百首の吟詠あり。その堪能《たんのう》（深くその道に達して上手なこと）なりしを推《お》して知るべき」と述べています。十二歳の時、阿部家の大奥に仕えていた老女マキより、歌道に国語を修め、マキの死後は漢学者石黒某に漢学を学びました。十六歳の時、有木家に嫁いで来ました。小坂正夫（一九一二）によると、「当時有木家は家運朝日の昇

有木トラ女史

る勢い、代々の主人俊秀《しゅんしゅう》の聞え高く心服畏敬する者多かりし。トラ全身光さす思いありしなり」とあり、結婚当初の幸せなトラ女史の心情がうかがえます。夫は公務で出張など外出することが多い中、家をよく守り盲目の姑を助け孝養を尽くし、家政を切り盛りしました。夫の薫は剛毅果断《ごうきかだん》で（意志がしっかりして物事に屈せず思い切って行動し）人々の信望も厚く、永く村長の職にありました。しかし父脩平の死後は、酒に溺れることが多くなり遊びに耽り財産を使い果たしました。愛妻の苦言も友達の忠告も聞かず、壮大な邸宅も忽ち荒れ果て、家族も四散しその零落ぶりは極に達しました。薫にはこの惨憺《さんたん》たる光景にさすがに胸を刺す思いはありましたが、遊蕩《ゆうとう》（しまりなく遊びふけること）に染まって濁った眼には清い心の光は差さず、ついに家族を妻に任せ飄然《ひょうぜん》と（居所が定まらず漂うように）当てもない旅路にさまよい出ました。今や薫は、社会から指弾《しだん》（つまはじき・非難されること）を受け、寄辺《よるべ》なき小舟となり果ててしまいました。トラ三十歳で家には頼む柱も無く、昨日の豪華に替わり今日の窮乏となり、山で木を切り田んぼを耕し、骨身を砕いて働きました。その中で盲目の母をいたわりながら、三人の子女を養育しました。

「冷酷無情実に言語を絶せり。」薫は突然帰宅することもありましたが、トラは怒りの色を少しも表さず、温顔を持って迎え接しました。トラは礼節を持って、夫君の溶けた心を慰さめ、膝を涙で濡らしながら苦言を搾《しぼ》り出して諫《いさ》めましたが、薫は妻を怒鳴りつけ、些少の金銭をも悉く持ち去り、流浪すること二十余年、信望は地に落ちて顧みる者はありませんでした。薫は明治三十九年、あちこち流浪したあげく、病に冒され他界しました。「あゝ人の栄枯盛衰実に夢の如く、高層輪奐《りんかん》（建物の広大壮麗）の美を尽したる邸宅も束の間に莽《ぼう》々たる草むらと化し終りぬ」と小坂正夫（一九一二）は嘆いています。

トラは、放蕩に明け暮れした夫だけれど、その死を聞き悲嘆にくれつつも懇篤な葬送を営み冥福を祈りました。再婚を勧める者も多くいましたが、「節を重んじ操を立つる一貫の鉄心を持し厳として応ぜず。」節操は固く勤労に励み子女の教養に尽くし、家計を立てました。

このような逆境にありながら、打ち沈むことなく毅然と生きる姿は、現代の子女に教え学ばせることのなんと大きいことでしょうか。

次に、トラ女史（霞松《かしょう》）の歌を数首あげます。

「霞松」の雅号について小坂正夫（一九一二）は、「松は四時（年中）緑色が滴るばかりにその色を変えず、それはあたかも節操にたとえられ、霞が薄く松を覆ってその実態を見せず頗《すこぶ》る詩的に謙譲《けんじょう》した（へりくだった）雅号と察せられる」と解釈しています。

明治四十年、長男剋《かつし》が海軍に志願した時、女史はいたく喜び「軍人は国難を予防し一旦事あらば身を捧げて奉公の誠を致し……一意専心其《そ》の本分を尽せよ。父にかわって教えさとす」とし、つぎの歌を詠み長男に捧げました。

○皇国《こうこく》の　人と生《うま》れし　嬉《うれ》しさを　きもにしるして　身をば尽せよ
○たとへ身は　千尋《ちひろ》の海に　沈むとも　いさぎよき名を　千代にとどめよ

＊　＊　＊

木枯らしの　身に沁む夜半の　寝覚めにも　浪間の人ぞ　思いやらるる
（海軍にいた長男を思いて）

くれてゆく　秋の名残か　草むらに　幽かにすだく　虫の音も憂し

照りわたる　月を心の　友と見て　思出多き　秋を語らん

惜しまるる　その年月の　たつになお　帰らぬ君を　思ひかへして
（亡き夫を思いて）

訪《と》ふ人も　たへてさびしき　わが軒に　春告げ渡る　鶯の声

縁あらば　語り伝えて　万代に　君が誠を　日野の松風
（日野山の山頂に建つ有木トラ女史頌徳碑の歌）

＊　＊　＊

## 嫁ぎ行く娘に宛てた手紙

『神石郡誌全』は、有木トラ女史の嫁ぎ行く長女に書き与えた長文の「心の（な）やみ」と題する候文を掲載しています。これを見ると、女史の子女・嫁・家・処世に関する考えの一端を知ることができます。

その文章は、「誠に我が身愚かにして母ふり申候もおこがましく見給ふ計《ばか》りには侍《はべ》れど親として其子を慈《いつく》しむは賢と愚とに依《よ》らず皆一つに侍ればお身の心得のため聊《いささ》か書き示し候。心の闇と言ひけなし給ひそ。こは母が年月長く久しくお身のために慮《おもんぱか》りし所に侍れば聊か違ふ節《ふし》もあらじと覚へ候まゝひしと心にしめ置かれんこと母が身にかへても願ふところになん」（実に私は愚かで母親ぶって言うのも差し出がましいと思われるだけかも知れませんが、親として子を慈しむのは賢いこととか愚かなこととかではなく当然のことですから、あなたの心得として少しばかり書き示します。心の闇《やみ》と言いそしらないでください。これは母が長い年月をかけ、あなたのために思慮してきたことでいさゝかも違うことはあるまいと思い、しっかりと心に秘め置くよう母が身にかえても願うところです。）との書き出しで始まっています。

唐（中国）では「嫁ぐ」ことを「帰る」と書きます。考えてみると、夫の家こそ本当の家で、嫁ぐことを帰ると書くのは理にかなっています。日本では「帰」を「つぐ」と読みます。「つぐ」とは「取り次ぐ」の意味であり、あなたは生まれる前から今のご父母様の嫁であり、昨日までこの父母が育てて、この家より夫君の家に取り次いだのです。母は既にあなたをあなたの家に取り次ぎ終わったのです。

あなたは既にあなたの家に帰って行ったのです。どんなことがあっても、再びこの母のもとに身をひくことのないようよくよく心してください。あなたは仮の父母の家を去り本当の父母君のもとに帰ったのですから、親孝行を片時も忘れず敬い仕えなさい。何事もご父母様の言われることをよく聞いて、言われることに違わぬようにしていれば孝の一端とはなりましょう。また、お家に仕える人々、ご一家親族から隣家に出入りする人まで敬い憐れみもして、ゆめゆめ驕《おご》り高ぶってわがまま気ままに振る舞ってはいけません。軽々しく振る舞えば、人はあなたを蔑視します。

口は禍《わざわい》の門と言うように、よくよく言葉を慎んで、「女郎花《おみなえし》にもさがなし（口が悪い）」と人に言われてはいけません。愛嬌があってこそ重々しく奥ゆかしく見られ、それがあなたの誉《ほまれ》であり、この母の栄《は》えにもなります。

片田舎に住んできて、世間の様子も見たり聞いたりする間もなく年を経て、教えてあげることも難しかったけれど、この辺りの田舎では、家の栄え衰えは婦人にあると言われていますが、実にその通りだと思います。婦人は上に仕え下を憐れみ、家の中を和やかに取り持ち、夫君を助け親戚隣家の交際を始め食事着物の調度に到るまで、家政に関わらないことはありません。嫁の家に対するは大臣の国に対するが如しです。目の前の苦楽を思わず遠く子孫の末を思い、消費に心掛け、身をほどほどにつつましくして、華やぎてはいけません。昔の賢人が奢《おご》る（ぜいたくをして派手に暮らす）よりは倹約せよと言うように、つつましく持てなし仮初《かりそ》めの栄華を願わず栄え行く末を楽しみにするのが孝とも貞とも言うのです。

有木トラ女史の墓（中央）、右は夫君、左は子息の墓

世に男女同権とか女権拡張とか言いますが、私には耳痛いです。男子には男子の道があり、女子には女子の道があります。男子が尊く女子が卑《いや》しいのでもありません。女子はその身に備わる道を行って、女子を恥じることがないよう願うべきです。私が思う女子の道はただ一つと固く守って日夜忘れなかったことは、貞操《ていそう》を固く守るということです。節操ということを忘れてはいけません。女として貞操は、どんなことに遭っても、命にかえても固く守りなさい。いろいろ書きましたが、

ただこの貞操を守るということを忘れないでほしいのです。このことを歌で書き添えました。

○ときはてふ　松の操を　千代までも　心に染めて　色なたがへそ

（いつまでも青い常葉《ときわ》の松の操をいつまでも心に染めて、その色を違えてはいけませんよ）

このほか聞いてほしいことは沢山ありますが、文が拙くて筆もまわらないので古歌を添えます。

○人の親の　心は闇に　あらねども　子を思ふ道に　まどひぬるかな

（人の親として心は暗闇ではないけれど、わが子を思う道に心が揺れ乱れます）

平安前期の歌人で三十六歌仙の一人の藤原兼輔《ふじわらのかねすけ》の歌に

人の親の　心は闇《やみ》に　あらねども　子を思ふ道に　惑《まど》ひぬるかな

があります。女史は最後にこの歌を挙げて、この文章の題「心のやみ」の由来を伝えています。母親の嫁ぎ行く娘に対する深い愛情が、ふつふつと伝わりますね。そして女史の教養の深さに心を打たれます。

## 有木トラ女史「霞松」の歌数首

人の世に　住まはん程は　うき事の　しけりも行くか　庭の夏草

神垣に　千年を杉の　木立にも　高きみいつは　仰かれつつ

いにしへの　日野の山もと　日野の里　栄へし人の　墓ぞありける
哀れなる　虫のなく声　聞ゆなり　さひしき秋や　立ちそめにけり
照る月も　鳴く虫の音も　物思ふ　身には涙の　種となりぬる
もみち葉を　染むると聞けは　中々に　時雨《しぐ》るゝ空も　うれしかりけり
行く春を　うら紫の　色ふかく　水際の松に　かゝる藤浪
ひとり美は　色香もうすく　思ほゆる　今を盛りの　庭の紅梅
山寺の　庭の桜も　花さかり　夕の鐘も　心してつけ
さまさまに　変るは人の　身なれとも　なくて定まる　身こそおしけれ

有木トラ女史は、私たちの郷土有木日野郷の墓地に、夫君薫、息子剋とともに肩を寄せ合うように眠っています。

## 有木春来女史

もう一人、有木氏の偉大な夫人として、有木春来《ありきはるき》女史について述べなくてはなりません。

『国本学園五十年の歩み』より、有木春来女史の人となりを、つぎに紹介しましょう。

有木春来は、明治三十一年（一八九八）二月二十八日、北海道北見国下湧別町に、父楠瀬彦九郎、母貞治《ていじ》の次女として誕生しました。父は、「楠の瀬に　春は来にけり　水の音」と詠んで、春来と名づけ次女の誕生を祝福しました。高知県出身の両親は、北海道に渡り辛苦の末に事業に成功しました。両親はともに読書家でした。父は、晩年入院中にキリスト関係の書物を熟読し、キリスト教に光を見出し、「生き甲斐ある生活ができることに感謝している」と書き残しました。

春来は、父の影響でキリスト学舎に学び、熱心なキリスト教者でありましたが、夫の有木基《もとき》との出会いを通して、宗教としての神道をわが道として以後、生涯を神道で貫きました。北国生まれの北国育ちの春来は、辛抱強く、地道にコツコツと築きあげていく性格で、妥協せず権威に屈しない強気、かつおおらかな理想家肌で行動的でした。父母のふるさと、南国高知の血を受け継いでいました。

有木春来女史
（勲四等瑞宝章を授与される）

春来は東京の女子学院に入学し、キリスト教的博学主義に基づく女子教育を受けました。大正五年、女子英学塾（現・津田塾大学）本科に入学し、大正十一年、小樽市立高等女学校に英語教師として赴任しました。

大正十四年、帝国製麻株式会社社員工場長職の有木基と結婚し、教職を離れました。夫の基は春来の力を引き出し、長所を伸ばし、精神的に大きな影響を与えました。

**夫君有木基**　有木基は広島県出身で、明治三十八年（一九〇五）、日彰館中学時代には、英語、数学、漢学の才を現し、札幌農学校予科に進学し、後の東北帝国大学農科大学（現・北海道大学）で、農学科に進み学びました。基には、「農はすべての人の生命を救う道だ」との信念がありました。明治四十四年から昭和八年の二十三年間、病に倒れるまで帝国製麻に勤務し、北海道各地の工場長を歴任しました。無口（たまの言葉に説得力がありました）で、俳句をよくし「牛村」と号しました。基の句を二句挙げましょう。

寒しとて　着れば着寒し　炉の別れ

象鼻蟲　小さけれども　残暑かな

基は、宗教家、教育者の素質をもった人物で、朝夕の勤行を欠かしませんでした。「信仰は語るべきものではない」と言いました。キリスト教を離れ、神道に変わった春来のことを喜びました。春来が川面凡児《かわつらぼんじ》の思想に達することができたのは、基を通じてでした。

有木基は、大正十四年、帝国製麻株式会社社員工場長職、昭和五年（一九三〇）に札幌所長に昇進し、札幌に住みました。春来は貞節な妻であり、所長夫人としての交際や主婦業をこなし充実した日々を送っていました。基は、昭和八年（一九三三）病にかかり、その死までの七年間闘病生活を余儀なくされました。夫の看取りの中で、春来はキリスト教から自然に神道への道に入りました。

昭和十四年（一九三九）、有木基は逝去しました。春来には、夫の闘病生活を送る中で、あらん限りの力を尽くしたという思いはありました。「為《な》そうとして為しえなかったこの世の御用が残っていましたら、何卒私におさせください。火の中、水の中どんな苦労もいといませぬ」と春来は亡き夫に誓いました。

勿論、有木基は有木氏の一族の出身です。

**川面凡児との出会いと信念**　春来は、たまたま川面凡児の教学に触れ、初めて安心立命の緒につきました。

川面凡児（一八六二―一九二九）は、大正時代の神道家で大分県出身、上京して苦学の後、新聞『自由党党報』を主宰しました。明治三十九年、稜威《みいつ》会を創設し、明治四十一年には、雑誌『大日本世界教』を発刊しています。川面は、古典研究会を創設し、禊《みそぎ》行を行っています。

春来は後に自分の展開する教育の中に禊《みそぎ》を取り入れますが、これは川面の生き方に共鳴してのことかと思われます。禊行を学校行事の中で体験した卒業生の一人は「禊をしている時に生まれてくる「心の鎮まり」は、無上の歓喜を溢れさせ、そこから自然に感謝する心が生じます」と述べています（『まゆ』）。

川面凡児の歌数首

くるしみの　いかにつもるも　道のため　忍べば忍ぶ　力ありけり

儘ならぬ　儘にいそしめば　人の心の　強くある哉

にごりゆく　世とていつまでも　濁るらん　澄み立ち帰る　時もあるらん
生まれ来ては　我と我が身を　そのために　尽くすよりほか　道なかりけり
心をば　正しくもちて　ありたらば　神の姿も　やがて見ゆるらん

春来は、川面との出会いで信念を深め、女性の生き方・生きがいを模索し、婦道「二夫にまみえず」を体現し、先祖の祀り・親孝行が大切であること、そして「生き生きと生きよ」と説きました。「私どもは生き生きと生きなければならない。人間は他人を頼ってはいけない。自分自ら責任をもって立ち上がらなければならない。誰かに依存したり、ただごまかしたりして人生をおくる人に幸せはなく、何でも自分から立ち上がる人、責任をもってやるということこそ幸福が増進するのです」と述べています（『まゆ』）。

**学校建設の啓示**　夫を亡くした昭和十四年から、春来は夫の冥福を祈るために位牌をたずさえて、北は北海道から南は長崎まで全国神社めぐりの旅に出ました。第二次世界大戦の火ぶたが切られた年でした。

毎月一回、興亜奉公日が義務づけられ、戦地の兵隊に感謝し、その苦労を偲び、銃後の守りを固める日でした。国旗掲揚、早起き、宮城遙拝、神社参拝、禁酒禁煙、勤倹節約などが国民に義務づけられました。

春来は、その旅の途中、昭和十五年七月、九州熊本近くの菊池神社で、学校建設の啓示を受けたと言います。「学校を建てることです。我々の理想を学校という形にして育てていこう」。これは、夫有木基の声でした。有木基は、生前よく「故郷（広島）に帰って塾を開きたい」と言っていました。深い信仰心をもつ春来は、主人の心からの叫びを聴き、幽界からの意思伝達を、なんのためらいもなく行動に移すことになりました。思うことがすぐ行動に結びつく—春来の優れた素質の一つです。

春来にとって仕事とは、「仕えること」「奉仕すること」「自らを活かし、夫を悦ばせ、人を利し、以て君国に報い奉る天地の大道」（『おむすび』）を行くことでした。学校建設という重過ぎる荷物に、「有木さんの奥さんが、途方もない計画をして折角の遺産を無くしてしまうから、みんなで止めに行こう」と有木基の友人達は話し合ったほどでした。しかし、春来は安逸《あんいつ》な生活よりも、苦難に満ちたやり甲斐のある道を選びました。それが夫の声であり、神の声でしたからです。

春来が学校建設の啓示を受けた菊池神社は、熊本県菊池市隈府《わいふ》に鎮座する元別格官幣社で、主祭神は菊池武時、菊池武重、菊池武光で、ほかに菊池一族を祀っています。建武中興の時、楠木正成が朝廷に、勅命により生命を捧げた肥後の菊池武時の功績を認めてほしいと進言しました。菊池武時一族は国を想い君を想う至誠を行う勇気を持った人であると、正成は高時を高く評価したのでした。春来の遠祖が楠木正成であり、遠祖が敬った武将を祀る神社で学校建設の啓示を受けたのは偶然ではなく、もの見えない糸に導かれた「感応導交」によるものでした。

**学校建設と校舎の落成**　校地の選定、文部省への設立申請の長い道のりの後、昭和十六年に新設の許可がおりました。さっそく生徒募集に着手し、「国本高等女学校生徒募集」の看板、新聞広告、ポスター、ビラを作りました。志願者は十六名。全員入学許可。二階建ての木造校舎、周りは畑、「広々とした緑の海の小さな島のよう」でした。昭和十七年十月二十二日、神祭りをしての開校式、修祓《しゅばつ》、献饌《けんせん》、国歌奉唱、勅語奉読、勅語奉答歌、すめら舞など、神道色豊かな次第でした。

国本の名称は、孟子の「国之本在家、家之本在身」（国の本は家に在り、家の本は身に在る）からとられたものです。

昭和十七年十月十二日、黄色い二階建ての新校舎完成。人家もまばらな喜多見（東京都世田谷区）の畑の中に、国本学園の校舎が一棟ポツンと建ち、広々とした運動場は何とも殺風景でした。

春来校長を先頭に汗とドロにまみれて草むしり、校舎の板の間の雑巾がけ、今日があることに感謝しその本《もと》の力のご恩に報いる「報本祭」を執行し、農こそ国の大本であるとして野菜・小麦・さつまいもの栽培、また白い衣を身にまとって多摩川上流での禊ぎ行事をするなど、有木春来精神のこもった学校行事が展開しました。

昭和十八年頃の戦時下では、生徒は軍需工場や工事に動員され、防空壕堀から農作業までして明け暮れ、教職員にも召集令状が来ました。

昭和二十年八月十五日に、終戦を迎え、全国的に一変した戦後教育が行われました。しかし、有木校長は、自分の信念を通して「素直になること」「報恩の精神を持つこと」を教育の基本に据え、戦後も多摩川での早朝禊ぎは行われました。国本小学校では、先祖の恩を知り、恩に報いる心を子どもたちに育てたいとの願いから、神社参拝が行われています。このように「祭教一致」の教育が展開されているのです。

有木春来女史は、昭和四十六年に教育功労者として勲四等瑞宝章を受章し、その間数々の著書も刊行して、国本精神の普及に努めました。

昭和五十六年三月、女史は逝去しました。八十三歳でした。

戦後の新学校制度のもとで国本高等女学校は、国本高等学校になり、後に中学校、小学校、幼稚園も加わり、また専攻科も立ち上がり、現在はそれらが一体となって国本学園を構成し、有木春来女史の精神が受けつがれ、特徴ある教育が展開されています。

## 報本祭の意義、禊と人間形成、農こそ国の大本

**報本祭の意義**　国本学園では、創立以来、報本祭が毎年執り行われています。その意義について、有木校長は、「報本祭とは、報本反始《ほうほんはんし》（本《もと》に報《むく》い始《はじめ》に反《かえ》る意、先祖をはじめ目に見えないお陰にむくいること）の精神を汲み、二宮尊徳翁の報徳精神の実践を意味します。一つの木の有様を考えても、美しい花が咲き、あるいは枝がたわわにみのり、また亭亭《ていてい》と（樹木などが高くまっすぐにそびえ立つ様）そそり立つ大木にしても、それを飾りその巧を語らせ、それを支えている土の下の根の働きを省《かえり》みることはおろそかになり勝ちです。一家の繁栄にしても一個人の立身にしろ、陰の力、みえない世界の援助に負うところが大きいものです。本日かくあることを感謝するとともに、かくさせて下さった本《もと》の力を思い起こし、このご恩に報いようとするものです」と書いています。

祀る・祭るということは、過去と現在を結びつけ、大勢の先祖と一体になることで、先祖の偉大

な背景と一つになる祭りが報本祭だと言います。

**禊と人間形成**　創立時から和泉多摩川で全校生徒参加の禊《みそぎ》（川の水に身を入れて精神統一を図る行為）が行われてきました。寒風吹き荒れる冬の川での禊。大雨の後、濁流の中での禊。「禊は決して楽しいものではなく辛いものです。その辛さを忘れた境地快感こそ精神的に満たされた心の安らぎでした」、また「禊をしている時生まれてくる心の鎮まりは、無上の歓喜を溢れさせ、そこから自然に感謝する心が生じます」と卒業生は振り返っています。春来女史は、「禊は心を統一し人を単純化する」と述べています。大自然のリズムを聞き分けられるような幸福な心境に導いてくれるのが禊行《みそぎぎょう》なのです。

**農こそ国の大本**　春来女史は、農業を重視し、国本学園は創立時から人の生命を養う源の農業をカリキュラムに取り入れ、野菜に加え、小麦、そば、さつまいも等を作りました。草取り、肥やし汲み、刈り取り、脱穀など、生徒は汗を流し、身体と精神を養いました。「われわれの先祖は、豊葦原の大地を瑞穂の国に開墾し、汗を流し力をふりしぼって粘り強い大和魂を練り上げていった。働くこと、精魂を尽くし汗を流すことが神聖なスポーツ・禊であり、その辛さを一段乗り越えてこそ人は成長する」との考えにたっていました。

田植えをする国本学園の小学生たち。おいしいお米がとれるかな

## 春来語録

多くの教えが「春来語録」として集録されていますが、その中からいくらかをここに紹介します。

＊中心帰一《きいつ》＊（物事の中心へまとまり最終的に一つになること）

中心の把握は、あらん限りの力をふりしぼった時、心が澄みきって鏡のようになり中心がみえてくる。

人間は自分の中心を把握して生きなければならぬ。心の中心は良心であり、真である。

＊報本反始＊（本に報い始めに反《かえ》る、先祖の恩に報いること）

親孝行とは、親の心に平安と、満足と、悦びを与え、その寿命を完《まっと》うするように、祈る行為である。親を根とし、子孫は栄える。親を大切にすることが、運命の上に重大なる役割がある。

この世の生命は一時の夢、魂の生命は永遠である。自己の魂を汚《よご》してはならない。

＊神道＊

天と地とのいつくしみの中にわれわれ人間は、生かされている。

捧げた真心の一分一厘も違いなく応《こた》えて下さるのが神の慈悲である。

人を導く立場にある者は、神との仲介者でなければならない。

一片の誠心は、この大自然のリズムを捉え、鬼神の心をも揺さぶる力となる。

禊ぎは身を削《そ》ぐことであり、働くことははたを楽にすることである。

自分に与えられたあるがままの運命を神の思し召しと受け取って、平和な心で積み上げてゆく人生をユートピアと私は信ずる。

伝統の良さを、正しく生かそうと努力すべきである。
＊教育＊
真善美を離れての教育はあり得ない。
教育の成果はいそいではならぬ。
物には表裏あり、絶対の善もなく、絶対の悪もない。
教育では、百の説法より一つの体験が百倍の力を持つ。
＊人生＊
自然を友とすることに、果てしない悦びが湧く。
私どもは、正しく生きたいが為にこそ道を求める。
実行によってのみ、肚《はら》は作られる。恐れのない境地、即ち幸福への階段を登ってゆく。
人生最後の勝利は、「長生きですよ」。

**春来の人生道しるべ**

『まゆ』の中に示されている人の生き方を拾い集め、「人生道しるべ」として十項目挙げてみました。毎日でも声に出して読み、一つでも実行しようと努力したいものです。
○たゆまぬ心・励む心を持ち続ける生活をしなさい。
○謙虚な生活をしなさい。喜びが湧いてきます。
○高い目標を持って生きなさい。生きがいが感じられます。

○あらん限りの力を尽くしなさい。
○生きているからには生き生きと生きなさい。
○互いに邪魔をしないように己の領分をわきまえて行動しなさい。
○人のために尽くしなさい。自分の幸せにつながります。
○歯をくいしばっても正道を歩む心意気・根性を持ちなさい。
○自分を鍛え自分を強く骨のある人間にしなさい。
○自分の良心に素直に従いなさい。

たゆまぬ心・励む心を持ち、謙虚な生活を心がけ、高い目標を掲げて全力で立ち向い、生き生きと生きること。自分の領分をわきまえ人のために尽し、正道を歩む心意気と根性を持つこと。自分の良心に素直に従って生きること。これが有木春来女史の人生訓です。

## 楠木と有木の二本の木

有木春来女史は、昭和四十二年八月二十九日、この有木の地を訪れ、有木氏の屋敷跡、累代のお墓、東宮亀甲山八幡神社、西宮猪鼻山八幡神社、宝全寺などに足を運び、夫君有木

有木を訪れた有木春来女史（中央）と案内者の次重春雄宮司（右）と上杉禅祐住職（左）、有木氏累代の墓前長命山にて

碁の先祖の功績に想いを馳せました。案内は、当時の赤木勇夫鶴岡八幡神社宮司、上杉禅祐宝全寺住職、次重春雄猪鼻山八幡神社宮司がしました。女史は、次重春雄宮司の宅に立ち寄り宿泊し、くつろいだ中で当時の有木氏の話に花が咲きました。猪鼻山八幡神社仁吾下の八幡大橋参道入り口には、女史の揮毫になる「中心帰一」「報本反始」の文字を刻した注連柱が立っています。

前述したように、有木春来女史の旧姓は「楠瀬」です。「楠瀬」は楠木の一族で、先祖を遡ると楠木正成に突き当たります。有木氏は、桜山慈俊を介し楠木正成と運命をともにしようと戦った間柄でした。春来女史の中には、楠木と有木という二つの大きな木が根を下ろし青々と今も生えて（映えて）いるのです。

## ポイント

この章では、有木氏を支えた偉大な二人の女性、有木トラ女史と有木春来女史を見ました。トラ女史には明治の女性の強靭さが、春来女史には昭和の女性の逞《たくま》しい実践力が輝やいていました。夫に代わって家長になった歌人のトラ女史にしても、夫の夢を実現した教育者の春来女史にしても、しっかりとした揺るぎないバックボーンを持っていました。このお二人が私たちに教えていることを今一度考えてみたいものです。

# おわりにかえて

有木地域には、下豊松から有木南西部の中平を通りぬけ有木の中央の仁吾《にご》集落に流れ来て、北部に方向を変えて湯屋《ゆや》の方向へ流れ下る仁吾川があります。この仁吾川には、南部の日野郷から流れ来る日野郷川、東部の宮地・尾戸や岩賀瀬から流れ来る支流の尾戸川が加わり、水を集めて北へ進むと渓谷に優美を与える「**魚断《うおきり》の滝**」に至ります。川は更に北へ流れ、成羽《なりわ》川へ注ぎます。

魚断の滝の側に、昭和二年に建設され、平成十七年まで七十九年間、運転し続けた**仁吾川発電所**の古い建物が建っています。長年の任務の遂行に加え落雷により発電機が損傷し、その古さのために補修部品の調達が難しく、止むなく閉鎖に至りました。建物の中には、今もなお精一杯働いた発電機や各種計器類が、当時のままに保存されています。

「昭和元年（一九二六）、採算の上から電力会社が送電しなかった豊松村に、自力で電灯を灯そ

仁吾川魚断の滝

仁吾川発電所

仁吾川発電所第二堰堤跡

うと村内全世帯（七百四世帯）が豊松村電気利用組合を発足させ、自家発電に取り組んだのがその始まりです。離れた集落や家への送電も、地域にあった「結い」の精神で、電柱の供出や労働力が提供され、谷を越えて電線が張られていった」と『中国新聞』の記事（平成十七年八月二日）は伝えています。発電所の建物は、現在、「豊松村に電気革命を起こした発電記念館として」後世に継承していくために保存されています。

発電所の川上には、第一と第二の二つの堰堤《えんてい》が建設され、仁吾川の水量の調節がなされました。

子どもたちは、夏にはその堰堤でよく泳いで遊んでいました。

昭和二年十月二十五日、豊松村に初めて電灯がつきました。それまでは、石油ランプの生活、電灯の明かりはまさに文明の夜明けでした。組合長の横山彦男は、「水利の便」の良い所として豊松村では仁吾川の下流が「好適地」と指定され、昭和元年十二月地鎮祭・起工式、昭和二年十一月二十七日「午後三時村内鎮守の村社たる各神社と利用組合員の邸宅に始めて煌々《こうこう》たる電灯を点じたるには会う人毎皆気色満面にて斯くも成功裡に多年の宿願を此の所に達成し得たことを衷心より祝しあい利用組合員一同は全く欣喜雀躍《きんきじゃくやく》としてその踏む所を知らざる感あり」と述べています。「一世帯に十燭光《しょっこう》一灯が普通であったため、石油ランプは手離せなかった」との記事もあります。(『點燈拾周年記念誌』)

ここで注目したいことは、仁吾川で発電された電気が、先ず「村内鎮守の村社たる各神社」へ送電されていることです。文明の光である電灯の明かりを神社に灯《とも》し、郷土で発電されたことを氏神様に奉告・奉献し、氏神様共々に村民氏子の皆さんが文明の光に触れ、その喜びを神人和楽の境地で味わっていることです。有木地域を含めた旧豊松村では、昔より神様をより深く熱心に真心をこめて崇敬して来ましたが、ここにもその一端を見ることができます。

時の村長で組合長の「横山彦夫氏は、卓越した指導力により村民の理解と協力を得て事業完遂に尽くされ私財の投入をもされた功績忘れるべからず。豊松村村政施工百周年にあたり顕彰碑を建立しその遺徳を後世に継承するものなり。平成九年師走吉日」（「仁吾川発電所開設経緯」より）として、渓谷入り口に「横山彦夫顕彰碑」が建っています。

初代組合長横山彦夫（上豊松）、第二代組合長に小坂正夫（有木）。電工職員として、藤原長平（有木）が創建から長年勤務しました。藤原長平は土地提供者であり、発電所管理人でした。

隣の油木地方に電灯時代が到来したのは大正十三年、豊松地方が電灯時代を迎えたのは三年遅れの昭和二年でした。油木地方では、地域面積もより広く戸数もより多かったので昭和三十年代になってもいまだ無電灯の人家がありました（『油木町史通史編下巻』）が、豊松地方では当初より離れた一軒家まで全世帯に送電されました。

横山彦夫氏顕彰碑

電灯が初めて灯った時の母の言葉「明るくて障子の桟《さん》に貯まっているゴミがよく見えたよ」が、今でも思い起こされます。長い間、待望していた電灯が村に輝きだしてみんな喜んだのですが、電力不足と電灯料の収入難という受難時代を経て、村人たちはまさに文明の光に浴したのです。共存同栄・相互扶助の精神が稔《みの》り、離れた一軒家まで送電し新しい文明の光が届いたのです。この文明の光が、有木の地から発せられたことに私たちは誇りを感じたいものです。思うに、有木の地に、

文明の光をもたらす発電所を建設することに対して、有木住民の理解は得やすかったのではないかと思います。有木住民には、進取の気性が豊富であるからです。

これまで見てきたように、有木氏の先祖には、遣隋使を務めた小野妹子、吉備真備にお供し遣唐使を務めた平郡（有木）広成がいました。有木氏には、他国へも赴く進取の気性があるようです。広い目でものを見る、新しさに怯《ひる》まない気性です。

その昔、隠岐の島に流された小野篁《たかむら》という人がいました。その後裔が隠岐の島に住み、隠岐の島には有木姓を名乗る人が現在も住んでいます。篁は、昼は朝廷に仕え、夜は閻魔庁に務めたとの奇怪な伝説を持った人です。

また、備後一宮吉備津神社神官を務めた有木民部を始め、その昔、美作の中山神社のお祭りをし、特に、荷前《のさき》（初穂）を集めお供《そな》えした有木氏の先祖、吉備の中山の有木神社を祀った有木氏、郷土有木の神社創建の大願主となった有木貴親や有木久親、また近年まで当地域で代々神職として奉仕した平郡瑞穂・清麻呂・義彰のように、地域の神祭りに身を捧げた平郡氏・有木氏があります。有木氏は、神を祭ることを怠りませんでした。

備中中山からわが郷土に移り来て、備後中山を造り郷土の中山城主、尾首城主であった有木氏、代々庄屋を務め戸長（村長）であった有木氏には、ある集団をまとめ率いていく人柄と能力のある人が多かったと言えましょう。

巨智麿《こちまろ》が、その昔、吉備津彦命の副将として活躍したように、必ずしも長とかトップではないが副将として長を助ける立場に身を置き、自身は前面に出ないで持ち味を発揮し、そこに生き甲斐を感じている人が有木氏には案外多いのです。

有木トラ女史や有木春来女史に見るように、人を導き教化していく素質を持った有能な人たちがいました。両女史とも歌をよくし、哲学的文化的考察を加えてものを見ました。有木基太郎や有木四郎は、当地で最初の簡易学校舎で教師をしました。有木氏には、文化人や教育研究に携わっている人たちが現在も大勢います。

ある日のこと、私がご奉仕している有木の西宮猪鼻山八幡神社の境内を掃除していた時、見知らない参拝者が、私に「ここは吉備津神社ですか」と尋ねてきました。私はとっさに「いいえ、ここは八幡神社ですよ」と紋切り型で応《こた》えたのですが、その人は納得がいかないような顔をして帰って行きました。後で、私は、「待てよ。あの人はここの神社は吉備津神社と何らかの関係がある社ではないかと訊いたのかも知れないぞ」と思い返しました。考えてみると、奉務神社は備中から来た有木氏の後裔が大願主の一人であって、有木氏は備中・備前・備後の吉備津神社と深い関係のある氏族です。そういう意味では、奉務神社は吉備津神社と繋がっているわけです。その参拝者の質問が、本書を纏めようと思った動機の一つにもなりました。さらに、有木氏や有木地域についての資料が、自然に、手元につぎつぎと入ってきたことがあります。勿論、私から提供をお願いした資料も随分ありましたが、「これを差し上げます」「これを預かってほしい」と手渡された有木や有木氏に関する資料がかなりあったのです。この地域のことについてよりよく知りたい、そのルーツを尋ねてみたいとの気持ちがあったところに、資料がつぎつぎに入ってきたことから、私にはこの『有木物語』を纏める使命があるように思ったのです。

本書では、吉備の中山から移住してきた有木氏、そして有木氏を中心として形成された有木地域をよりよく知ることを目標に見てきましたが、勿論、すべてを語り尽くすことはできません。私の可能な範囲で知り得たことを基本に、一つの有木物語を語ってみました。何とか出版にこぎ着けられたのは、多くの方々に資料を提供していただいたり、便宜を図っていただきお世話になったお陰です。日野山山頂に建っている有木トラ女史の歌碑に刻まれた歌「縁あらば　語り伝えて　万代に君が誠を　日野の松風」から大きな力をいただきました。

鬼無《きなし》の桃太郎については鬼無コミュニティセンターに、「鬼女紅葉《もみじ》」「一夜山《いちやさん》」については長野市鬼無里支所に、隠岐の有木神社、隠岐の有木氏については隠岐の島町教育委員会に、有木春来女史については東京都の国本学園に、有木氏の家系については元広島県民俗調査委員の赤木勇夫氏に、

『備後叢書』ほかの資料については平郡清麻呂の孫の故平郡正典氏に、有木トラ女史については猪鼻山八幡神社元責任役員小坂圭一郎氏に、亀甲山八幡神社については日野郷出身の故日谷恭示氏に、八ヶ社神楽については元八ヶ社神楽社長の加藤正夫氏に、仁吾川発電所について同郷の橋本龍之氏に、有木龍王山城の九龍については同郷の井上栄之進氏に、それぞれ関係の貴重な資料を提供していただきました。有木方言のチェックをしていただいた同郷の人々、また現地案内をしていただくなどお力添えをいただいた多くの方々があります。そして最後になりましたが、吉備人出版の山川隆之氏には本書の出版にこぎ着けるまで大変なご苦労をおかけしお世話になりました。ここに記して、そうした方々に衷心より厚くお礼を申し上げます。

この物語を通して、郷土有木へ、備後の中山へ、そして広く吉備へ、いっそうの愛着を懐いていただく一助になれば幸いです。

平成三十年三月吉日

次《じ》重《じゅう》寛《ひろ》禧《よし》

**著者略歴**　昭和十年七月十一日、広島県神石郡神石高原町有木に生まれる。昭和三十三年広島大学教育学部卒業。広島県三原東高等学校英語教諭、広島大学教育学部附属中・高等学校英語教諭、和歌山大学教育学部教授（英語教育）、兵庫教育大学大学院教授（英語教育）、福山大学人間文化学部教授（英語教育）などを歴任、英語教育に五十年を捧げる（和歌山大学名誉教授）。昭和五十五年西宮猪鼻山八幡神社権禰宜、平成三年同神社宮司に就任、現在に至る。神石高原町文化財保護委員。平成二十八年五月、瑞宝中綬章叙勲受章。著書論文多数。

## 参考文献


相賀徹夫（編著）『日本大百科全書』、小学館、一九八四。

有木春来『父祖の年輪』、国本女子高等学校、一九六八。

有木春来『まゆ』、国本女子高等学校、一九七一。

池田敏夫『荒日山の八幡神社縁起記録』、二〇一七。

乾　克己ほか（編）『日本伝奇伝説大事典』、角川書店、一九八六。

猪鼻山八幡神社社務所『御鎮座五百年祭を迎えた猪鼻山八幡神社』、延岡印刷、二〇〇一。

牛尾三千夫『神樂と神がかり』、名著出版、一九八五。

臼田甚五郎・新間進一（校注訳）『神楽歌・催馬楽・梁塵秘抄・閑吟集』、小学館、一九七六。

太田亮『姓氏家系大辞典』、角川書店、一九六三。

岡　将男『吉備耶馬台国東遷説』、吉備人出版、二〇一四。

梶原正昭・山下宏明（校注）『平家物語上』、岩波書店、一九九一。

梶原正昭・山下宏明（校注）『平家物語下』、岩波書店、一九九三。

狩野敏次『昔話にみる山の霊力　なぜお爺さんは山へ柴刈りに行くのか』、雄山閣、二〇〇七。

神部　泉『歴史と伝説　豊松の昔話』（改訂版）、一九九五。

吉備文化研究会『備中集成志』、吉田書店、一九四三。

久保田淳・平田喜信『後拾遺和歌集』、岩波書店、一九九四。

国本学園『国本学園五十年の歩み』、ぎょうせい、一九九二。

熊代哲士・熊代健治『岡山文庫　吉備の中山を歩く』、日本文教出版、二〇一三。

河野　寛（編）『びんごむかしばなし　第二巻』、備後出版情報センター、一九九四。

國學院大學日本文化研究所（編）『神道事典』、弘文堂、一九九九。

小坂正夫『霞松』、高尾活版所、一九一二。

小松茂美他（編著）『日本絵巻大成別巻　一遍上人絵伝』、中央公論社、一九七八。

谷川健一（編）『日本の神々―神社と聖地　第二巻　山陽・四国』、白水社、一九八四。

小島憲之ほか『日本書紀一』、小学館、一九九四。

小島憲之ほか『日本書紀二』、小学館、一九九六。

小島憲之ほか『日本書紀三』、小学館、一九九八。

小島憲之・新井栄蔵『古今和歌集』、岩波書店、一九八九。

小林芳規他（校注）『梁塵秘抄・閑吟集・狂言歌謡』、岩波書店、一九九三。

産経新聞取材班『神武天皇はたしかに存在した―神話と伝承を訪ねて』、産経新聞出版、二〇一六。

次重春雄『有木小学校沿革史』、佐々木印刷、一九六九。

次重春雄『次重家神道系譜』、創栄出版、一九八六。

次重春雄『氏子の皆さんと氏神様奉仕六十余年の歩み』、創栄出版、一九八八。

下中邦彦（編）『広島県の地名』、平凡社、一九八二。

神石郡教育会『神石郡誌全』、名著出版、一九七二。

神石郡教育会『神石郡誌』、名著出版、一九八〇。

神代神楽八ヶ社『吉備津の能』、一九八七。

高見　茂『吉備王国残照』、東京経済、一九九二。

高柳光寿・竹内理三編『日本史辞典』、角川書店、一九六六。

竹内理三（編）『角川日本地名大辞典』、角川書店、一九八七。

竹崎有斐・（絵）渡辺三郎『ももたろう』、偕成社、一九九〇。

千葉幹夫・（画）齋藤五百枝『桃太郎』（新・講談社の絵本）、講談社、二〇〇一。

得能正通（編）『備後叢書一、二、三、四』、歴史図書社、一九七〇。

豊松村教育委員会・郷土史会『八ヶ社神代神楽史』、一九五八。

豊松村電気利用組合『點燈拾周年記念誌』、一九三七。

中山　薫『岡山文庫　吉備真備の世界』、日本文教出版、二〇〇一。

那須正幹・（絵）齋藤吾朗『猿神退治』、ポプラ社、二〇〇三。

西宮一民（校注）『古事記』、新潮社、一九七九。

日本随筆大成編輯部（編）『日本随筆大成四』、吉川弘文館、一九七七。

橋本仙太郎『童話「桃太郎」の発祥地は讃岐の鬼無』、（復刻）、鬼無コミュニティセンター、二〇一四。

塙保己一（編）『群書類従・大十八輯』、続群書類従完成会、一九二八。

広島県教育委員会（編）『広島県中世城館遺跡総合調査報告書第四集』、西日本印刷、一九九六。

広島県神社誌編纂委員会『広島県神社誌』、松林堂、一九九四。

広島県神石郡誌続編編集委員会『神石郡誌続編』、広島県神石郡誌続編刊行会、一九七四。

広島市神石郡友会『大正・昭和・平成のふるさと神石郡資料編』、㈱中本本店、一九九五。

藤井　駿『岡山文庫　吉備津神社』、日本文化出版、一九七三。

宝賀寿男『古代氏族の研究―桃太郎伝承をもつ地方大族』、青垣出版、二〇一〇。

真下三郎「豊松の神楽」

松居　直・（画）赤羽末吉『ももたろう』、福音館書店、一九六五。

松井益人編著『増補亀山八幡神社誌』、宮印刷所、二〇〇六。

松尾聡・永井和子（校注・訳）『枕草子』、小学館、一九七四。

峯村文人（校注・訳）『新古今和歌集』巻第七、小学館、一九七四。

薬師寺慎一『考えながら歩く吉備路　上』、吉備人出版、二〇〇八。

薬師寺慎一『考えながら歩く吉備路　下』、吉備人出版、二〇〇九。

薬師寺慎一（編）『吉備の古代史事典』、吉備人出版、二〇一二。

山崎正和（訳）日本古典文庫『太平記』、河出書房新社、一九八八。

山根堅一『岡山文庫　備中神楽』、日本文教出版、一九七二。

油木町史編さん委員会（編）『油木町史通史編下巻』、第一法規、二〇〇五。

横倉ゆみ・（絵）諏訪祐介『鬼無桃太郎伝説』、鬼無コミュニティ協議会広報部、二〇一四。

令泉為人（編）『大嘗会和歌文保百首宝治百首』、朝日新聞社、二〇〇三。

有木物語

2018年 7 月11日　発行

著　者　次重寛禧
発　行　吉備人出版
〒700-0823　岡山市北区丸の内 2 丁目11の22
電　話 086(235)3456　ファクス 086(234)3210
ホームページ http://www.kibito.co.jp
E メール mail:books@kibito.co.jp
印　刷　株式会社 三門印刷所
製　本　日宝綜合製本株式会社


ISBN978-4-86069-542-2 C0095